아산재단 연구총서 第382집

세계의 연금, 한국의 연금

연금을 모르면 미래가 없다

허 만 형

집문당

머리말

이 책에서는 세계 100개국에 이르는 나라의 연금제도를 다루었다. 각국의 연금을 대륙별 및 제도유형별로 비교분석한 내용이 담겨 있다. 연구 초기에는 세계의 연금유형은 매우 복잡한 듯 느껴져 걱정이 많았다. 그러나 한 연금제도가 어떤 나라에서 고안되어 성과를 거두면 인근 국가들이 앞다투어 도입하려는 경향을 보여 유형화라는 이름으로 단순화시킬 수 있었다.

독일식 사회보험은 전 세계로 전파되어 우리나라의 국민연금과 같은 사회보험연금이 세계 각국에 뿌리를 내리게 되었고, 칠레 방식의 개인연금은 사회보험연금과 짝을 이루어 중층연금으로 발전한 것이 좋은 예이다. 스웨덴에서 고안되어 유럽뿐만 아니라 남미와 아시아로 확산되고 있는 명목확정기여연금도 그런 사례 중 하나이다.

연구 결과, 연금의 유형은 기초연금, 국가복지연금, 사회보험연금, 퇴직연금, 개인연금, 명목확정기여연금, 준비기금 등으로 나누어지고, 각국은 자국의 환경을 반영하여 이 유형 중 몇 가지를 선택하여 운영하고 있었다. 대다수의 국가들은 사회보험연금이라는 공적연금과 개인연금이나 퇴직연금과 같은 사적연금을 결합하여 중층연금제도를 구축해나가는 현상을 보이고 있었다.

재미있는 것은, 대륙별로 채택하고 있는 연금의 유형이 다르다는 점이었다. 또한 모범적인 국가는 연금제도가 모범적이었지만, 국가부채가 많거나 국격이 떨어지는 국가는 연금제도에서도 허점이 많았다. 연금은 보장성이 전제되어야 할 뿐만 아니라 사각지대가 없어야 연금으로서 제 기능을 수행할 수 있는데 그렇지 않은 국가가 많았다. 이런 국가들에서는 제도 미비로 연금을 받지 못하는 사각지대가 도처에 널려 있었다.

연금제도를 통하여 그 나라를 볼 수 있었고, 그 나라 국민들의 미래도 볼 수 있었다. 세계 각국의 연금제도라는 거울에 비춰 본 한국의 연금제도는 모범적인 국가군에 속하지 않았다. 사각지대가 도처에 널려 있는 국가 중 하나였다. 연금제도만 바라보다가는 노후에 생계유지조차 할 수 없을 정도로 저급한 삶을 살 수밖에 없는 나라가 한국이었다. 이런 나라에서는 개인이 적극적으로 나서서 준비하지 않으면 결코 미래가 열리지 않는다.

이 책의 주 독자층은 연금제도를 다루는 관계자들이겠지만 거기에 그치지 않고 연령이나 직업과 상관없이 자신의 미래를 걱정하는 사람들이면 누구나 이 책의 독자가 될 수 있을 것이다. 연금으로 자신의 미래를 점쳐볼 수 있기 때문이다. 세계를 무대로 활동하는 사업가들도 이 책에서 얻을 것이 많을 것으로 판단된다. 국제무대에서 무한 경쟁을 해야 하는 사업가에게 연금은 부담스러운 투자비용으로 작용할 수도 있기 때문이다.

세계 각국의 연금제도를 연구하면서 강하게 다가온 메시지는 이것이었다. 품위 있는 국가는 연금을 가지고 국민을 속이거나 장난을 치지 않았다. 국민의 노후를 진정으로 걱정하는 모습을 연금제도에서 느낄 수 있었다. 부족한 점이 많지만 이 책을 통하여 연금을 바로 알고, 스스로의 미래를 바르게 진단하여 미래가 보장된 삶을 설계하는 계기가 되기를 기대한다.

저자 허만형

| 차 례 |

제1장 서 론

제2장 연금이론

제3장 중층연금제도

제4장 중층연금제도의 확산

제5장 개인연금 중심의 중층연금

제6장 퇴직연금 중심의 중층연금

제7장 명목확정기여연금 중심의 중층연금

제8장 준비기금 중심의 다양성

제9장 세계의 연금지도

| 표 차례 |

제1장

서 론

1. 고령 사회는 위기이자 기회이다
2. 사각지대 없는 연금개혁이 필요하다
3. 국민연금 개혁이 먼저다
4. 중층연금이 대세다

제1장 서 론

1. 고령 사회는 위기이자 기회이다

노인의 비율이 높은 사회를 뜻하는 고령 사회에도 등급이 있다. 전체 인구 중에서 65세 이상 노인 인구의 비율이 7% 이상이면 고령화 사회이고, 14% 이상이면 고령 사회이며, 20% 이상이면 초고령 사회이다. 2014년 우리의 현주소는 노인 인구의 비율이 12.7% 수준인 고령화 사회이지만 2017년이면 고령 사회로 진입한다. 지역별로는 이 세 유형이 뒤섞여 있다. 대도시는 고령화 사회와 고령 사회가 혼재되어 있고, 농어촌 지역은 고령 사회와 초고령 사회가 뒤섞여 있다.

통계청(2012a)의 장래인구추계를 보면 세종시를 제외한 전국 16개 시・도 중에서 전남은 노인인구 비율이 20%를 넘긴 초고령 사회이다. 충남북, 전북, 경북, 강원은 고령 사회에 진입했고, 나머지는 고령화 사회 단계에 있다. 서울을 포함한 7개 광역시・도 모두 노인인구 7%를 넘겨 고령화 사회에 진입했다. 상대적으로 가장 젊은 지역에 속하는 울산도 노인인구가 7.8%여서 고령화 사회에 속한다.

전국의 230개에 이르는 시・군・구 현황(통계청 2012b)을 보면 도・농 간 차이는 더 뚜렷하다. 69개 구 중에 초고령 사회는 없다. 울산의 남구, 동구, 북구는 고령화 사회에 진입하기 전이지만 나머지는 모두 인구 7%를 넘긴 고령화 사회, 혹은 14%를 넘긴 고령 사회이다. 75개 시 중에서는 전북 김제시 등 9개가 노인인구 20%를 넘긴 초고령 사회이다. 군 단위의 고령화는 심각하다. 전국의 86개 군 중에서 76개가 초고령 사회이다. 이 중 13개 군의 노인인구 비율은 30%를 넘긴 상태이다.

고령 사회의 문턱에 있는 우리나라는 초고령 사회를 향해 빠르게 달리고 있다. 2017년 고령 사회를 지나 2026년에는 초고령 사회에 들어선다. 2037년에는 노인인구 비율이 30%를 넘는 초특급 고령 사회가 된다. 초고령 사회가 어떤 모습일지 상상하기는 어렵지 않다. 지금의 농어촌 지역이 20년 후 우리 사회의 모습이기 때문이다. 인구 세 명당 한 명이 노인이어서 거리에는 어린이를 찾아보기 힘든 풍경의 사회가 20년 후 대한민국의 미래이다.

고령 사회는 고비용 사회이다. 경제인구는 줄고, 소비인구는 늘어나기 때문이다. 노인의 경우 소득이 중단되었음에도 의료비와 생활비는 증가한다. 노인에게 늘어나는 의료비는 감기치료와 같은 단순한 의료비가 아니다. 고비용을 요구하는 암, 치매, 당뇨와 같은 만성질병을 치료하는 의료비가 대부분이다. 버는 사람은 줄고 쓰는 사람은 늘어나 위기에 직면할 수밖에 없는 상황에 이를 수 있다. 이것이 고령 사회를 바라보는 일반적인 시각이다.

고령 사회라고 해서 위기만 있는 것이 아니다. 얼마든지 기회를 만들 수 있다. 고령 사회 그 자체가 새로운 수요를 창출하기 때문이다. 전인구의 3분의 1이 먹고 살 금고가 마련되고, 고령 사회에 적합한 시장이 있으면 위기가 기회로 바뀐다. 노인이 가지고 있는 금고가 소비로 연결되기 때문이다. 그러나 금고가 빈약하고 고령 사회의 수요를 충족시킬 공급이 부족하면 위기가 위기를 낳는 불량 사회가 될 수밖에 없다.

고령 사회를 먼저 경험한 사회를 보면 알 수 있다. 고령 사회에서도 변함없는 부를 누리는 국가가 있고, 위기의 질곡에 빠진 국가가 있다. 노르웨이, 스웨덴, 독일이 전자의 국가군에 속한다. 세 나라 모두 1950년에 노인인구가 10%에 이르러 고령화 사회였고, 1975년에 노인인구 14.0%를 넘겨 고령 사회에 진입했다(UN, 2002). 노르웨이의 1인당 국민소득은 5만 4,397달러로 세계 4위, 스웨덴의 1인당 국민소득은 4만 304달러로 14위, 독일은 3만 8,666달러로 17위이다(IMF 2013). 세 나라 모두 유럽의 최강에 속한다.

세 국가는 연금개혁의 선진국이다. 독일은 1889년에 세계 최초로 사회보험 방식의 공적연금(Old Age and Disability Insurance Bill)제도를 도입한 국가로서 상황에 맞춰 개혁을 시도했다(Börsch-Supan and Wilke 2006). 1957년 노인인구가 10%를 넘기면서 1차 연금개혁을 단행했고, 1972년 노인인구가 14.0%를 넘기면서 2차 연금개혁을 실시했다. 1992년 노인인구가 20%를 넘자 또다시 연금개혁을 단행하여 2004년에야 비로소 준명목확정기여(quasi notional defined contribution)제도를 도입하면서 3차 연금개혁을 완성했다.

스웨덴은 자국의 연금개혁을 위해 명목확정기여(notional defined contribution: NDC)를 세계 최초로 도입한 국가이다. 이 연금제도가 효과를 인정받자 유럽, 동유럽 그리고 아시아 쪽으로 전파되기도 했다. 스웨덴은 1994년 노인인구가 16.0%를 넘긴 고령 사회 단계에서 명목확정기여제도를 도입하여 적정 수준의 연금급여 보장과 연금재정 안정이라는 두 마리 토끼를 동시에 잡은 국가로 평가받는다(Kritzer 2005). 노르웨이도 스웨덴과 유사한 궤적으로 연금개혁을 실시하였지만 개혁이 마무리된 시기는 스웨덴보다 다소 늦은 2000년대 중반경이었다(Anderson 2006).

국가부도 사태로 2008년 세계경제 위기를 불러온 그리스의 경우 연금

적자의 누적이 재앙의 진원지 중 하나였다. 2000년의 국내총생산 대비 국가부채 비율이 104.4%였고(Trading Economics 2013), 이 중에서 연금 적자의 비중이 11.3%였다. 2010년에는 국가부채비율이 129.7%까지 증가했고, 연금적자도 13.2%까지 증가(Nektarios 2000)했다. 그런데도 그리스의 연금개혁은 부분개혁 수준에 머물렀다(Anderson 2006).

UN 인구기금(Population Fund)은 2013년 세계고령경계지수(Global AgeWatch Index)를 발간했다. 소득안정성, 건강상태, 고용 및 교육, 주변 환경 등의 항목을 기초로 실증 조사를 실시한 결과 스웨덴, 노르웨이, 독일이 조사대상 91개국 중에서 1, 2, 3위를 차지했다. 그리스는 58위였다. 연금개혁을 성공적으로 실시한 국가와 그렇지 못한 국가의 차이가 분명히 드러난다.

이 통계에 의하면 한국은 67위였다. 일본이 10위였고, 중국이 35위라는 사실(UN Population 2013)로 미루어 볼 때 시사하는 바가 크다. 한국은 고령 사회 경쟁력이 이처럼 취약하다는 뜻이다. 56위인 멕시코보다도 하위순위이다. 중앙정부 부채 774조 원, 지방정부 부채 18조 원 그리고 공기업 부채 464조 원을 합치면 국가부채가 1,256원으로 GDP와 맞먹는 수준이다(허만형 2013). 세계 각국의 연금개혁에 대해 학습함으로써 고령 사회의 위기를 기회로 전환시키는 노력에 집중할 때이다.

2. 사각지대 없는 연금개혁이 필요하다

불과 25년 후면 전 세계가 고령 사회에 접어든다. 세계는 여섯 명 중 한 명이 노인인 고령 사회가 되고, 한국은 세 명 중 한 명이 노인인 초특급 고령 사회가 된다. 여섯 명 중 한 명이 노인이면 세계 인구의 16.7%가 노인이고, 세 명 중 한 명이 노인이라면 33.3%가 노인이라는 의미이다. 이것이 바로 세계 각국이 연금개혁에 심혈을 기울이는 이유이다.

고령 사회에 대비한 정책의 연구 개발은 국제기구에서 선도하고 있다. 그중에서 세계은행(World Bank)이 가장 앞서간다. 유엔(UN)도 인구의 고령화에 대해 통계자료를 제시함으로써 고령 사회에 대한 준비를 주문하고 있다. 노동력의 고령화를 우려하는 국제노동기구(ILO)에서도 연금개혁 문제를 지속적으로 제기하고 있다. 선진국 클럽이라고 할 수 있는 경제협력개발기구(OECD)도 예외가 아니다.

우리도 고령 사회 대비책으로 2005년 『저출산 · 고령 사회기본법』을 제정했다. 이 법에서는 고령 사회 정책으로 아홉 가지를 제시하고 있으며, 그중 고용과 소득보장을 최우선 정책과제로 다루고 있다. 국가와 지방자치단체는 노령자가 일할 수 있는 환경을 지속적으로 조성해야 하며, 연금제도 등 노후보장체계를 구축해야 한다고 명시하고 있다.

『저출산 · 고령 사회기본법』의 요구 사항을 충족시키는 후속조치도 잇따랐다. 2005년에는 『근로자퇴직급여보장법』을 제정하여 퇴직금을 퇴직연금으로 전환함으로써 임금근로자에 한하여 국민연금의 보충적 연금기능을 수행하도록 조치했다. 2008년에는 『기초노령연금법』을 제정하여 연금을 받지 못하는 빈곤층과 연금을 받더라도 그것으로 생계유지가 어려운 저소득층을 위한 보충적 연금제도를 도입했다.

우리나라의 연금체계는 국민연금을 기본연금으로 삼고 있으나 국민연금 참여율은 높지 않다. 18세에서 59세 성인 남녀 인구를 기준으로 할 때 국민연금 참여율은 58.9%이고, 공무원연금 등 공적연금 참여율은 4.3%로 합쳐도 63.2%에 불과하다(Kim 2012). 강제가입의 성격을 가지고 있음에도 공적연금 비참여 비율이 36.8%에 이른다. 공적연금 사각지

〈표 1-1〉 연금대상인구와 연금유형

연금 대상	연금 유형		연금 대상
임금근로자	퇴직연금	없음(사각지대)	자영업자
전국민	국민연금		전국민
빈곤층 · 저소득층	기초노령연금		빈곤층 · 저소득층

대가 그만큼 크다는 의미이다.

공적연금으로 국민연금 외에 빈곤층과 저소득층에게는 기초노령연금이 있다. 사적연금으로서 임금근로자를 위한 보충적 연금 역할을 하는 퇴직연금이 존재하지만, 자영업자를 위해서는 보충적 연금제도가 미비된 상태이다. 자영업자는 〈표 1-1〉에서와 같이 보충적 연금의 사각지대에 놓여 있는 인구집단이라고 말할 수 있다. 공적연금 미가입자와 자영업자군을 포함하는 연금 사각지대는 상당한 수준에 이른다.

우리나라의 자영업자 비율은 비정상적으로 높다. 2010년을 기준으로 한 OECD 통계(2011)에서 한국의 자영업자 비율은 전체 근로자의 28.8% 수준이다. OECD 평균 자영업자 비중 15.9%의 두 배에 가까운 수준이다. 34개 OECD 국가 중 멕시코가 34.3%, 그리스가 35.5%, 터키가 39.1%로 한국보다 높을 뿐이다.

우리나라의 자영업자 비율의 추세를 보면 1990년 39.5%, 2000년 36.5%, 2005년 33.6%에 이어 지속적으로 낮아지고 있지만 독일 11.6%, 스웨덴 10.9%, 노르웨이 7.7%와 같은 연금개혁 선진국에 비해서는 턱없이 높은 수치이다. 자영업자, 이 거대한 인구집단을 위한 보충적 연금제도가 미비되어 있다는 점은 고령 사회 대비책의 큰 공백이 아닐 수 없다.

3. 국민연금 개혁이 먼저다

국민연금은 노후생계보장의 근간이 되는 공적연금이다. 퇴직 후 소득원이 없을 경우 일정액의 소득을 보장하는 제도로서 1988년부터 실시되었다. 2013년 말을 기준으로 총가입자 수는 2,082만 89명으로 이중에서 사업장가입자 비율은 56.4%, 지역가입자 비율은 42.2%이다. 임의가입자는 1.0%이고, 임의계속가입자는 0.4% 수준이다(국민연금관리공단 2013a).

국민연금은 18세 이상 소득이 있으면 누구나 가입해야 하는 강제가입 방식의 사회보험이다. 임금근로자의 경우 사용자와 근로자가 공동으로 국민연금 보험료를 부담하고, 비임금근로자 즉 자영업자는 본인이 모두 부담한다. 강제가입 방식임에도 불구하고 비임금근로자의 국민연금 가입률이 낮아 연금 사각지대를 만들고 있다.

국민연금 가입현황을 보면 자영업자의 경우 국민연금 미가입률이 32.1%에 이를 정도로 높다. 고용원이 있는 자영업자의 미가입률은 19.1%이지만, 고용원이 없는 자영업자의 경우 미가입률은 36.8%에 이른다. 영세 자영업자군에 속하는 5인 미만 사업장의 경우 가입률이 26.6%이고, 5인에서 9인까지의 사업장의 경우 가입률은 53.1%에 불과하다. 영세 사업장의 경우 심각한 연금 사각지대에 처해 있음을 알 수 있다.

국민연금은 1988년 출범 당시 소득을 45개 등급으로 나누어 차등적으로 보험료를 납입하도록 설계하였다. 소득수준이 낮은 그룹은 보험료를 적게 내고 연금급여는 많이 받도록 하고, 소득수준이 높은 그룹은 보험료를 많이 내고 연금급여는 적게 받도록 하는 방식이었다. 이 같은 하후상박 방식의 설계는 사회보험의 한 유형인 국민연금의 소득재분배 기능을 살리기 위함이었다.

출범 당시 국민연금 보험료 부과 소득구간은 45등급이었다. 최고등급은 월소득 360만 원 이상이었고, 최하등급은 22만 원이었다. 1990년 당시 소득10분위의 평균소득을 보면 최고등급 평균소득이 207만 4,177원이었고, 최저등급 평균소득이 33만 8,642원이었다. 국민연금 보험료 부과구간의 최저등급은 최저10분위소득보다 낮은 22만 원이었고, 최고등급은 최고10분위소득보다 높은 360만 원이었다. 소득재분배기능을 강조하고 있는 바람직한 모형이었다.

국민연금 보험료 소득구간은 물가에 연동시켜 해마다 조정되어야 한다. 그러나 정부는 20년이 넘도록 한 번도 조정하지 않은 채로 방치한 덕에 연금보험료 징수를 위한 소득구간이 기형화되었다. 다행히 2009년부터 소득구간 조정이 이루어져 2013년 7월 현재 최고등급은 398만 원, 그리고 최저등급은 25만 원으로 조정되었다(국민연금관리공단 2013b).

현재 상황에서는 가능해보이지 않지만 국민연금 출범 당시와 유사한 수준을 유지하기 위해서는 국민연금 보험료 징수를 위한 최저소득 구간은 60만 원 내외가 되어야 하고, 최고구간은 1,000만 원이 넘어야 한다. 그래야만 소득10분위를 중심에 두고 보험료 관리와 급여 관리를 실시할 수 있어서 소득재분배 기능을 살릴 수 있다.

국민연금 보험료 소득구간을 20년이나 조정하지 않은 채 방치함으로써 아직까지 최고등급의 소득이 2013년 현재 398만 원에 불과하여 저소득층과 중산층이 하위 저소득층에게 소득분배를 해야 하는 역진성을 띠고 있다. 월소득 398만 원이면 6분위 소득그룹의 평균소득인 396만 원을 약간 상회하는 수준이고, 근로자 평균소득 419만 원보다 낮은 수준이다.

소득과 물가를 반영해 정기적으로 국민연금 등급을 조정하는 기반은 마련했지만 아직도 대기업 직원의 절반이 국민연금 최고등급인 현실을 감안하면 국민의 역진성을 바로잡는 일이 앞으로의 과제이다. 이것이 국

〈표 1-2〉 소득10분위와 국민연금 보험료 부과 소득구간

등급	1990년		2013년	
	소득10분위	국민연금	소득10분위	국민연금
최고등급	207만 4,177원	360만 원	996만 7,600원	398만 원
최저등급	33만 8,642원	22만 원	87만 9,720원	25만 원

연도	구분																	
2013년	보험료 부과구간	25										398						
2013년	10분위 소득						88					412				998		
1990년	보험료 부과구간				22													360
1990년	10분위 소득						34									207		
소득 10분위							1분위	2분위	3분위	4분위	5분위	6분위	7분위	8분위	9분위	10분위		

표 안의 수치는 만 원 단위의 액수임.

민연금의 신뢰를 회복하는 길이기도 하다. 고소득층이 저소득층에 재분배를 하는 구조여야만 형평성에 부합되기 때문에 국민연금 보험료 소득구간을 당초의 설계와 유사한 수준으로 되돌릴 필요가 있다.

국민연금은 노후 보장의 근간이 되는 소득원이다. 이 연금이 바로 서야 다른 보충적 연금을 도입하더라도 은퇴자의 노후보장 수준을 적정선으로 유지할 수 있다. 국민연금에서 시급히 바로 잡아야 할 부분은 사각지대를 최소화하는 방안과 국민연금 보험료 징수를 위한 소득구간을 정상화시키는 방안이다.

4. 중층연금이 대세다

연금개혁은 국민연금 보험료 징수를 위한 소득구간 조정이나 자영업자의 가입률을 높이는 것으로 끝나서는 안 된다. 노후보장의 근간이 되는 국민연금의 기반을 다진 후 보충적 연금을 마련하는 개혁이 이어져야 한다. 세계은행도 국민연금과 같은 공적연금만으로는 노후생활의 안정을 담보할 수 없다는 사실을 인지하고 공적연금 이외에 제2, 제3의 연금층을 추가하여 연금의 사각지대를 최소화시킬 수 있는 중층연금제도(multi-pillar pension system) 도입을 요구(World Bank 1994)하고 있다.

세계은행이 제시한 중층연금제도에는 3층 구조와 5층 구조가 있다. 3층 구조는 전국민이 가입하는 공적연금, 임금근로자 대상의 퇴직연금, 그리고 자영업자를 위한 개인연금을 연결시켜 놓은 장치이다. 5층 구조는 3층에 0층과 4층을 추가한 안이다. 0층은 빈곤층 대상의 무갹출 연금이고, 4층은 가족에게 양도하거나 투자로도 활용 가능한 재량이 부여된 연금이다. 4층의 사례를 찾기는 쉽지 않지만 싱가포르의 중앙준비기금(Central Provident Fund: CPF)에는 4층과 비슷한 내용(Hur, 2010)을 갖고 있다.

우리의 노후생활보장 장치는 0층에 해당되는 기초노령연금, 1층의 국민연금, 임금근로자를 위한 2층의 퇴직연금, 금융권의 개인연금이 있지만 단절적으로 운영되고 있어서 중층구조라고 할 수도 없다. 더욱이 임금근로자를 위한 퇴직연금은 있지만, 자영업자를 위한 연금층은 갖추어져 있지 않아 연금구조에 커다란 공백이 있다. 자영업자의 경우 국민연금 가입률도 낮아서 국민연금으로부터도 소외되어 있다. 일종의 연금 빈곤층이 자영업자들인 셈이다.

정부는 2012년 2월부터 '두루누리 사회보험 지원사업'을 실시함으로써 영세 자영업자의 국민연금 가입률을 높이기 위해 노력하고 있다. 이 사업은 근로자 수가 10명 미만의 사업장에서 일하는 근로자의 보수가 130만 원 미만인 경우에 국민연금 보험료와 고용보험료를 각각 50%씩 지원하는 사업이다. 2013년에는 지원 대상 근로자의 보수가 130만 원이었지만 2024년에는 135만 원으로 조정되며, 매년 상향조정된다. 제도도입 1년이 지난 2013년 5월의 집계에 의하면 이 사업의 수혜자는 72개 사업장에서 122만 명에 이르는 것으로 나타났다(윤석명 2013). 이처럼 사각지대 해소를 위한 노력이 지속되면 국민연금은 제자리를 잡을 수 있을 수 있다.

퇴직연금은 일부 기업에 국한되어 제구실을 못 하고 있다. 〈표 1-3〉에서와 같이 퇴직연금 도입 역사가 10년에 가까운데 아직도 도입비율은 14.7%에 불과하다. 사업장 규모를 기준으로 놓고 보면 문제는 더 심각하다. 근로자 500인 이상 사업장의 도입 비율은 98.6%이지만 300인에서 499인까지의 사업장에서는 72.6%로 줄어들고, 100인에서 299인까지의 사업장에서는 57.2% 수준이다. 10인 미만 사업장의 도입비율은 10.4%에 불과하다.

퇴직연금이 더 절실한 곳은 대기업이나 중견기업이 아니라 근로자의 수가 적은 영세 사업장인데 영세 사업장의 대부분은 퇴직연금의 사각지대라는 사실을 알 수 있다. 중층연금제도가 마련되어 있어도 이처럼 사각지대가 많으면 중층구조는 빛을 발할 수 없다. 사각지대가 연금이 더 절실한 인구계층에게 집중되어 있다면 향후 노인의 빈부격차가 더 심각한 사회문제로 자리잡을 수 있다.

현재대로라면 고령 사회를 맞는 대한민국의 미래는 밝지 않다. 연금 사각지대가 노인빈곤문제를 심화시켜 방치하면 '노인대란'의 길로 갈 수도 있다. 1990년 아르헨티나는 연금지급 불능이 이유가 되어 국가비상사태를 선포한 적이 있다. 연금개혁이 바로 서지 않으면 한국에서도 이 같

〈표 1-3〉 퇴직연금 도입현황: 2013년 9월 기준

구 분	10인 미만	10~29인	30~99인	100~299인	300~499인	500인 이상	합 계
(A)도입 사업장 수	140,689	62,732	23,542	6,367	1,038	1,335	235,703
(B)전체 사업장 수	1,354,334	184,823	53,966	11,124	1,429	1,354	1,607,030
도입비율 (A/B)	10.4%	33.9%	43.6%	57.2%	72.6%	98.6%	14.7%

자료: 고용노동부(2013).

은 사태가 발생할 수 있다. 국민연금만의 개혁이 아닌 국가-기업-개인의 상호보완적 역할이 시너지 효과를 만들어내는 중층연금구조의 기반 마련이 시급하다.

한국도 퇴직연금과 기초노령연금의 도입으로 외형적으로는 중층구조 연금개혁 국가로 분류되지만 연금계층 간 연결점이 모호하여 기대효과에 미치지 못한다. 중층구조가 전 세계적으로 확산되는 과정에서 각국은 자국의 사회경제적 여건에 맞는 틀을 개발하여 활용하고 있지만 우리나라에서는 여기에 대한 논의조차도 제대로 이루어지지 않고 있다. 현재 전 세계 90여개 국가에서 도입한 중층연금제도는 연금개혁의 세계화를 선도하고 있다.

중층연금제도가 전 세계적으로 확산되는 현상을 연금개혁의 세계화라는 관점에서 분석하고자 하는 본 연구의 목적은 다음 몇 가지로 정리할 수 있다.

첫째, 중층연금제도의 구조는 사회보험 방식의 공적연금, 명목확정기여연금(NDC), 퇴직연금(occupational pension: OP), 개인연금(ISA), 적립연금(provident fund) 중 몇 개의 조합으로 구성되는데 어떤 조합이 어떤 경제권에서 가장 많이 활용되는지 그 유형을 탐색하여 체계적으로 정리하

고자 한다.

둘째, 정책은 혁신성을 가지고 있을 때 확산되고(Rogers 1995), 확산 과정을 거치면서 진화하는 특성을 가진다. 연금제도도 마찬가지이다. 혁신성이 있으면 다양한 나라로 전파되는 특성이 있다. 그리고 전파 과정을 거치면서 자국의 특성에 맞는 제도로 자리를 잡는다. 본 연구를 통하여 중층연금제도가 전 세계로 확산되면서 제도적으로 어느 정도 다양한 모습으로 진화하는지를 분석하여 정리하고자 한다.

셋째, 한국의 고령화는 빠르게 진행되고 있다. 고령화의 속도에 맞춰 연금개혁을 지속적으로 추진해야 하며, 중층구조를 한국의 사회경제적 여건에 맞추어 다듬어 나가야 한다. 본 연구를 통하여 한국의 사회경제적 여건에 맞는 중층구조를 탐색할 수 있는 기초자료를 제공하고자 한다.

제2장

연금이론

1. 연금의 뿌리도 다르고 성격도 다르다
2. 공적연금과 사적연금은 보완관계이다
3. 연금에는 일곱 가지 유형이 있다
4. 부과식에서 적립식으로 바뀌고 있다
5. 연금급여는 두 가지 방식으로 제공된다
6. 단층에서 중층연금으로 진화한다
7. 연금개혁은 네 방향으로 움직인다

제2장 연금이론

1. 연금의 뿌리도 다르고 성격도 다르다

연금의 역사는 1889년 독일의 사회보험에서 출발했지만 오늘날 지구상의 다양한 국가에서 활용하는 연금 유형을 보면 영국과 칠레의 연금 역사에 주목할 필요가 있다. 스위스 연금의 역사와 스웨덴의 연금도 중요한 의미를 갖는다. 아시아에서도 의미 있는 연금유형이 개발되었는데, 그것은 싱가포르의 중앙준비기금이다. 이상 여섯 국가의 연금 역사가 연금이론의 기본 틀을 제공하고 있다.

독일은 1889년에 세계 최초로 사회보험 방식의 공적연금(Old Age and Disability Insurance Bill)을 도입했다. 독일식의 연금은 약 100년에 걸쳐 유럽, 중남미, 그리고 아프리카와 아시아에 전파되어 오늘에 이르고 있다(Orenstein 2003). 독일의 사회보험 방식의 연금은 공적보험으로서 유럽에 가장 먼저 전파되었고, 다음이 중남미였으며, 아프리카와 중동을 포함한 아시아는 연금의 후발 도입 지역에 속한다.

영국의 연금 역사는 독일과는 다른 차원에서 시작되었다. 구빈, 즉 가난의 구제가 가장 큰 목적이었다. 1908년의 노령연금법(Old Age Pensions

Act of 1908)이 영국식 연금의 시작이었다. 사회구성원이 노령이라는 사회적 사고에 대비해 보험료를 납입하여 적립하고, 그 돈으로 노후 생계를 보장받는 방식이지만, 국가가 사회구성원의 노후 생계를 보장하고자 했던 접근법이다(Nivakoski and Barrett 2012). 영국 방식은 공적연금으로서 사회보험 요소를 가진 일종의 국가보험이었다.

독일식과 영국식 연금은 둘 다 연금이기는 하지만 성격상 차이가 있다. 독일식은 사회보험으로서 기여금과 연금급여 사이의 상관관계가 높지만, 영국식은 상관관계가 낮아 급여율이 확정된 고정연금(flat-rate pension)으로서의 성격을 가진다. 독일식은 소득수준과 연계된 연금(earnings-related pension)으로서 보험료를 많이 납입하면 연금급여가 높아지지만, 영국식은 기여금을 많이 납입해도 연금급여의 차이가 크지 않다. 영국식은 구빈이 목적이기 때문이다. 따라서 독일식을 사회보험이라고 지칭하고 영국식을 국가복지연금(state welfare pension)이라고 지칭한다(Nivakoski and Barrett 2012).

영국은 무갹출(non-contributory) 기초연금이 시작된 국가이기도 하다. 그 기원을 구빈법에 두고 있는데 자산조사(means-test)가 필수적이다. 기초연금은 연금보험료를 납입할 수 없을 정도로 가난한 사회구성원을 대상으로 하는 연금이다. 이 연금의 재정은 국가의 예산에서 나온다. 평생 빈곤층을 대상으로 인간다운 기초생활을 할 수 있도록 보장을 하는 연금으로서 그 성격이 우리나라의 기초연금과 유사하다.

칠레는 연금기금의 관리 미숙으로 독일식 사회보험 방식의 연금을 포기하고 세계 최초로 사적연금을 도입한 국가이다. 1926년 중남미 국가에서는 가장 먼저 사회보험 방식의 연금을 도입(Joaquin Vial Ruiz-Tagle 1998)하여 이 지역의 연금 선진국 지위를 확보한 국가였지만 연금보험료 기여수준이 낮아 연금으로서 가치를 상실했고, 연금개혁을 하지 않을 수 없었다. 칠레가 연금개혁을 통해 1981년에 세계 최초로 도입한 개인연금(ISA)은 중층연금제도 구축의 기초가 되었다.

스위스는 1904년에 독일식 연금을 도입했고 1985년에는 OECD 국가 중에서는 처음으로 퇴직연금(OP)를 도입(Queisser and Vittas 2000)하여 이 제도가 인근 국가로 전파되도록 하는 데 기여한 국가이다. 스위스의 퇴직연금도 사적연금으로서 중층연금제도의 구축에 크게 기여한 연금유형으로 평가받는다.

스웨덴에서도 독특한 연금 유형이 개발되었는데 명목확정기여(NDC) 연금이다. 스웨덴은 1994년 사회보험 방식의 연금을 일부 수정하여 공적연금과 개인연금이 결합된 형태의 연금인 명목확정기여 방식을 도입하였다. 이 유형 역시 고령으로 인한 노동력 감소와 연금기금 고갈 문제로 고민에 빠져 있던 유럽과 동유럽 국가로부터 많은 주목을 받았다(Palmer 2002). 이 유형은 2000년을 넘기면서 세계적으로 확산의 기미를 보이고 있다.

싱가포르는 1965년 말레이시아에서 분리 독립된 국가로서 영국 식민지로부터 물려받은 유산 중 하나가 중앙준비기금(Central Provident Fund: CPF)이었다. 영국의 식민지 통치를 위해 마련한 이 기금을 독립 후에 발전시켜 연금으로 활용하고 있다. 개인연금이면서 국가가 관리하는 공적연금의 성격을 가지고 있다. 하나의 연금제도이지만 중층연금 방식으로 운영하고 있기 때문에 세계 각국의 주목을 받고 있다(Hur 2010). 이 방식의 연금은 과거 영국의 지배를 받았던 동남아시아 국가와 아프리카 국가에서 활용하고 있다.

독일의 사회보험 방식과 영국의 국가복지 방식의 연금, 빈곤층을 대상으로 하는 기초연금 방식의 노령연금, 칠레의 개인연금, 스위스의 퇴직연금, 스웨덴의 명목확정기여연금, 그리고 싱가포르의 중앙준비기금은 모두 연금이론의 중요한 위치를 차지하고 있다. 무갹출 연금을 포함한 독일과 영국의 연금은 공적연금의 유형이고, 칠레와 스위스의 연금은 사적연금의 유형이다. 스웨덴과 싱가포르의 연금은 공적연금과 사적연금이 결합된 방식이다.

세계 각국은 이상 6개 연금을 조합하여 자국의 연금제도를 다듬고 있다. 세계은행이 제시한 중층연금제도도 이상의 제도를 결합한 방식이다. 고령 사회에 대한 모든 책임을 국가가 지기에는 위험부담이 너무 크기 때문에 국가, 기업, 개인이 그 책임을 분담한다는 취지에서 나온 이론이 중층연금제도이다.

2. 공적연금과 사적연금은 보완관계이다

연금은 사회보장의 중심에 있는 제도로서 원래는 국가가 국민들의 노후 생계를 보장하는 제도로 출발했다. 연금제도의 출발은 공적연금이라는 의미이다. 독일의 사회보험 방식의 연금과 영국의 구빈 중심의 연금을 그 기원으로 삼는 이유도 여기에 있다. 국민의 노후보장에 대해 국가가 최종적인 책임을 지는 연금이 공적연금이다.

공적연금은 당연히 그 연금의 재정계획이 부과방식(pay-as-you-go: PAYG)이거나, 국가의 예산에서 충당하는 방식을 취해야 한다. 연금의 유형이 사회보험 방식일 경우에는 재정확보 방안으로서 부과방식을 채택한다(Barr 2006). 부과방식은 현재의 근로자가 현재의 퇴직자에게 연금을 지급하고, 재정에 문제가 발생하면 국가가 책임을 지는 제도이다. 국가가 최종적인 책임을 지기 때문이다.

공적연금 중 기초연금은 대체로 국가의 일반회계 예산에서 재정을 충당한다. 그 대상이 노령에 접어든 빈곤층이고, 빈곤층은 사회보험을 낼 정도의 여력 없이 평생을 살아왔기 때문이다. 평생을 빈곤층으로 살면 사회보험을 낼 기회가 없고, 사회보험을 내지 못하면 연금의 대상에서 제외되고, 연금의 사각지대에 놓이게 된다. 국가는 이들에게도 최소한의 인간다운 삶을 살아갈 수 있도록 해야 한다. 그것이 국가의 존재 이유이기 때문이다.

인구구조가 변하여 고령화 사회, 고령 사회에 이어 초고령 사회에 접어들자 공적연금은 허점이 드러나기 시작했다. 고령화 사회의 이전 단계에서는 경제활동 인구가 퇴직을 한 노인인구보다 많아서 연금재정을 충당하는 데 문제가 없었다. 그러나 인구의 고령화로 경제활동 인구가 줄어들자 연금기금이 적자로 돌아서게 되고, 적자를 국가의 예산으로 차감하는 현상이 벌어지기 시작했다. 이 같은 현상이 지속되면 연금적자가 누적되고 정부는 부채에 시달릴 수밖에 없는 상황이 예측되었다.

인구의 고령화로 인한 연금적자와 정부부채의 증가 현상이 예측되면서 세계 각국은 연금개혁에 관심을 보이기 시작했다. 가장 먼저 시도한 연금개혁이 부분개혁(parametric reform)이었다. 부분개혁의 핵심은 연금적자 문제의 해결이었다. 연금보험료(contribution)는 많이 내고, 연금급여(benefit)는 낮추는 방식이었다(Schwarz 2006). 즉 소득대체율(income replacement rate)을 낮춤으로써 연금적자를 해결하고자 하는 의도가 깔려 있는 개혁 방향이었다.

그러나 부분개혁만으로 연금의 고유 기능을 살리면서 연금적자 문제를 동시에 해결하기가 용이하지 않았다. 소득대체율을 낮춤으로써 연금적자 문제를 해결할 수는 있지만 근로자가 노후에 받는 연금급여가 줄어듦으로 인하여 급여수준은 적정선을 유지하기가 어려운 상황이 벌어질 수 있기 때문이었다.

연금제도의 총체적 제도개혁(systemetic reform) 없이는 연금적자 해결과 연금급여의 적정선 유지가 불가능하게 되었다. 이 두 마리 토끼를 잡기 위해 가장 먼저 급진적 개혁을 시도한 국가가 칠레였다. 공적연금으로서의 사회보험을 포기하고 사적연금을 도입했으며, 연금재정 확보방안인 부과방식을 포기하고 적립식(funded plan)을 도입하였다. 스위스 같은 국가는 공적연금에 퇴직연금을 추가하는 방식의 개혁을 시도했다.

사적연금은 연금기금 확충이나 연금급여 제공이 민간영역에서 이루어지는 연금이다. 금융상품의 하나로서 연금기금과 연금급여에 대해 국가가 감독할 의무는 있지만 책임은 없다. 연금기금은 부과방식이 아니라 적립식으로 이루어진다. 자신이 낸 연금 보험료가 금융시장에 투자되고 투자수익과 함께 자신의 연금급여로 전환되는 연금이다. 그러나 금융시장이 불황이어서 적자가 난 경우에도 개인이 책임을 지고, 국가는 책임을 지지 않는다.

공적연금의 최종적인 책임 소재는 국가에 있고, 사적연금의 최종적 책임의 소재는 개인에게 있다. 어떤 국가가 칠레처럼 공적연금을 포기하고 사적연금을 도입하면 국가는 책임에서 벗어날 수는 있지만 사회보장의 의미는 상실된다. 따라서 대부분의 나라에서 공적연금에 사적연금을 추가하는 방식의 중층구조를 채택하고 있다.

공적연금과 사적연금은 배타적 관계에 있는 연금이 아니라, 보완적 관계에 있다. 공적연금은 근간이 되는 연금이고, 사적연금은 보충적 연금의 역할을 한다. 공적연금만으로 노후생활이 여의치 않을 것에 대비해 필요한 연금이 사적연금이다. 국가의 부담을 줄이기 위해 공적연금의 소득대체율을 낮춘 결과 연금급여 수준이 낮아졌기 때문이다. 따라서 사적연금은 연금급여의 적정선을 유지하기 위해 반드시 필요한 연금이 되었다. 공적연금과 사적연금의 조합이 중층연금이며, 중층연금이 새로운 연금 유형이 되어야 할 이유가 여기에 있다.

3. 연금에는 일곱 가지 유형이 있다

연금에는 공적연금과 사적연금이 있다. 공적연금은 다시 기초연금과 사회보험 방식의 연금으로 분류되고, 사적연금은 퇴직연금과 개인연금으로 나누어진다. 공적연금으로 분류할 수 있지만 사적연금의 요소도 가지고 있는 명목확정기여연금과 준비기금연금이 있다. 따라서 연금유형을 세분화하면 〈표 2-1〉에서와 같이 일곱 가지 유형으로 나눌 수 있다.

공적연금으로서 기초연금은 문자 그대로 사회보험연금급여 대상에서 제외될 정도로 평생을 빈곤층으로 살아온 인구집단을 대상으로 하는 연금이다. 보험료와 같은 기여금을 내지 않고도 받는 연금이어서 전액을

〈표 2-1〉 연금의 유형, 종류, 대상, 관리주체

연금유형	연금종류	대상	성격	재정	관리주체
공적연금	기초연금	평생빈곤층	구빈연금	국가예산	국가
	국가복지연금	전국민	기초· 기본연금	소득수준에 근거한 보험료	국가
	사회보험연금	전국민	기본연금	사용자와 근로자, 또는 개인	국가
사적연금	퇴직연금	임금근로자	보충연금	사용자와 근로자	민간영역
	개인연금	자영업자	보충연금	자영업자	민간영역
공사혼합 연금	명목확정기여연금	전국민	기본연금	사용자와 근로자	국가
	준비기금연금	전국민	기본연금	사용자와 근로자	국가

국가가 부담하는 것이 원칙이다. 최소한의 인간다운 삶을 보장하기 위한 연금이기 때문에 기초연금이라 부른다.

기초연금의 대상은 전체 노인이 아니라 빈곤노인과 저소득층 노인이어야 원래 취지에 맞다. 보편적 복지의 일환으로 전체 노인을 대상으로 제공되는 연금이 아니라, 구빈연금으로서의 성격을 가지고 있기 때문이다. 급여의 수준은 국가최소보장(national minimum)의 원칙에 의거해 최저생계비 정도여야 한다. 다만, 재정여건의 허용 여부에 따라서 그 수준을 높일 수도 있고 낮출 수도 있다.

공적연금으로서 국가보험 방식의 연금은 사회보험 방식으로 기여금을 받는데 소득에 따라 기여금의 수준이 다르다. 그러나 연금급여를 제공하는 방식은 고정연금(flat rate pension)이다. 영국에서 채택하고 있는 연금으로서 정년 이후의 사회구성원을 위한 기본연금 역할을 한다.

공적연금으로서 사회보험 방식의 연금은 독일식이다. 기여금의 수준에 따라 연금급여의 차이가 큰 연금으로 대체로 한 국가의 근간이 되는 기본연금으로 활용한다. 공무원이나 군인과 같은 특수직 연금대상자를 제외한 전국민을 대상으로 한다. 우리나라에는 이 유형의 연금으로서 1988년 도입된 국민연금이 있다. 보장성이 강조되는 연금이기 때문에 확정급여(defined benefit: DB) 방식으로 제공되는 특성이 있다.

사회보험 방식의 연금재정은 사용자와 근로자가 공동으로 부담한다. 자영업자와 같은 비임금근로자의 경우에는 본인이 전액을 부담한다. 농어민과 같은 특수 업종의 경우에는 국가가 연금보험료의 일부를 부담하는 경우도 있다. 연금기금의 관리주체는 국가이기 때문에 연금적자나 연금고갈의 문제가 발생되면 국가가 최종적으로 책임을 져야 한다.

독일식과 영국식은 소득수준을 기초로 기여금을 납입한다는 점에서 출발은 같다. 독일식은 급여수준이 기여금의 납입수준에 따라 크게 차이가 나지만, 영국식은 기여금은 달라도 급여수준이 같은 고정급여 방식을 취하고 있다. 독일식은 사회보험 하나에 생계유지를 위한 기본연금과 생활연속성(status maintenance)을 위한 보충적 연금이 포함된 수준이지만, 영국식은 기본연금으로만 활용할 수 있는 수준이다.

사적연금으로서 퇴직연금(OP)은 사용자가 중심이 되어 근로자와 사용자가 공동으로 기여금을 내고, 그 기여금을 운용하여 퇴직 시에 제공되는 연금을 의미한다. 노사 협약에 의거하여 노사 한쪽이 기여금을 전액 부담하는 경우도 있고, 기여금 분담 비율이 조정되기도 한다. 이는 임금 근로자 중심의 연금제도라는 특성이 있다.

퇴직연금은 연금급여가 확정기여(defined contribution: DC) 방식으로 제공되기도 하고, 확정급여(DB) 방식으로 제공되기도 한다. 어떤 방식을 선택하는지에 대해서는 노사 간 합의에 의해 결정된다. 확정기여 방식의 경우 경제적 여건이 나빠지면 연금급여 수준이 낮아질 수 있는 위험부담이 있지만 경제적 여건이 좋아지면 기대 이상의 연금급여를 받기도 한다.

퇴직연금을 확정급여 방식으로 제공받을 경우에는 연금급여가 미리 정해져 있기 때문에 경제적 여건의 변화와 관계없이 정해진 연금급여를 그대로 받는다. 그러나 확정급여 방식을 무조건 선호할 수는 없다. 확정급여 방식은 경제 위기 상황에서는 보장성이 높지만, 경제 여건이 좋아지면 그 효과를 함께 누릴 수 없다는 단점이 있다.

퇴직연금은 사적연금이기 때문에 금융회사가 관리주체 역할을 한다. 퇴직연금은 노후 생활의 책임을 지는 연금이고, 금융상품으로서의 성격을 가지기 때문에 정부는 감독 의무만 가진다. 우리나라는 2005년 퇴직일시금으로 근로자에게 제공되던 퇴직금을 퇴직연금으로 전환하는 방식으로 도입하였다.

사적연금으로서 개인연금(ISA)은 개개인이 계좌를 가지고 있고, 해당

계좌에 적립된 기금의 운용을 기초로 연금급여가 지급된다. 개인연금의 관리주체도 퇴직연금의 관리주체와 마찬가지로 민간영역이며 금융회사가 그 역할을 한다. 개인연금의 대상은 자영업자와 같은 비임금근로자이다.

개인연금은 적립식(funded plan)으로 운영되며, 대체로 확정기여(DC)의 틀하에서 연금급여가 지급된다. 경기변동에 대한 책임은 개인에게 있다는 점이 부각되는 연금이라는 의미이다. 개인연금 방식으로 연금개혁을 단행한 국가에서는 공적연금을 없애고 개인연금 방식으로 완전히 전환한 국가가 있고, 공적연금과 병행하여 운영하는 국가도 있다.

명목확정기여연금(NDC)은 공적연금과 개인연금이 결합한 형태로 운영된다. 공적연금처럼 운영되지만 명목상으로나마 개인계좌를 가질 수 있다. 연금급여는 가입기간, 평균수명 등에 연동시켜 제공되기 때문에 국가의 부담이 줄어든다는 특징이 있다. 가입기간이나 평균수명 등에 연동시키는 제도를 점수제(point system)라고 하며, 이 점수제가 명목확정기여연금의 가장 중요한 특성 중 하나이다.

준비기금연금은 개인연금과 유사한 방식으로 운영된다. 개인마다 계좌를 가지고 있기 때문이다. 준비기금 연금은 싱가포르의 중앙준비기금처럼 연금기금의 관리를 금융회사가 하지 않고 국가나 공공기관에서 하는 것이 특징이다. 준비기금의 성격을 가진 연금제도를 여러 국가에서 도입하고 있지만 싱가포르의 중앙적립기금(CPF)이 이 방식의 연금제도 중 대표적인 제도로 평가받고 있다.

논의한 여섯 가지 연금은 제각기 고유한 특성이 있다. 기초연금은 구빈연금, 사회보험연금은 근간이 되는 연금, 퇴직연금과 개인연금은 보충적 연금으로서의 특성이 있다. 명목확정기여연금과 준비기금연금은 근간이 되는 사회보험연금을 대체할 수 있는 연금으로서 특성을 가지고 있다. 각국은 이 여섯 종류의 연금을 그 나라의 사회경제적 여건에 맞게 조합하여 중층연금구조를 마련하고 있다.

4. 부과식에서 적립식으로 바뀌고 있다

연금의 재원을 형성하는 방법에는 부과식(PAYG)과 적립식(fully funded)이 있다. 부과식은 현재 근로자가 현재 퇴직자에게 연금급여를 제공하는 방식으로 연금 보험료를 정하는 방식이고, 적립식은 현재의 근로자가 금융시장에 적립한 연금기금을 투자하여 미래 자신의 연금급여를 받는 방식을 의미한다.

부과식은 뒤에서 논의할 확정급여와 함께 가고, 적립식은 확정기여와 함께 간다. 공적연금은 보장성이 우선시되어야 하지만, 사적연금은 금융상품으로서의 기능이 존중되어야 하기 때문에 공적연금은 대체로 부과식을 채택하고 있고, 사적연금은 적립식을 택하는 경향이 있다.

순수한 부과식은 연금기금을 금융시장에 투자하지 않는 것을 원칙으로 한다. 연금기금은 노후보장을 위한 소중한 자산이기 때문에 투자하여 손해를 볼 경우 정년을 맞는 노인들의 소득보장이 어려워지기 때문이다. 대신에 보장성을 높이기 위해 연금급여를 미리 정해 놓고, 현재 일하는 근로자들로 하여금 현재 정년을 맞는 은퇴자의 연금급여를 지급하는 방식을 취한다.

〈표 2-2〉에서와 같이 현재 노동시장에 근로자와 퇴직자가 각각 2명이 있고, 퇴직자에게는 1인당 100만 원을 지급하기로 약속이 되어 있다고 가정한다. 부과식 논리에 의하면 현재의 근로자 2명은 각각 100만 원씩을 연금 보험료로 납입해야 한다. 그래야만 퇴직자 2명에게 약속한 연금

〈표 2-2〉 부과식과 적립식의 연기금 관리 방법

유형	조건	노동시장	근로자 기여금	금융시장	퇴직자 연금급여
부과식	현재 근로자가 은퇴자의 연금 지급	근로자 2명 퇴직자 2명	1인당 100만 원 * 2명 = 200만 원	투자 없음	1인당 100만 원
		근로자 2명 퇴직자 3명	1인당 150만 원 * 3명 = 300만 원	투자 없음	1인당 100만 원
적립식	현재 근로자가 미래 자신의 연금지급	근로자 2명 퇴직자 2명	1인당 100만 원 * 2명 = 200만 원	10% 이윤 = 20만 원	1인당 110만 원
		근로자 2명 퇴직자 2명	1인당 100만 원 * 2명 = 200만 원	-10% 이윤 = -20만 원	1인당 90만 원

100만 원을 지급할 수 있기 때문이다.

만약 노동시장의 여건이 변하여 근로자 2명은 그대로인데 은퇴자가 3명으로 늘어나는 상황이 발생한다면, 근로자의 부담은 늘어날 수밖에 없다. 근로자 2명은 은퇴자 3명의 연금을 책임져야 한다. 약속한 연금수준이 100만 원이기 때문에 근로자는 1인당 150만 원을 연금 보험료로 납입을 해야 은퇴자 3명의 연금급여를 지불할 수 있기 때문이다.

노령연금의 근간이 되는 사회보험 방식의 연금은 이와 같은 부과식으로 관리한다. 정해진 연금급여를 확실하게 보장하기 위해서이다. 그러나 부과식의 경우 은퇴자에게는 보장성을 제공하지만 현재 근로자에게는 부담이 된다. 은퇴자가 늘어나면 연금보험료를 그만큼 더 많이 납입해야 하기 때문이다. 고령 사회가 되면 근로자의 수는 줄어들고, 은퇴자의 수는 늘어나게 된다. 결국 사회보험 방식의 연금은 근로자의 부담이 커질 수밖에 없고, 보장의 최종 보루인 국가의 책임도 무거워질 수밖에 없는 연금수단 중 하나이다.

적립식은 부과식과는 다르다. 부과식처럼 현재 은퇴자의 연금을 위해 현재의 근로자가 희생하는 방식이 아니다. 현재 근로자가 은퇴 후 자신의 연금을 지급하는 방식이다. 〈표 2-2〉에서와 같이 노동시장에 근로자가 2명, 퇴직자가 2명이라고 가정한다. 1인당 100만 원씩 연금 보험료를 내기로 정해져 있다면 그 돈을 함께 모아서 금융시장에 투자하는 방식을 취한다. 투자 수익이 10%라면 각자는 납입한 연금보험료에 투자수익을 합쳐 110만 원씩의 연금을 받는다. 그러나 투자 수익이 마이너스 10%라면 퇴직자는 연금으로 90만 원씩만 받게 된다.

부과식은 노령인구 증가에 영향을 받지만 적립식은 무관하다. 적립식은 경제적 여건 변화에 영향을 받는다. 부과식을 선택하여 연금기금을 관리하다가 인구의 고령화가 급속히 진행되어 현재 근로자에게 지나치게 부담을 안겨줄 경우 세대 간 갈등이 촉발될 수도 있고, 연금에 대한 저항이 일어날 수도 있다. 이 경우에는 국가가 최종적으로 책임을 져야 한다. 사회보험의 최종 책임자는 국가이기 때문이다.

적립식의 책임은 개인에게 있다. 자신의 연금 보험료가 자신의 연금급여가 되기 때문이다. 금융시장에 투자하여 이윤을 남긴다면 원금에 이윤을 합쳐서 연금급여를 받지만 손해를 본다면 손해를 본만큼 연금급여는 줄어든다. 연금급여 수준이 줄더라도 국가가 책임을 지지 않는다. 연금적자가 나더라도 국가의 책임이 아니라 개인의 책임으로 간주하기 때문에 연금으로 인하여 문제가 되지는 않는다. 다만 보장성이 약하기 때문에 연금의 적정수준을 유지하기가 어려울 수도 있다.

고령 사회의 도래로 연금수급자가 늘어나는 반면에 경제활동인구가 줄어드는 현실을 감안할 때 부과식은 연금적자의 원인이 될 수도 있다 (Blahous 2000; Orszag & Stiglitz 2001; Holzmann & Hinz 2005, Hur 2010). 기여금이 어느 정도이든, 그리고 그 기여금이 줄어들어도 미리 확정해둔 수준의 연금급여를 받는 것이 부과식이기 때문이다. 따라서 연금수급자가 늘고, 기여금 납입자가 줄면 연금적자나 연금고갈이 발생될 수 있다는 것이 확정급여에서 확정기여로의 전환논리(Wilcox 2006; Hur 2010)이다.

인구의 고령화가 진행되는데도 불구하고 부과식을 유지할 경우 국가의 재정 부담은 커질 수밖에 없다. 국가는 보장성을 낮추더라도 재정위기의 짐에서 벗어나기를 원한다. 따라서 부과식에서 적립식으로의 전환이 세계 각국 연금개혁의 대세이다.

5. 연금급여는 두 가지 방식으로 제공된다

연금은 급여의 제공방식에 따라 연금급여 수준이 다른데, 보통 두 가지를 활용한다. 하나는 확정급여(DB)이고, 다른 하나는 확정기여(DC)이다. 확정급여는 연금급여가 미리 정해져 있고, 기여수준은 유동적이다. 반면 확정기여의 경우 연금급여는 유동적이지만 기여수준은 확정적이다. 연금의 근간이 되는 사회보험 방식의 연금은 확정급여 방식을 취하고 있고, 사적연금의 경우 확정기여를 택하는 경향이 강하다.

우리나라 국민연금은 확정급여를 택하고 있고, 퇴직연금은 노사의 협약에 따라 확정기여와 확정급여를 혼용하고 있다. 고용노동부(2013)의 통계에 의하면 전체 상용근로자는 1,016만 명으로 파악되고 있으며, 이 중 퇴직연금 가입자 수는 전체 상용근로자의 45.6%에 해당되는 463만 5,000명이고, 그중에서 확정급여형 가입자 비율은 65.1%이었다. 확정기여형 가입자는 32.9%였고, 나머지 2.0%는 개인연금계획(individual retirement plan: IRP) 가입자였다. 이는 경제여건이 좋지 않아 근로자들도 확정급여를 선호하고 있다는 증거이다.

〈표 2-3〉에서와 같이 확정급여의 경우 노동시장에 근로자가 2명 있는 상황에서 연금급여가 100만 원으로 고정되어 있다고 가정한다. 확정급여가 100만 원이라는 의미이다. 만약 퇴직자가 2명이라면 근로자는 각각 100만 원씩 연금 보험료를 납입하면 된다. 퇴직자가 3명으로 늘어날 경우 근로자의 부담을 늘어 1인당 150만 원의 연금 보험료를 납입해야 하고, 퇴직자가 4명으로 늘어나면 근로자는 1인당 200만 원을 납입해야 한다. 급여가 확정되어 있기 때문에 연금급여 총액에 맞추어 연금 보험료를 납입해야 하기 때문이다.

확정기여 방식의 경우 〈표 2-3〉에서와 같이 현재 노동시장에서 활동하는 근로자가 몇 명이든 상관없다. 스스로 납입한 기여금을 적립하여 투자한 후에 그 총액을 연금급여로 받는 방식을 취하고 있기 때문이다. 퇴직자가 2명이든, 3명이든 혹은 4명이든 관계없이 자신이 납입한 연금 보험료는 그대로 적립되어 살아 있기 때문이다. 투자이익 여하에 따라 연금액이 결정된다. 투자이익이 하나도 없을 경우 납입한 금액을 그대로 연금급여로 받고, 투자이익이 10%가 되면 110만 원을 받는다. 투자이익

〈표 2-3〉 확정급여와 확정기여 방식의 비교

유형	조건	노동시장		연금급여	기여금
		근로자	퇴직자		
확정급여	급여 100만 원 고정, 기여는 유동	2명	퇴직자 2명	총 200만 원	1인당 100만 원
			퇴직자 3명	총 300만 원	1인당 150만 원
			퇴직자 4명	총 400만 원	1인당 200만 원
확정기여	급여 유동, 기여 100만 원 고정	2명	퇴직자 2명	1인당 100만 원 + 투자이익	총 200만 원
			퇴직자 3명	1인당 100만 원 + 투자이익	총 300만 원
			퇴직자 4명	1인당 100만 원 + 투자이익	총 400만 원

이 없고 손실을 봤으면 그 손실액을 차감한 금액을 연금급여로 받는다.

확정급여 제도는 현재의 근로자에게 부담을 주는 제도이지만, 확정기여 제도는 현재의 근로자에게 노인부양 책임을 떠넘기지 않는다. 확정기여 제도는 스스로 조성한 연금기금으로 스스로의 연금급여를 받아가기 때문에 금융시장의 호·불황이 연금급여 수준을 결정한다. 이는 비록 손해가 난다고 하더라도 국가가 책임지지 않고, 개인이 감수하는 방식이다.

6. 단층에서 중층연금으로 진화한다

연금구조는 단층연금과 중층연금이 있다. 단층연금은 여섯 가지 연금의 종류 중에서 하나를 선택하여 노령연금으로 채택하는 방식을 말한다. 대체로 1970년대까지 세계 각국은 단층연금을 채택하고 있었다. 단층구조를 채택할 경우 사회보험 방식의 연금이 채택된다. 우리나라도 2005년 퇴직연금을 도입하기 이전에는 국민연금이라는 단층구조를 가지고 있었다.

단층연금제도는 공공부조(public assistance)방식이나 사회보험 방식 중 하나를 노령연금의 축으로 하는 연금제도를 의미한다. 영국의 구빈법 전통을 중시하는 국가에서는 전자를 중심으로 연금제도가 확립되어 있고, 독일의 사회보험 전통을 중시하는 국가에서는 후자 중심의 연금제도가 확립되었다(Bonoli 2000). 그러나 세계의 주류는 사회보험 방식의 단층구조였다.

단층구조를 그대로 두고 연금개혁을 실시할 경우 급여수준을 줄이거나 기여수준을 높이는 정도에 머무를 수밖에 없었고, 심각해지는 저출산 및 고령화 문제를 단층구조가 해결할 수 없었다. 연금구조의 틀을 바꾸는 구조개혁(systematic reform)이 아니라 소득대체율을 조정하는 부분개혁(parametric reform)이 될 수밖에 없었기 때문이었다.

연금개혁에서도 패러다임 전환이 필요했다. '많이 내고 적게 받는' 방식의 연금제도 개혁으로는 한계가 있기 때문에 단층구조를 보완할 수 있는 새로운 연금계층(new pension pillar)이 필요하게 되었다. 1981년 칠레에서 최초의 실험이 실시되었는데, 공적연금을 개인연금으로 전환하는 개혁이었다(Orentstein 2003). 그 결과는 성공적이었고, 재정적자에 시달리고 있던 남미 각국의 연금개혁 모형으로 정착되기 시작했을 뿐만 아니라 중층연금으로의 패러다임 전환의 계기가 되었다(Orentstein 2003, Kritzer 2008).

중층연금은 공적연금과 사적연금의 조합이지 공적연금과 공적연금, 혹은 사적연금과 사적연금의 조합은 아니다. 공적연금으로서의 기초연금과 사회보험 방식의 국민연금을 조합해도 중층구조가 아니라는 의미이다. 또한 퇴직연금과 개인연금을 조합해도 엄격한 의미에서 중층연금이 아니다. 중층연금은 공공영역과 민간영역이 공동으로 노후보장에 책임지는 연금제도(World Bank 1994; Hering 2006)이기 때문이다.

중층연금에는 3층 구조와 5층 구조가 있다. 모두 세계은행에서 연금제도 개혁의 가이드라인으로 제시된 제도적 틀이다. 중층연금에서는 연금 종류 하나하나를 연금층(pillar)이라고 지칭한다. 〈표 2-4〉에서와 같이 3층 구조에 0층과 4층을 추가한 것이 5층 구조이다. 3층 구조보다 5층 구조가 연금층의 선택 폭이 넓다.

3층 구조는 전 국민을 대상으로 하는 공적연금제도로서 강제가입방식으로 구축되는 1층, 임금생활자를 대상으로 하는 사적연금 제도로서 강제가입방식으로 정리되는 2층, 그리고 임금생활자와 자영업자 모두를 대상으로 하며 임의가입방식으로 설명할 수 있는 3층으로 되어 있다. 우리

〈표 2-4〉 3층 및 5층 중층구조연금제도 대상그룹, 목적, 재정 및 가입유형

<table>
<tr><th colspan="3">중층구조 유형</th><th>대상그룹</th><th>목적</th><th>재정</th><th>가입유형</th></tr>
<tr><td rowspan="5">5층중층구조</td><td colspan="2">0층 기초연금</td><td>빈곤층</td><td>노령빈곤</td><td>정부예산</td><td>무가입</td></tr>
<tr><td rowspan="3">3층 중층 구조</td><td>1층 공적연금</td><td>전국민</td><td>노령빈곤/생활자금</td><td>연금보험</td><td>강제가입</td></tr>
<tr><td>2층 퇴직연금</td><td>임금생활자</td><td>생활자금/노령빈곤</td><td>연금보험</td><td>강제가입</td></tr>
<tr><td>3층 개인연금</td><td>임금생활자/자영업자</td><td>생활자금</td><td>연금보험</td><td>임의가입</td></tr>
<tr><td colspan="2">4층 개인연금</td><td>임금생활자/자영업자</td><td>생활자금/가족지원</td><td>연금보험</td><td>임의가입</td></tr>
</table>

나라의 제도를 빌어 쉽게 설명하면 1층은 공적연금, 2층은 퇴직연금, 그리고 3층은 개인연금이다. 3층 구조에서는 1층의 공적연금이 중심이 되고 나머지 두 층은 보충적 연금의 성격을 가진다.

5층 구조는 3층 구조에 평생 빈곤층으로 생활해 온 사회구성원을 위한 노령연금으로서 정부예산으로 제공되는 0층과, 임금생활자나 자영업자 혹은 누구나 원하면 가입할 수 있고 일정 수준의 적립금이 확보되면 그 이상에 대해서는 주택구입이나 건강보험 및 가족지원으로도 활용될 수 있는 4층이 추가된 구조(World Bank 2005)이다. 대체로 0층을 기초연금이라고 지칭하고, 4층을 선택적 개인연금이라고 칭한다.

중층연금은 칠레 연금개혁의 성공으로 남미지역의 연금개혁 모형으로 인식되기 시작했고, 신자유주의 이론이 확산되던 시기에 유럽 각국으로 전파되기 시작했다(Orenstein 2003). 유럽에서는 스위스가 가장 먼저 중층구조 방식의 연금개혁을 실시했고(Queisser and Vittas 2000), 이어 네덜란드와 영국이 1980년대에 중층구조연금제도를 도입했다(Orenstein 2003). 1990년대에 들어와 세계은행은 중층구조연금제도의 가이드라인을 만들어 세계 각국에 소개하기 시작했고, 유럽에서는 덴마크, 스웨덴, 헝가리 등의 국가가, 남미에서는 아르헨티나, 페루, 볼리비아 등의 국가가 중층연금제도를 도입했다(Orenstein 2003).

중층연금제도가 소개된 지 30년이 지나면서, 각국의 연금제도가 중층구조 방식으로 수렴해가고 있다는 점에서는 큰 이견이 없지만, 중층구조 모형은 다양하게 나타나고 있다(Hering 2006; Antia and Lanzara 2011). 공적연금으로서 사회보험이 중심이 되면서 중층구조를 도입한 국가도 있고, 퇴직연금이나 개인연금과 같은 민간연금이 중심이 되면서 중층구조를 도입한 국가도 있다(Casey 2004).

또한 중층연금구조에서 중심축이 되어야 하는 연금계층에 대한 연구도 시작되고 있다. 세계화와 노동력의 국제이동이 심화되면서 2층에 속하는 퇴직연금이 중심이 될 수 있다는 점을 강조하는 연구(Guardiancich 2011)가 나오기도 하고, 각국이 가지고 있는 연금의 역사와 정치경제적 여건에 따라 연금구조가 달라질 수밖에 없다는 점을 강조하는 연구(Casey 2004; Antia & Lanzara 2011)가 나오기도 했다.

세계 각국의 연금개혁이 중층구조 도입이라는 관점에서 추진되고 있다는 점은 부인할 수 없다. 대체로 사회보험 방식의 연금이 해당 국가의 근간이 되는 연금으로 설정되고 개혁이 추진되지만, 국가마다 약간씩 차이가 있다. 연금개혁이 대륙별 · 국가별로 어떤 성격을 가지며, 어떤 방향으로 진행되는지를 분석하여 '보편적' 연금개혁 제도를 탐색할 필요가 있다.

7. 연금개혁은 네 방향으로 움직인다

세계 각국에서 연금개혁을 진행하고 있지만 개혁 방향은 네 가지로 요약된다(Hur 2010). 부과식(PAYG)에서 적립식(funded plan)으로, 확정급여(DB)에서 확정기여(DC)로, 공적연금에서 사적연금으로, 그리고 단층연금(single pillar pension scheme)에서 중층구조연금(multi-pillar pension scheme)으로의 전환이다.

인구의 고령화가 심화되는 상황에서 국가의 부담이 너무 무거워 부과식과 확정급여 방식보다는 적립식과 확정기여 방식을 선호하지 않을 수 없다. 사회구성원의 노후에 대해 국가의 책임도 있지만 사용자의 책임도 있고 근로자 개인의 책임도 있다는 것이 공적연금에서 사적연금제도로의 전환 명분(Charlton, McKinnon and Konopielko 1998; Hur 2010)이 되었다.

같은 맥락에서 노후보장에 대해 책임져야 할 주체가 단수라면, 비록 적립식과 확정기여 방식을 택하더라도 부담이 되지 않을 수 없다. 책임을 나누어야 가벼워진다는 원칙하에서 연금제도도 복수의 주체가 책임지는 제도로 바뀌어야 한다는 것 또한 단층연도에서 중층연금으로의 전환논리(World Bank 1994; de Mesa et al. 2008; Hur 2010)가 되었다.

네 가지 연금개혁 이론 중에서 특히 많은 관심의 대상이 되고 있는 것은 단층구조에서 중층구조로의 전환이다. 단층연금에서 중층연금으로 연금개혁을 실시하면 부과식에서 적립식으로의 전환이 자연스럽게 이루어지고, 확정급여에서 확정기여로의 전환 또한 자연스럽다. 공적연금과 사적연금이 공존하는 방식의 연금개혁 방안이 마련될 수 있음은 물론이다. 중층연금은 세계 각국의 연금개혁의 실상을 알아보기 위한 거울이다.

중층구조의 매력은 위험분산 구조를 가지고 있다는 점이다. 공적연금과 사적연금의 조합이 중층연금이기 때문에 어느 한 편이 부담을 안고 가는 구조가 아니라, 공공영역과 민간영역이 노후보장에 공동으로 책임을 지는 구조이다. 위험분산의 다른 표현일 수도 있지만 중층구조에서는 기본연금과 보충연금을 분리하여 운영할 수 있다는 점도 매력이다. 기본연금을 기초로 기본적인 노후설계를 하고, 보충연금을 가지고 추가적인 노후설계를 함으로써 은퇴 이후의 삶을 안정적으로 끌고 가게 할 수 있는 구조가 중층연금이다.

제3장

중층연금제도

1. 중층연금은 공적연금과 사적연금의 조합이다
2. 중층연금에는 기본연금이 있다
3. 중층연금에는 보충적 연금도 있다
4. 보충적 연금도 유형화가 가능하다
5. 중층연금에도 사각지대가 있다

제 3 장 중층연금제도

1. 중층연금은 공적연금과 사적연금의 조합이다

중층연금은 다양한 종류의 연금을 늘어놓고 그 중에서 복수의 연금을 선별하여 활용하는 제도이다. 하나의 연금만 선택하는 것을 단층연금이라고 하고, 다양한 종류의 연금을 선택하여 조합을 이루도록 한 방식을 중층연금이라고 한다. 그러나 모든 조합을 중층연금이라고 하지 않고, 공적연금과 사적연금의 조합을 원칙으로 한다(Natali 2009). 엄격한 의미에서 공적연금끼리의 조합이나 사적연금끼리의 조합은 중층연금이라고 보기 어렵다.

중층연금의 뿌리는 1981년 칠레의 개인연금(individual savings account: ISA)모형으로 거슬러 올라가지만 1994년 세계은행에서 3층 모형을 제시하면서 전 세계로 확산(Weyland 2005)되기 시작했다. 3층 모형은 〈표 3-1〉에서와 같이 1층 공적연금, 2층 퇴직연금, 3층 개인연금으로 구성된다(World Bank 1994). 최근에는 이 3층 구조에 0층으로 기초노령연금과 4층으로 타인에게 이전이 가능하고 사용목적 변경이 가능한 연금을 추가한 5층 구조가 제시되고 있다(Holzmann et al. 2008).

〈표 3-1〉 중층연금제도의 계층별 내용

중층구조	설명	재정	중심역할
0층	빈곤층이나 저소득층을 위해 국가가 예산으로 지원하는 방식의 연금	국가	정부
1층	근로소득을 기초로 재분배 기능이 약한 전국민 대상의 고정급여(flat rate pension) 방식의 강제가입 연금(영국식)	사용자·근로자	
	근로소득 기초로 재분배 기능이 있는 전국민 대상 확정급여(DB) 부과방식(PAYG)의 강제가입 공적연금(독일식)	사용자·근로자	
2층	임금근로자를 대상으로 사업장 단위별로 실시하는 확정기여(defined contribution)형의 강제가입/준강제가입의 사적연금	기업과 근로자	기업과 근로자
3층	민간에서 관리하고 자발적 가입을 유도하기 위하여 세제 혜택을 제공하는 개인구좌 방식의 연금	개인	기업과 근로자
4층	기본조건을 충족시키면 가족구성원에게 양도할 수 있고, 건강보험으로도 사용이 가능한 재량이 부여된 연금계획	개인	개인

참조: Holzmann and Hinz(2005).

0층은 빈곤층이나 저소득층을 위해 국가가 예산으로 지원하는 방식의 연금이다. 보험료를 근간으로 마련된 연금이 아니라, 국가의 예산으로 지원되는 무갹출 공적연금이다. 국가예산으로 지원되기 때문에 연금이라기보다는 엄격한 의미에서는 공공부조(public assistance)의 성격을 가지고 있다.

1층 역시 공적연금의 성격을 갖는다. 독일식과 영국식 두 가지가 있다. 독일식은 근로소득을 기초하여 보험료가 매겨지는 사회보험의 일종이다. 재분배 기능이 있고 전국민 대상의 강제가입 연금이다. 독일식 사회보험의 목적은 기본생계비에 생활연속성(status maintenance)까지 포함하는 급여수준을 보장하는 것이다.

1층 공적연금으로서 영국식은 독일식과는 다르다. 사회보험이라기보다는 국가보험 방식이다. 소득수준에 따라 국가보험료를 납입하는 방식은 같지만 소득재분배가 제한적이다. 연금급여는 고정급여(flat rate benefit)로서의 성격을 가지고 있다. 따라서 급여의 수준이 같은 것이 특징이다. 영국식은 기본생계비 중심의 연금일 뿐이지 생활연속성을 보장하는 연금은 아니다.

2층은 민간영역에서 관리하고 대체로 강제성을 가지며 임금근로자를 대상으로 사업장 단위별로 실시하는 연금이다. 우리나라의 퇴직연금과 유사한 유형이다. 연금재정은 사용자와 근로자가 공동으로 부담한다. 민간영역에서 관리하는 퇴직연금이 임의가입 형태를 취하는 경우도 있다.

3층은 임의가입 형태의 연금으로 대체로 자영업자를 대상으로 한다. 기업과 근로자가 공동으로 부담하는 연금이지만, 자영업자를 대상으로 할 경우 영세 자영업자에 대해서는 자영업자와 국가가 공동으로 재정을 부담하는 방식으로 설계하기도 한다. 모든 개인연금이 임의가입을 택하지는 않고 그 용도에 따라 강제가입인 경우도 있다.

4층은 기본조건을 충족시키면 노후 보장 외 목적으로도 활용할 수 있는 연금이다. 가족구성원에게 양도할 수 있고, 건강보험으로도 사용이 가능한 재량이 부여된 연금계획이다. 가입에 강제성이 없는 임의보험 방식의 연금이다.

중층연금은 공적연금과 사적연금이 조합된 연금이다. 책임분산의 원칙을 반영하기 위해 하나의 경제주체가 노후를 책임지는 구조를 배제한다. 국가가 전적으로 책임을 지는 일이 없어야 하고, 일할 나이가 지났음에도 불구하고 개인이 전적으로 책임지는 상황도 나타나지 않아야 한다. 또한 기업에게 퇴직한 근로자에 대한 모든 책임을 지게 할 수도 없다. 한편에서는 공공영역에서 책임을 지고, 다른 한편에서는 민간영역에서 책임지도록 하는 연금구조가 중층연금이다.

중층연금제도는 사회보험방식의 단층구조 연금제도에 비해서 효율적인 위험분산구조를 가지고 있다(Holzmann and Hinz 2005). 단층구조는 공적연금이기 때문에 연금재정 적자 등 위기가 발생되면 모든 책임이 정부에 집중되고 국가부채 증가 요인이 되지만, 중층구조하에서는 공적연금에 사적연금이 추가되는 방식이기 때문에 국가, 기업 그리고 개인이 위험을 공동으로 분담한다.

2. 중층연금에는 기본연금이 있다

중층연금은 책임분산 원칙을 강조하고 있지만 중심이 되는 기본연금이 있어야 한다. 사회경제적 여건이 변하더라도 정년을 맞은 고령자가 최소한의 생계를 유지할 수 있게 하는 최후의 보루가 되는 연금이 기본연금이다. 기본연금만큼은 모든 사회구성원에게 보편적으로 적용할 수 있어야 하고, 이것 하나만으로 인간다운 최소한의 삶을 살아갈 수 있는 수준이 보장되어야 한다.

중층구조에서 기본연금은 임의가입이 아니라 강제가입이어야 한다. 연금가입이 선택 사항이 아니라 강제 사항이라는 의미이다. 기본연금 후보에 올릴 수 있는 연금은 몇 가지로 고정되어 있지는 않다. 중층연금을 구성하는 기초연금, 사회보험 혹은 국가복지보험, 퇴직연금, 개인연금, 명목확정기여연금, 준비기금연금 중 어느 것이든 기본연금이 될 수 있다. 국가가 지향하는 이념, 사회구성원의 합의, 사회경제적 여건, 그리고 노후보장에 관한 관습 등이 어디로 향하고 있느냐에 따라 기본연금의 선택 방향이 달라진다.

기초연금이 중층연금의 기본연금이 될 수도 있다(Willmore 2001). 기초연금을 기본연금으로 하면 국가가 예산으로 모든 노인의 노후보장에 최종적인 책임을 진다는 메시지가 포함된다. 기초연금은 그 주체가 국가이고, 연금재정은 국가의 예산으로부터 나오기 때문이다. 이 경우 보장수준은 최소보장의 원칙이 지켜지는 수준이어야 한다. 기초연금은 구빈연금으로서 최소보장의 원칙에 입각하여 구성된 연금이기 때문이다.

독일식 사회보험이 기본연금이 될 수도 있다. 연금의 시작이 사회보험방식이기 때문에 대부분의 국가에 이 유형의 연금이 있다. 따라서 기본연금이 되기에 용이하다. 이 유형이 기본연금이 되는 데는 두 가지 함정에서 탈출할 방안이 모색되어야 한다. 소득대체율의 조정이라는 함정과, 평생빈곤층은 사회보험 가입기회가 주어지지 않은 계층이기 때문에 이들을 위한 구빈연금의 신설이라는 함정이다.

영국식 국가보험이 기본연금이 될 수도 있다. 독일식과는 달리 소득대체율 조정이라는 선행절차가 필요 없다. 사회구성원에게 정해진 급여수준을 제공하는 고정급여 방식을 취하고 있기 때문이다. 국가보험에서 구빈 기능을 하는 기초연금을 함께 제공할 경우에는 구빈연금 신설이라는 제도도입도 필요하지 않다. 선행조건이 까다롭지 않기 때문에 독일식보다는 영국식이 기본연금으로 활용하기가 용이하다.

개인연금이 기본연금의 역할을 할 수 있다. 다만 모든 사회구성원은 소득수준에 맞추어 개인연금에 가입해야 한다는 전제 조건이 충족되어야 한다. 근로자를 위한 퇴직연금이 정착되어 있으면 퇴직연금과 함께 기본연금의 역할을 할 수 있다. 그렇지 않을 경우 기본연금으로서의 의미를 상실한다. 이 경우에도 역시 구빈연금이 하나의 연금층으로 들어와야 한다. 평생빈곤층의 경우 개인연금에 가입하기가 용이하지 않기 때문이다. 평생빈곤층을 위한 개인연금을 국가가 대납하는 제도적 장치가 필요하다. 개인연금이 기본연금이 될 경우 노후보장에 대한 최종 책임자는 개인 스스로에게 있다는 메시지가 포함되어 있다.

퇴직연금이 중층연금의 기본연금이 될 수 있다. 이 경우 기업이 노후 보장에 최종 책임을 진다는 메시지가 담겨 있다. 퇴직연금의 가입 범위를 자영업자까지 확대할 경우 안정적인 기본연금이 될 수 있지만, 자영업자를 위한 개인연금이 제도적으로 정착되어 있으면 개인연금과 공동으로 기본연금의 역할을 할 수밖에 없다. 이 경우에도 평생빈곤층을 위한 제도적 장치 마련이 필요하다.

명목확정기여연금이 기본연금이 될 수 있다. 명목확정기여연금은 공적연금과 사적연금이 혼합된 방식의 연금이기는 하지만 그 성격을 엄격히 따지면 공적연금의 일부이다. 따라서 관리는 민간방식으로 하지만 최종적 책임은 국가일 수밖에 없다. 안정적 보장과 국가부담을 줄이는 방식이지만 운영의 묘를 살리지 못하면 두 마리 토끼를 다 놓치는 상황이 발생될 수 있다. 이 방식 역시 평생빈곤층을 위한 제도적 장치 마련이 필수적이다.

준비기금연금도 중층연금의 기본연금이 될 수 있다. 이 연금의 특징은 개인마다 계좌를 가지고 있다는 점에서 개인연금과 유사한 요소를 가지고 있다. 기금관리를 국가에서 담당한다는 점에서 공적연금으로서의 성격을 동시에 가지고 있다. 그러나 기금관리를 국가가 아닌 민간영역에서도 담당할 수 있다. 따라서 준비기금이 기본연금이 될 경우 국가가 기금관리 주체이면 안정적 보장이라는 장점이 있지만 국가 부담을 초래할 수 있다는 약점이 있다. 기금관리 주체가 민간이면 국가부담은 줄일 수 있지만 보장성 불안이라는 문제점이 있을 수도 있다. 어느 경우든 기본연금의 사각지대를 최소화할 수 있다는 장점이 있다.

중층연금제도하에서 어떤 연금 유형을 기본연금으로 채택하느냐는 해당 국가의 사회경제적 여건에 달려 있을 뿐 공식은 없다. 대부분의 국가

〈표 3-2〉 중층구조에서 기본연금 선별 방식에 따른 장단점

기본연금	최종 책임	장점	단점	기본연금 사각지대
기초연금	국가	안정적 보장	국가부담	없음
사회보험	국가	안정적 보장	국가부담	평생빈곤층
퇴직연금	개인	국가부담 경감	보장불안	자영업자 및 평생빈곤층
개인연금	개인	국가부담 경감	보장불안	임금근로자 및 평생빈곤층
명목확정기여	국가	안정적 보장	국가부담	평생빈곤층
준비기금	국가	안정적 보장	국가부담	최소화
	개인	국가부담 경감	보장불안	평생빈곤층

에서는 소득대체율을 낮추는 등 부분개혁을 실시한 후 독일식 사회보험을 기본연금으로 삼고 있지만, 남미권 국가에서는 개인연금을 기본연금으로 삼는 경우도 있다.

영국식 국가보험을 기본연금으로 하는 국가도 적지 않다. 스웨덴에서 명목확정기여연금이 시작되었기 때문에 북유럽과 유럽 일부 국가에서는 이 연금을 기본연금으로 선택한 국가도 있다. 준비기금연금을 기본연금으로 하는 국가도 있다.

영국식 국가연금이나 독일식 사회보험연금을 기본연금으로 하는 경우에는 노령연금의 최종 책임 소재를 국가로 보는 경우이고, 개인연금을 기본연금으로 하는 경우에는 개인을 노령연금의 최종 책임자로 보는 경우이다. 명목확정기여연금도 공적연금이기 때문에 그 최종 책임은 국가에 있다.

그러나 준비기금연금의 경우 관리방식에 따라 최종 책임 소재가 다르게 정리된다. 공적관리 방식일 경우에는 최종 책임이 국가, 사적관리일 경우에는 민간에 최종 책임이 있는 구조이다.

3. 중층연금에는 보충적 연금도 있다

중층연금제도에는 상호보완이라는 전제하에 다양한 연금의 조합이 구성된다. 공적연금과 사적연금의 조합도 상호보완 원칙에 근거한 것이다. 노후보장의 책임이 한편에서는 공공영역에 돌아가야 하고, 다른 한편에서는 민간영역에도 돌아갈 수 있어야 하기 때문이다.

중층연금의 또 다른 원칙이 있다면 그것은 기본연금과 보충적 연금의 조합이다. 노후의 기본생계비는 기본연금에서 충당하고, 나머지 부가 비용은 보충적 연금에서 충당할 수 있어야 하기 때문이다. 사실 중층연금의 장점은 기본연금으로 끝나지 않고 보충적 연금이 존재한다는 점이다. 기본연금만으로는 부족한 생계비를 이 보충적 연금으로 메울 수 있기 때문이다. 특히 고령 사회에 대비한 연금개혁을 실시하면서 세계 각국은 기본연금의 소득대체율을 낮추는 경향이 있었고, 이것이 보충적 연금의 필요성을 더욱 절실하게 만든 것도 사실이다(Ebbinghaus 2007).

의미대로라면 중층구조에서 기본연금이 생계유지를 위한 연금이라면, 보충적 연금은 정년 이전의 생활을 정년 후에도 계속 이어가게 하는 생활연속성(status maintenance)을 위한 연금이라고 말할 수 있다. 인간의 기본적 욕구충족을 위해서 필요한 것이 생계유지라면, 사회적 욕구 충족을 위해서 필요한 것이 생활연속성이다.

인간의 삶에서 생활연속성은 행복 추구의 중요한 부분을 차지한다. 은퇴 후에도 은퇴 이전의 인간관계와 사회활동 유지가 행복한 삶의 조건 중 하나이기 때문이다. 인간관계와 사회활동 유지에는 비용이 들어간다. 기본연금에서 나오는 연금급여만으로 이 비용을 충당하기 어려우면 보충적 연금급여로 충당할 수 있어야 한다. 기본연금의 소득대체율을 지속적으로 낮추는 연금개혁의 방향을 감안하면 보충적 연금은 더욱 절실하다.

기본연금은 모든 사회구성원이 반드시 가입해야 하는 연금으로서 강제가입이 원칙이지만 보충적 연금은 임의가입 방식을 채택한다. 임의가입이기 때문에 가입 여부는 개인의 선택 사항이다. 예컨대, 사회보험이 기본연금이고 개인연금이 보충적 연금이라면 모든 사회구성원은 사회보험에 가입해야 하지만 개인연금 가입은 선택 사항이라는 의미이다.

연금재정 운영방식에 관한 한 기본연금은 보통 부과식(PAYG)에 확정급여(DB) 방식을 채택하지만 보충적 연금은 적립식에 확정기여(DC) 방식을 채택한다. 기본연금에서 나오는 급여만으로 생계유지를 할 수 있어야 하기 때문에 기본연금의 급여수준이 유동적이면 생활이 불안할 수밖에 없다. 따라서 기본연금이 확정급여인 이유는 이처럼 보장성을 중요하게 여기기 때문이다.

반면에 보충적 연금은 기본연금을 떠받치는 일종의 부가적 연금이다. 극단적인 경우에는 없어도 되지만 인간의 사회적 욕구충족에 필요한 생활연속성을 위해 존재하는 연금이다. 연금의 목적이 노후 보장보다는 노후 여유를 추구하기 때문에 약간의 위험부담을 감수하고라도 수익성을 고려하지 않을 수 없다. 따라서 보충적 연금이 확정기여인 이유는 금융상품성이 보장성보다 더 중요하기 때문이다.

중층구조에서 기본연금과 보충적 연금은 공적연금과 사적연금의 조합(public/private mix)으로 구성된다(Natali 2009). 이 조합에서 하나의 독립된 연금제도를 연금층(pension pillar)로 지칭한다. 그러나 하나의 연금계획으로 기본연금의 기능과 보충적 연금의 기능을 동시에 수행할 수 있는 연금도 있다. 독특한 유형이기는 하지만 싱가포르의 중앙준비기금(CPF)이 이 방식으로 운영된다.

싱가포르의 국민들은 모두 강제가입 방식으로 중앙준비기금 계좌를 가지고 있다(Hur 2010). 일정기간 동안 적립하여 생계유지를 위한 최소한의 적립금 총액에 이르게 되면, 그 다음부터는 보충적 연금의 역할을 하는 적립금 총액까지 적립할 수 있다. 나아가 보충적 연금의 역할을 수행하는 적립금 총액까지 적립하면 그 나머지는 가족에게 양도할 수 있는 수준의 연금으로 전환할 수 있다.

보충적 연금은 공적연금과 사적연금의 조합에 의해 제공될 수도 있고, 싱가포르의 중앙준비기금처럼 하나의 연금제도하에 적립 방식으로 연금을 제공할 수 있다.

4. 보충적 연금도 유형화가 가능하다

국가의 사회경제적 여건에 따라 변화가 있을 수 있지만 기본연금은 대체로 공적연금이고, 보충연금은 사적연금이다. 사적연금은 개인연금과 퇴직연금으로 분류할 수 있지만 관리유형(governance mode)을 기준으로 할 경우 〈그림 3-1〉과 같이 개인의사결정형(individual decision), 사용자중심형(employer commitment), 노사합의형(collective agreement)과 같은 세 가지 유형으로 나눌 수 있다(Ebbinghaus 2007).

개인의사결정형은 대체로 개인연금에 적용된다. 개인이 스스로의 책임하에 일생 동안 일정기금을 납입하고 퇴직 후에 연금을 받는 방식이다. 자영업자든 임금근로자든 일정 수준의 소득이 있으면 가입 대상이 될 수 있다. 개인연금의 경우 연금 보험료를 어느 정도 납입할 것이며, 은퇴 이후 어느 정도 연금급여를 원하는지에 대해 모두 개인이 결정한다. 엄격한 의미에서 개인연금을 보충연금으로 할 경우 임의가입 방식을 취하지

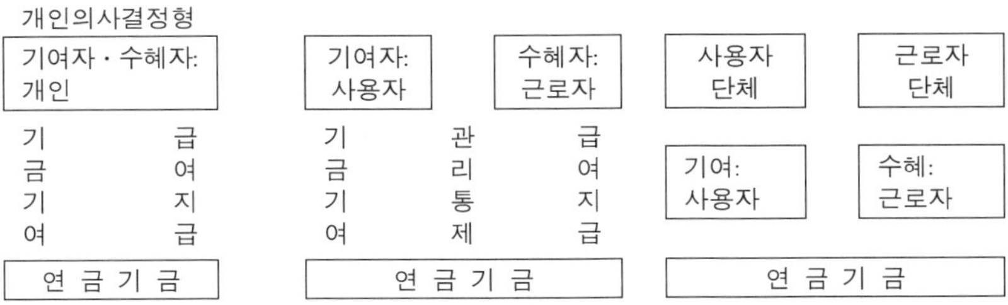

참조: Ebbinghaus(2007).

〈그림 3-1〉 사적연금을 보충연금으로 할 경우의 유형

만, 기본연금의 수준이 낮을 경우 강제가입 혹은 준 강제가입 방식을 채택하는 경우도 있다.

사용자중심형은 사용자가 근로자를 위해 일정 지분의 연금 보험료를 납입하여 기금으로 관리하고, 근로자는 퇴직 후에 그동안 적립된 기금을 기초로 연금급여를 받는 방식이다. 사용자가 연금기금에 기여하는 유형이기 때문에 기금부담을 한 사용자가 연금기금에 대한 관리권한 및 통제권한을 가지고 있다. 사용자중심형은 그 대상이 임금근로자이기 때문에 모든 사회구성원에게 적용하기 어려운 문제가 있다. 보충연금에서 사각지대를 발생시킬 수 있다는 점이 단점이다.

노사합의형은 사용자가 근로자를 위해 소정의 연금 보험료를 납입하여 기금으로 관리하는 방식이다. 연금기금에 대한 기여금은 사측이 부담할 수도 있고, 노사가 공동으로 부담할 수도 있으며, 노측이 부담할 수도 있다. 기금에 관한 한 노사 합의 사항이다. 노사합의형 역시 기여금을 적립하는 방식으로 기금을 관리하고 은퇴 후의 근로자에게 소정의 연금급여를 제공한다.

노사합의형은 사용자중심형과는 달리 연금기금에 대한 관리권한 및 통제권한이 사용자에게 있는 것이 아니라 노사합의에 의해 결정된다. 사용자를 대표하는 단체와 근로자를 대표하는 단체의 합의 과정을 거쳐 기금관리 및 통제권한을 행사한다.

5. 중층연금에도 사각지대가 있다

연금에는 대상인구가 명확해야 하고, 설정된 대상인구 모두가 해당 연금에 가입하여 혜택을 볼 수 있도록 해야 한다. 자발적이든 비자발적이든 대상인구임에도 불구하고 연금에 가입하지 않아 연금대상에서 제외되는 경우를 두고 연금 사각지대라고 말한다. 기본연금에서는 사각지대가 없어야 하지만, 보충적 연금에서도 사각지대가 없어야 한다. 보충적 연금이 임의가입이 아니라, 강제가입일 경우에는 더욱 그렇다.

중층연금을 구성하는 연금 종류마다 대상인구가 있다. 0층인 기초연금 대상인구는 빈곤층과 저소득층, 1층인 공적연금의 대상인구는 전국민, 2층인 퇴직연금의 대상인구는 임금근로자, 3층인 개인연금의 대상인구는 자영업자이다. 대상인구 설정이 바르지 못하면 사각지대가 발생될 뿐만 아니라, 중복보장이라는 문제가 발생된다.

중층구조를 추구함에도 불구하고 연금사각지대가 발생하고 있는 대표적 사례가, 국민연금을 기본연금으로 하고 퇴직연금을 보충적 연금으로 하는 우리나라이다. 퇴직연금만을 보충적 연금으로 하고 있기 때문에 자영업자를 위한 보충적 연금이라는 큰 사각지대가 만들어졌다.

우리나라에서는 중복보장이라는 문제도 발생하고 있다. 기초연금은 빈곤층이 원래의 대상인구이고, 국민연금 급여의 수준이 너무 적어 기초생계비도 충당할 수 없는 저소득층을 위한 보충적 연금의 역할을 하는 데

소득계층	국민연금 대상인구	기초연금 대상인구	중복보장 그룹
고소득층	전국민(공무원 및		
중산층	사학연금 대상 등		하위고소득층,
저소득층	특수직 연금층 및	노인인구	중산층, 상위저소득층
기초연금대상 저소득층	평생빈곤층 제외)	70% 대상	
빈곤층			

〈그림 3-2〉 중층구조에서의 연금 중복보장 실태

그쳐야 한다. 그런데도 대상인구를 중산층에 이르기까지 확대하여 노인인구의 70%까지 기초연금을 제공하고 있다.

기초연금 대상자는 빈곤층과 국민연금 대상 저소득층으로 한정해야 한다. 그런데도 〈그림 3-2〉에서와 같이 노인인구 70%까지 기초연금 대상그룹으로 설정함으로써 국민연금급여로 생계유지가 가능한 상위 저소득층, 중산층 그리고 일부 하위 고소득층이 중복으로 보장을 받고 있다.

연금 사각지대를 없애고, 기본연금에 보충적 연금을 보장하는 제도가 중층연금이지만 현실에 그대로 나타나는 것은 아니다. 연금설계가 바르게 되어야만 이 같은 장점을 살릴 수 있다. 그러지 않으면 우리나라처럼 설계 미숙으로 사각지대와 중복보장지대가 동시에 존재하는 경우가 생긴다.

제4장

중층연금제도의 확산

1. 혁신적 제도는 확산된다
2. 칠레산 개인연금이 독일식 사회보험을 누르다
3. 지리적 군집현상이 나타난다
4. 개인연금은 중층연금으로 진화한다
5. 퇴직연금도 중층연금을 만난다
6. 중층연금에 명목확정기여연금이 합류한다
7. 준비기금도 중층연금 발전에 기여한다

제4장 중층연금제도의 확산

1. 혁신적 제도는 확산된다

혁신적 정책은 한 곳에 머물지 않는다. 지리적 공간을 넘어 확산되는 특성을 갖는다. 확산이론으로 세계적으로 명성을 떨친 로저스(Rogers 1995)가 주장한 말이다. 로저스는 고향인 미국의 아이오와주립대학(Iowa State University)을 다녔다. 2년간 한국전쟁에도 참전한 적이 있는 독특한 경력의 소유자이다.

한국전쟁 후 고향으로 돌아온 그는 1957년에 같은 대학에서 사회학 및 통계학 전공으로 박사학위를 받는다. 학위 취득 후 바로 조교수로 임용되고, 30세에 『혁신의 확산(Diffusion of Innovations)』이라는 책을 세상에 내놓았다. 그때가 1962년이었다. 로저스의 저서는 그가 세상을 떠나기 1년 전인 2003년에 5판까지 나왔고, 사회과학 분야에서 두 번째로 많이 인용되는 저서로 기록되었다(Backer 2005).

로저스의 확산이론은 연금제도를 연구하는 학자들의 주목을 받았다. 이들은 혁신적인 연금제도도 세계 각국으로 확산된다는 사실에 주목했다. 오렌스타인(Orenstein 2003)과 같은 학자는 연금제도의 확산을 1차와

2차로 나누어 분석하고 그 유형을 탐색해 로저스의 확산이론을 실증적으로 증명한 바 있다.

연금제도의 1차 확산은 독일이 1889년에 세계 최초로 공적연금(Old Age and Disability Insurance Bill)을 도입한 이후부터 1990년대까지 100년 동안의 분석 결과였다. 2차 확산은 1981년에 칠레가 개인연금(ISA)을 도입한 이후 2000년에 이르기까지 25년 정도 기간 동안 중층연금제도의 확산에 관한 분석 결과였다.

비교분석 결과 중층연금도 사회보험 방식의 연금과 유사한 모습으로 세계 각국에 확산되고 있다는 사실을 밝힐 수 있었다. 다만 중층연금은 사회보험 방식의 연금제도보다 확산의 속도가 빠르지는 않을 것이라고 예측했다.

세계 각국은 이미 자국의 연금제도를 가지고 있고, 정치사회적 구조가 연금제도를 고수하려는 일종의 경로의존성(path dependency)을 가지고 있기 때문이라고 지적했다. 그러나 오렌스타인의 지적과는 달리 중층연금제도는 급속히 확산되는 특징을 보이고 있다. 이미 전 세계 70개국이 넘는 국가에서 중층연금제도를 도입한 것으로 파악된다.

중층연금의 확산에 관한 연구도 많이 진행되어 확산의 특성에 대해서도 밝혀지고 있다(Orenstein 2003; Weyland 2005). 연금제도의 확산은 세 가지 특성이 있는 것으로 파악되고 있는데, 첫 번째는 해외의 혁신적인 제도나 정책이 외국으로 전파될 때 그 누적빈도가 S자를 그리며 확산된다는 사실이다.

새로운 제도가 한 국가에 도입되어 성과를 보면 바로 외국에 확산되는 것이 아니라 초기에는 천천히 확산되다가, 일정 기간이 지나면 급속히 확산하는 모습을 보인 후 점점 그 수가 줄어드는 것이 S자 곡선의 특성이다. 연금정책의 확산을 연구하는 학자(Orenstein 2003; Weyland 2005)

들은 사회보험 방식의 연금제도가 그랬듯이 중층연금제도도 S자 곡선을 그리며 확산되는 특성이 있다는 점을 밝혔다.

확산의 두 번째 특성은 지리적 군집현상(geographic clustering)을 보인다는 점이다. 중층연금제도도 한 지역에 전파되면 일정 기간 동안 인근 지역을 중심으로 전파되는 현상을 보인다. 그러다가 또 다른 지역에 전파되면 그 인근 지역을 중심으로 퍼져나가는 모습을 보인다는 사실을 확인하기도 했다(Weyland 2005).

개인연금(ISA)을 기본연금으로 하는 중층제도가 칠레에서 가장 먼저 도입하여 성공을 거두자, 그 성공 스토리는 남미의 인근 국가에 알려지게 되면서 남미를 중심으로 빠르게 확산되기 시작했다. 그러다가 개인연금제도는 헝가리와 폴란드와 같은 동유럽 국가에 상륙하면서 다시 동유럽에 급속히 전파되는 성향을 보였다.

개인연금뿐만 아니라 퇴직연금(occupational pension)도 1982년 스위스에서 시작된 이후 인근 유럽지역으로 전파된 이후에 다른 지역으로 확산된 사례가 있으며, 스웨덴에 뿌리를 두고 있는 명목확정기여연금도 북유럽을 중심으로 전파되다가 서유럽에서 일정한 파고를 그리며 확산되는 경향을 보였다. 명목확정기여연금은 현재 다시 동유럽으로 건너가 확산되는 과정에 있다.

싱가포르에서 성공을 거둔 후, 연금을 연구하는 학자들의 관심을 모은 중앙준비기금 역시 가장 먼저 아시아 지역을 중심으로 전파되었다. 준비기금 방식의 연금은 다시 남아프리카공화국, 보츠와나와 같은 아프리카 지역으로 전파되었다(Mhango 2012). 이 방식의 연금은 과거 영국의 식민지 경험이 있는 국가로 전파되는 모습을 보였다.

중층연금제도 확산의 세 번째 특성은 다양한 모습으로 전파되지만 본질적인 요소는 변하지 않는다(commonality amid diversity)는 사실이다

(Weyland 2005). 중층연금의 본질적 요소는 공적연금과 사적연금의 조합인데 어느 나라로 전파되든 이 요소는 그대로 남아 있었다.

또 다른 본질적 특성 중 하나는 연금재정 형성 방법이다. 부과식(PAYG)은 적립식으로 전환되는 모습을 보이고 있는데, 부과식을 유지하더라도 최대한 적립식 요소를 가미하려는 것도 같은 맥락에서 이해할 수 있다. 연금급여 제공방식 또한 확정급여(DB)에서 확정기여(DC)로 전환되는 모습을 보이고 있다. 확정급여 방식을 유지하더라도 확정기여 요소를 최대한 가미하려는 것 역시 같은 맥락이다.

부과식을 유지하더라도 적립식 요소를 가미하려는 노력, 그리고 확정급여를 유지하더라도 확정기여를 가미하려는 노력의 결과로 개발된 연금제도가 명목확정기여연금(NDC)이다. 이처럼 중층연금제도는 세계 각국으로 전파되면서 새로운 연금제도의 개발에 기여하기도 했다. 혁신적 제도의 확산은 확산으로만 머물지 않는다. 다양한 정치경제적 환경에 적응하면서 스스로 진화하는 특성을 가진다.

2. 칠레산 개인연금이 독일식 사회보험을 누르다

개인연금의 원조는 남미의 칠레이다. 유럽의 시각에서 보면 칠레는 1인당 국민소득이 2만 달러에 미치지 못하는 세계의 변방국에 불과하다. 칠레는 1981년에 부과식으로 재정을 조성하여 확정급여 방식으로 운영하던 공적연금을 버렸다. 국가에서 관리하던 사회보험 대신 개인연금을 기본연금으로 하는 혁신적 방법을 도입했다. 이 개인연금이 혁신적이라는 사실이 알려지자 남미의 인근국가뿐만 아니라, 유럽까지 이 제도를 받아

들이기 시작했다.

칠레 개인연금의 설계자는 경제학자 피녜라(José Piñera)이다. 그는 미국 하버드 대학에서 경제학 박사 학위를 받은 후 칠레로 돌아가 피노체트(Augusto José Ramón Pinochet Ugarte) 군사정부에서 노동복지부 장관과 광산부 장관을 거친 인물이다. 만성적인 적자에 시달리던 연금의 민영화를 주도하여 개인연금을 세계적 연금 모형의 하나로 발전시켰다.

칠레의 연금개혁은 급진적이었다. 연금은 사회보험이라는 일종의 등식이 성립되어 있던 상황에서 단번에 민영화로 바꿔버린 1981년 연금개혁에 대해 세계 각국이 의아스런 눈으로 지켜보았지만 결과는 성공이었다. 연금은 사보험으로도 제공할 수 있다는 발상의 전환이 성공을 거둔 최초의 사례였다.

개인연금의 성공 요인 중 하나는 인간의 이기심을 충족시킬 수 있다는 점이었다. 현재의 경제활동인구가 적립한 연금 보험료를 현재 퇴직자의 연금급여로 제공하는 부과식이 아니라, 개인이 적립한 기여금을 누적하여 투자하고 퇴직 후에 연금으로 돌려받는 적립식이 인간의 본능에 더 맞닿아 있다. 개인이 연금계좌를 가질 수 있다는 것도 성공의 밑거름 중 하나였다(Butler 2011).

칠레의 성공이 알려지자 인근 국가에서 가장 먼저 개인연금 모형을 채택하였다. 북쪽으로는 페루, 동쪽으로는 아르헨티나가 1993년에 개인연금 모형을 도입하였다. 이듬해에는 페루의 북쪽 국가인 콜롬비아에서 도입하였고, 1996년에는 아르헨티나의 인근국가인 우루과이가 동참했다. 볼리비아는 1997년에 개인연금제도를 도입하였다. 그 이후 남미의 베네수엘라와 에콰도르가 2001년에 도입하였다.

칠레의 개인연금 모형은 1997년에는 중미로 전파되었다. 중미의 최북단 멕시코가 1997년에 개인연금모형을 도입하였고, 중미의 남단에 속하는 파나마도 같은 해에 개인연금을 도입하였다. 다음 해에는 엘살바도르가 개인연금을 채택했다. 2001년에는 과테말라, 니카라과, 코스타리카와 같은 국가에서도 개인연금을 도입하였으며, 2002년에는 온두라스가 동참했다. 2003년에는 도미니카 공화국, 2004년에는 자메이카에서 개인연금을 도입하였다.

칠레의 개인연금은 1997년에는 동유럽의 헝가리로 전파되었다. 구소련 붕괴로 심각한 정치경제적 문제에 봉착해 있던 동유럽의 활로 모색에 가장 적합한 모형으로 개인연금이 검토되기 시작했다. 개인연금 모형은 헝가리에 이어 1998년에 폴란드에 도입되자 급속히 동유럽에 전파되었다. 2000년에는 불가리아와 슬로베니아에서 개인연금을 도입하였고, 2001년에는 루마니아가 동참했다. 2002년에는 크로아티아, 2003년에는 몬테니그로로 퍼져나갔으며, 2005년에는 마케도니아, 2006년에는 세르비아까지 퍼져나갔다. 2009년에는 알바니아가 개인연금제도를 채택하였다.

개인연금 모형은 구소련에서 독립한 국가들에게도 영향을 미쳤다. 1998년에 에스토니아와 라트비아에서 개인연금을 도입하자 1999년에는 몰도바로 전파되었고, 2001년에는 러시아에서 이 모형을 채택하였다. 2003년에는 리투아니아에서 개인연금을 도입하였고, 2004년에는 우크라이나도 동참했다. 2009년에는 벨라루스에서도 개인연금을 도입하였다.

구소련에서 독립한 중앙아시아 국가들도 개인연금 도입에 동참했다. 명목확정기여연금과 혼용하는 경우가 많지만 개인연금도 이 지역에 확산되었다. 개인연금은 1996년 키르기스스탄에 상륙한 이후 1998년에는 카자흐스탄이 채택했다. 그 후 몽고(2000), 아제르바이잔(2001), 우즈베키스탄(2005)이 뒤를 이었다. 최근에는 조지아(2009)와 아르메니아(2014)가 개인연금을 도입하였다.

3. 지리적 군집현상이 나타난다

칠레의 개인연금 모형은 세계 각국으로 전파되면서 지리적 군집(geographic clustering) 현상을 뚜렷이 보여주고 있다. 지리적 군집현상은 물수제비를 연상하면 쉽게 이해할 수 있다. 한 지역의 혁신적 제도는 그 지역에서 다른 지역으로 건너뛰면 일정기간 동안 그 인근 지역으로 전파된다. 그러다 다시 다른 지역으로 건너뛰면 그 인근 지역에 한동안 전파되는 현상이 나타난다. 이것이 바로 지리적 군집현상이다.

남미의 칠레에서 시작된 개인연금은 칠레 인근 지역에서 한동안 전파되다가 중미 지역으로 건너뛰어 중미 지역에서 한동안 전파되는 현상을 보였다. 1990년대 초중반 남미에서 전파되던 개인연금 모형이 1990년 중후반에는 중미로 전파되어 인근 지역으로 퍼져나가는 현상이 뚜렷이 나타났다.

중미에서는 1997년에 남단의 파나마와 북단의 멕시코에 개인연금이 전파된 후 2000년대 초반까지 인근 지역에 퍼져나갔다. 2001년 과테말라, 니카라과, 코스타리카에서 개인연금이 도입된 후에 2003년 도미니카 공화국에도 전파되었다. 그리고 2004년 자메이카에 확산된 후에 점차 소멸되는 현상을 보여주었다.

개인연금 모형은 중미에 상륙한 시점과 비슷한 시기에 동유럽에도 상륙했다. 1997년 헝가리에 이어 1998년 폴란드에 전파된 후 인근 국가를 중심으로 빠른 속도로 퍼져나갔다. 이어 에스토니아와 라트비아에 전파되면서 다시 구소련에서 독립한 국가들 사이에 전파되는 모습을 보였다.

확산이론에서 지리적 군집현상은 일종의 물수제비와 같은 모습을 가지고 있다. 한 지역에서 파문을 일으킨 후 다시 다른 지역으로 건너가 또 다른 파문을 일으키다가 일정한 시간이 지나면 확산이 소멸되는 현상을 보이고 있다. 남미에서 중미, 중미에서 동유럽과 구소련 지역, 그리고 중앙아시아에 이르기까지 전파된 개인연금 모형은 이제 소멸되는 현상을 보이고 있다.

4. 개인연금은 중층연금으로 진화한다

개인연금을 선택한 국가는 남미, 중미, 동유럽, 중앙아시아 국가였다. 남미와 중미는 연금재정의 위기가 심각한 국가가 동유럽과 중앙아시아는 구소련의 붕괴로 사회보험연금을 유지하기가 어려운 상태에 놓인 국가가 대부분이었다. 개인연금은 연금재정 위기 해결이 시급한 국가에 전파된 모형이라고 말할 수 있다.

개인연금은 남미에서 중미를 거쳐, 동유럽과 중앙아시아로 전파되는 가운데 스스로 진화하는 보습을 보여주었다. 개인연금의 기본 틀은 그대로이지만 남미에서는 사회보험연금을 대체하는 방법으로 정착되었다. 그러나 중미로 건너가면서 사회보험연금과 개인연금이 기본연금으로서 공존하는 방법으로 정착되었다.

동유럽으로 건너가면서 중남미의 원형은 거의 사라지고, 개인연금은 기본연금의 보충적 연금으로 자리를 잡아갔다. 그렇지만 카자흐스탄처럼 개인연금으로 사회보험연금을 대체하는 방식의 연금개혁도 찾아볼 수 있었다.

개인연금이 세계적으로 전파되면서 확산이론의 특징 중 하나인 지리적 군집에 더하여 '동질성 속 다양성(diversity amid commonality)' 현상도 함께 보여주고 있었다. 개인연금은 남미에서는 비교적 순수한 개인연금 모형을 유지하고 있었다. 우루과이처럼 명목확정기여 요소를 활용하거나 브라질처럼 퇴직연금을 활용하려는 모습이 보이기는 했지만 사회보험연금을 포기하고 개인연금을 도입하려는 성향이 강하게 나타났다.

남미에서도 사회보험연금을 폐지하기보다는 존치하면서 개인연금이나 사회보험연금 중 하나를 선택하도록 하는 국가도 있었다. 지나친 급진적 개혁보다는 점진적 개혁을 원하는 국가에서 이 같은 방법을 선택했는데, 페루가 대표적인 국가 중 하나였다.

부과식 확정급여 방식으로 운영하는 사회보험연금은 국가에 지나친 재정 부담을 안겨주기 때문에 연금의 지속가능성이 최대의 문제였다. 개인연금은 적립식 확정기여 방식을 채택하고, 연금재정의 최종적 책임자가 국가가 아니기 때문에 국가는 재정 부담에서 자유로울 수 있다는 점이 남미 국가들에게는 매력적이었다.

개인연금 모형은 중미로 전파되면서 더욱 다양한 모습으로 변하기 시작했다. 사회보험을 개인연금으로 대체하려는 경향, 사회보험과 개인연금을 공동으로 기본연금으로 하려는 경향, 사회보험은 그대로 두고 개인연금을 보충적으로 활용하려는 경향이 나타났다. 개인연금이 이처럼 다양한 모습으로 활용되어도 적립식 확정기여라는 본질은 변하지 않았다.

개인연금 모형은 동유럽과 구소련의 일원으로 있던 국가로 전파되면서 명칭은 개인연금이지만 강제가입과 임의가입 방식, 명목확정기여와 혼용하는 방식, 그리고 퇴직연금과 동시에 활용하는 방식으로 더욱 다양화되었다. 구소련의 일원이었던 중앙아시아에서는 가장 최근에 아르메니아가 개인연금을 도입함으로써 개인연금이 아직도 확산되고 있다.

〈표 4-1〉 개인연금의 대륙 간 전파 및 진화

<table>
<tr><th colspan="2">지역</th><th>국가</th><th>도입</th><th>특징</th></tr>
<tr><td rowspan="17">중남미</td><td rowspan="8">남미</td><td>베네수엘라</td><td>2001</td><td rowspan="8">사회보험연금을 포기하고 개인연금으로 대체하는 경향</td></tr>
<tr><td>볼리비아</td><td>1997</td></tr>
<tr><td>아르헨티나</td><td>1993</td></tr>
<tr><td>에콰도르</td><td>2001</td></tr>
<tr><td>우루과이</td><td>1996</td></tr>
<tr><td>칠레</td><td>1981</td></tr>
<tr><td>콜롬비아</td><td>1994</td></tr>
<tr><td>페루</td><td>1993</td></tr>
<tr><td rowspan="9">중미</td><td>과테말라</td><td>2001</td><td rowspan="9">사회보험연금을 개인연금으로 대체하는 국가와 사회보험연금을 존속시키고 개인연금을 도입하여 둘 중 하나를 기본연금으로 선택하도록 하는 국가 출현, 칠레모형의 진화조짐</td></tr>
<tr><td>니카라과</td><td>2001</td></tr>
<tr><td>도미니카(공)</td><td>2003</td></tr>
<tr><td>멕시코</td><td>1997</td></tr>
<tr><td>엘살바도르</td><td>1998</td></tr>
<tr><td>온두라스</td><td>2002</td></tr>
<tr><td>자메이카</td><td>2004</td></tr>
<tr><td>코스타리카</td><td>2001</td></tr>
<tr><td>파나마</td><td>1997</td></tr>
<tr><td rowspan="14">동유럽</td><td rowspan="10">동유럽</td><td>불가리아</td><td>2000</td><td rowspan="10">개인연금을 명목확정기여연금과 결합하여 운영하거나, 보충적 연금으로 활용하는 국가 출현. 중남미처럼 사회보험연금을 대체하거나, 사회보험연금이나 개인연금 중 하나를 선택하는 방식은 소멸</td></tr>
<tr><td>루마니아</td><td>2001</td></tr>
<tr><td>마케도이아</td><td>2005</td></tr>
<tr><td>몬테네그로</td><td>2003</td></tr>
<tr><td>슬로베니아</td><td>2000</td></tr>
<tr><td>슬로바키아</td><td>2005</td></tr>
<tr><td>알바니아</td><td>2009</td></tr>
<tr><td>크로아티아</td><td>2002</td></tr>
<tr><td>폴란드</td><td>1998</td></tr>
<tr><td>헝가리</td><td>1997</td></tr>
<tr><td rowspan="4">구소련
(FSU)</td><td>라트비아</td><td>1998</td><td rowspan="4">개인연금의 원형이 변형되어 대체 방식은 거의 소멸, 강제가입 개인연금보다는 임의가입 개인연금 도입, 명목확정기여연금과 결합하여 운영</td></tr>
<tr><td>러시아</td><td>2001</td></tr>
<tr><td>리투아니아</td><td>2003</td></tr>
<tr><td>몰도바</td><td>1999</td></tr>
</table>

<table>
<tr><td></td><td></td><td>벨라루스</td><td>2009</td><td></td></tr>
<tr><td></td><td></td><td>에스토니아</td><td>1998</td><td></td></tr>
<tr><td></td><td></td><td>우크라이나</td><td>2004</td><td></td></tr>
<tr><td rowspan="7">중앙
아시아</td><td rowspan="7">구소련
(FSU)</td><td>몽고</td><td>2000</td><td rowspan="7">카자흐스탄에서는 개인연금의 원형 유지, 명목확정기여연금과 결합하여 운영하거나 보충적 연금으로 활용하는 경향</td></tr>
<tr><td>아르메니아</td><td>2014</td></tr>
<tr><td>아제르바이잔</td><td>2001</td></tr>
<tr><td>우즈베키스탄</td><td>2005</td></tr>
<tr><td>조지아</td><td>2009</td></tr>
<tr><td>카자흐스탄</td><td>1998</td></tr>
<tr><td>키르기스스탄</td><td>1996</td></tr>
</table>

5. 퇴직연금도 중층연금을 만난다

스위스는 경제협력개발기구(OECD) 회원국 중 퇴직연금을 최초로 도입한 국가이다. 퇴직연금을 연금 층에 포함시켜 중층연금구조를 원안대로 채택하여 성공을 거둔 국가이기도 하다(Queisser and Vittas 2000). 퇴직연금의 역사를 거슬러 올라가면 17세기 유럽에서 일부 관료에게 제공되거나 일부 기업에서 제공되던 연금과 연결되지만 당시에는 보편적으로 적용되는 연금이 아니라 그 대상이 일부 중산층에 국한되어 있었다(Pension Archive Trust 2014).

남미에서 칠레가 개인연금제도를 도입하여 성공을 거둠으로써 이 제도의 세계적 확산에 기여하였다면, 유럽에서는 스위스가 퇴직연금이 포함된 중층연금제도를 도입함으로써 이 제도의 세계적 확산에 기여한 바가 크다.

퇴직연금이 가장 먼저 확산된 대륙은 동유럽을 제외한 유럽 국가였다. 1990년대 초반에 영국, 프랑스, 스웨덴 등지에서 도입되었다가 1990년대 후반에서 2000년대 초반에 17개 국가에서 도입할 정도로 인근 유럽 국가에 급속히 전파되었다. 동유럽을 제외한 유럽 국가에서는 사회보험을 중심으로 하는 연금제도가 정착되어 있기 때문에 퇴직연금은 보충적 연금의 기능을 하고 있다.

유럽 국가의 뒤를 이어 아시아 국가 중 홍콩에서도 1992년 퇴직연금제도를 도입하였으나 그 후 약 10년간은 인근 국가에 전파되는 모습을 보이지는 않았다. 그 후 10년이 지난 시점에 이르러서야 비로소 인근 국가에 확산되기 시작하였다. 2000년대 후반까지 약 10개국에서 퇴직연금을 도입하였다. 아시아에서는 유럽처럼 연금제도가 안정적으로 정착되어 있지 않기 때문에 퇴직연금을 보충적 연금으로 활용하기는 하지만 사회보험의 보완기능을 제대로 수행하지 못하는 경우가 있기도 하다.

퇴직연금제도는 아시아보다는 약간 늦게 아프리카 지역에도 상륙했다. 1997년 케냐와 보츠와나에서 도입한 이후 이 연금층을 활용하는 국가는 채 10개국이 되지 않지만 확산의 기반이 마련되었다는 점에 의미를 둘 수 있다.

〈표 4-2〉 **퇴직연금의 대륙 간 전파 및 진화**

지역	국가	도입	특징
유럽	그리스	2002	0층과 1층을 갖춘 상태에서 퇴직연금은 보충적 연금의 역할을 수행. 기본연금은 영국식 국가연금, 독일실 사회보험연금, 스웨덴식 명목확정기여연금 등으로 다양
	네덜란드	2000	
	노르웨이	2000	
	덴마크	1995	
	독일	1999	
	벨기에	2003	
	스웨덴	1994	
	스위스	1982	
	스페인	1999	

	아이슬랜드	1998	
	아일랜드	2002	
	영국	1993	
	오스트리아	1990	
	이탈리아	1995	
	포르투갈	2000	
	프랑스	1994	
	핀란드	2006	
오세아니아	호주	1987	기본연금은 국가연금의 성격을 가진 공적연금, 퇴직연금과 함께 개인연금도 도입
	뉴질랜드	1989	
아시아	대만	2004	퇴직연금을 보충적 연금으로 도입하여 활용하지만 유럽처럼 연금제도가 안정되어 있지 않고 미정착 상태
	브루나이	2010	
	인도	2009	
	인도네시아	1992	
	이스라엘	1997	
	일본	2001	
	중국	2005	
	태국	2007	
	필리핀		
	한국	2004	
	홍콩	1992	
아프리카	가나	2008	퇴직연금이 보충적 연금으로 도입되어 있지만, 대기업 근로자 중심의 퇴직연금이 대부분이기 때문에 보충적 연금 기능이 미흡한 상태
	나이제리아	2004	
	남미비아		
	남아공		
	보츠와나	1997	
	스와질랜드		
	잠비아	2005	
	짐바브웨	1996	
	케냐	1997	

6. 중층연금에 명목확정기여연금이 합류한다

명목확정기여연금(NDC)을 제도화한 원조국가는 스웨덴이다. 그러나 그 이론의 기원을 거슬러 올라가면 1968년 제안된 사회보장채권(social security bonds)에 이른다. 미국의 노령연금의 근간이 되는 사회보장세(social security tax)를 민간이 관리하는 사회보장채권으로 전환하면 연금기금 적자 문제의 해결이 가능하다(Buchanan 1968)는 제안에서부터 시작되었다. 1975년에는 명목확정기여연금에 근접한 방안이 제시(Feldstein 1976)되었는데 사회보장세의 기금관리는 정부가 독점하도록 하고 급여제공 방식만이라도 확정급여에서 확정기여 방식으로 바꾸자는 내용을 담고 있었다.

명목확정기여연금의 계좌는 두 개로 구성된다. 하나는 비적립식 계좌(non-financial account)이고, 다른 하나는 적립식 계좌(financial account)이다. 비적립식 계좌는 부과식으로 재정관리를 하고 확정급여 방식으로 연금급여가 지급되도록 관리하는 계좌이다(Williamson 2004). 비적립식 계좌는 사회보험연금의 논리를 따르고 있다. 적립식 계좌는 개인연금과 같은 사적연금의 논리에 따라 재정이 운영되고 연금급여는 확정기여 방식으로 제공되는 부분이다.

명목확정기여연금은 하나의 연금층에 사회보험연금과 개인연금의 장점을 조합한 연금제도이다. 하나의 연금층에 공적연금과 사적연금이 결합된 연금이라고도 말할 수 있다. 적립식 계좌는 개인연금처럼 실제로 활용 가능한 계좌가 아니라 단지 연금회계 처리를 위한 상징적 계좌이기 때문에 명목확정기여연금이라고 지칭하고 있다.

명목확정기여연금도 지리적 군집성(geographic clustering)을 보이며 세계 각국으로 확산되고 있다. 1994년 스웨덴에 도입된 후 비교적 사회경제적 여건이 좋은 서남북 유럽에 가장 먼저 전파되었으며, 동유럽으로 건너가 인근 지역에 확산된 후에 중앙아시아 지역으로 확산되는 현상을 보이고 있다.

스웨덴에서 시작한 명목확정기여연금에 가장 먼저 관심을 보인 국가는 이탈리아였다. 이탈리아는 1995년에 이 제도를 도입했다. 이 제도는 한동안 관망 기간을 거친 후 2000년에 스웨덴의 이웃 국가인 노르웨이에서 도입했다. 명목확정기여연금은 다시 남하하여 2002년 포르투갈에서 도입하였고 2년 후에는 독일과 오스트리아에 전파되었다. 명목확정기여연금은 이처럼 서유럽으로 확산되다가 2005년에는 다시 북상하여 핀란드에서 채택하였다.

스웨덴의 명목확정기여연금은 1996년에 동유럽 국가로서 구소련의 일원이었던 라트비아로 전파되었다. 1997년에는 동유럽의 헝가리, 1999년에는 폴란드가 이 제도를 채택하였다. 그 후 동유럽으로 급속히 확산되는 모습을 보여주었다. 2000년에는 불가리아에 전파되었고, 2001년에는 러시아와 루마니아가 명목확정기여연금을 도입하였다. 2002년에는 크로아티아가 도입하였다. 그 후 2004년에 우크라이나, 2005년에 슬로바키아, 그리고 2006년에 세르비아에 이 제도가 전파되었다.

명목확정기여연금은 동유럽과 지리적으로 인접해 있는 중앙아시아 국가로도 전파되었다. 키르기스스탄에서 1996년에 도입된 후 2000년에는 몽고, 2001년에는 아제르바이잔에서 이 제도를 채택하였다. 이 제도를 도입한 중앙아시아 국가는 대체로 경제적으로 어려운 형편이다. 사회보험 방식의 연금을 도입하기에는 국가의 경제적 부담이 걱정되고, 그렇다고 연금제도를 도입하지 않을 수 없는 국가라는 특징이 있다.

개인연금은 남미에서 동유럽으로 전파되었지만 명목확정기여는 다시

〈표 4-3〉 명목확정기여연금의 전파 및 진화

지역	국가	도입	특징
유럽	노르웨이	2011	연금의 지속가능성과 소득대체율 같은 기준에서 연금개혁 수준이 높은 국가에 우선적으로 확산되는 현상을 보였으며, 이 연금의 도입으로 지속가능성의 수준이 개선
	덴마크		
	독일	2004	
	스웨덴	1994	
	오스트리아	2004	
	이탈리아	1995	
	포르투갈	2002	
	핀란드	2005	
동유럽	라트비아	1996	구소련의 일원이었던 라트비아에서 시작하여 인근 지역으로 전파되는 특징을 보였으며, 개인연금 도입을 조심스럽게 검토하던 국가를 중심으로 도입
	불가리아	2000	
	러시아	2001	
	루마니아	2001	
	세르비아	2006	
	슬로바키아	2005	
	우크라이나	2004	
	크로아티아	2002	
	폴란드	1999	
	헝가리	1997	
중앙 아시아	몽고	2000	경제적 여건상 사회보험연금을 도입하기에는 부담스러운 국가에서 도입
	아제르바이잔	2001	
	키르기스스탄	1996	
남미	멕시코	1997	개인연금은 남미에서 동유럽으로 전파되었지만 명목확정기여연금은 역방향으로 전파
	브라질	1999	
	우루과이	1996	
아프리카	이집트	2014	인근 지역으로 확산되는지 관찰 필요

유럽에서 남미로 전파되는 모습을 보여주었다. 1994년 스웨덴에 이 제도가 도입된 후 남미의 우루과이에서 1996년에 이 제도를 최초로 도입하였다. 1997년에는 멕시코에서 활용하였으며, 1999년에는 브라질에서 명

목확정기여연금을 도입하였다.

명목확정기여연금은 최근 이집트에도 전파되었다. 북아프리카 지역에서는 처음이다. 이 지역에서도 지리적 군집현상이 나타나 북아프리카 인근 지역에 확산되는지는 중요한 관찰대상이다.

7. 준비기금도 중층연금 발전에 기여한다

준비기금은 잘 알려져 있지 않은 연금제도이지만 도입한 국가의 수를 계산하면 다른 연금제도 못지않게 영향력이 크다. 준비기금을 도입한 지역은 동남아시아, 태평양 도서국가, 그리고 아프리카 지역에 제한되어 있다. 싱가포르나 홍콩과 같은 국가를 제외하면 경제적으로 어려운 나라가 이 연금제도를 채택하고 있다. 또한 대체로 영국으로부터 식민지배를 경험한 적이 있는 국가라는 점도 특징이다.

준비기금연금의 시작은 1951년 말레이시아였다. 당시 민간영역에서 일하는 근로자들에게 은행에 평생계좌를 열고 임금의 일정분을 적립하게 함으로써 일시적 실직이나 정년에 대비하도록 하는 프로그램으로 시작되었다. 공식명칭은 근로자준비기금(Employee Provident Fund: EPF)이다. 근로자에게 제공되는 준비기금은 사용자도 일시적 혹은 영구적으로 퇴직하는 근로자에게 도덕적·법적 책임을 다한다는 의미도 함께 가지고 있었다.

준비기금연금은 1952년에는 인도에서 도입되었으나 확산에 영향을 미치지 못했다. 말레이시아의 준비기금연금 역시 성공 스토리 부족으로 확산에 영향을 미치지 못하였다. 그러나 싱가포르의 경우는 달랐다. 거의 모든 노동인구가 준비기금연금에 가입되어 있고, 단층연금이지만 중층연금 방식으로 운영되고 있어서 세계 각국의 연금연구자들의 관심이 되기도 했다. 준비기금연금의 확산에 영향을 미친 국가는 싱가포르였다.

말레이시아에서 준비기금이 연금으로 활용되기 시작했지만 이 제도가 연금으로 안정적으로 정착된 국가는 싱가포르이다. 싱가포르는 말레이시아연방 소속이었으나 1965년에 연방에서 탈퇴함으로써 독립했다. 그 이후 준비기금제도를 중앙준비기금(Central Provident Fund: CPF)으로 명명한 후 독자적으로 발전시켰다.

준비기금연금은 1950년대에 말레이시아, 인도, 싱가포르에 도입되었지만 20년 정도 이 지역 고유의 연금방식이었다. 그러나 1974년에 스와질란드에서 도입된 이후 남아프리카공화국과 보츠와나, 짐바브웨에 확산되고 다시 아시아로 돌아왔다. 1987년에 태국에 전파되었고, 1990년대에는 인도네시아(1992), 홍콩(1995) 등지에서 준비기금 방식의 연금이 채택되었다(CISS 2005).

태평양 도서국가 중에서는 1966년 피지에서 준비기금이 도입된 이후 1970년대에 집중적으로 확산되었다. 바누아투가 1986년에 이 제도를 도입한 후 한동안 정체된 상태에 있다가 2000년에는 파푸아뉴기니에서 채택하였다. 준비기금을 단층으로 하는 국가가 대부분이다.

아프리카에서는 1955년에 이집트에서 준비기금을 최초로 도입하였다. 아프리카에서만 13개 국가에서 이 제도를 채택하여, 아프리카 대륙의 대표적 연금제도라고 말할 수 있다. 1960년대에 이 지역에 집중적으로 확산되다가 1970~80년대에는 확산속도가 현저하게 줄었다. 1996년에 짐바브웨가 도입하였고, 가장 최근에 도입한 국가로는 2004년에 채택한 가나가 있다.

아프리카에서 준비기금을 활용하는 방식은 다양하다. 단층으로 활용하

〈표 4-4〉 준비기금연금의 확산

<table>
<tr><th>지역</th><th>국가</th><th>도입</th><th>특징</th></tr>
<tr><td rowspan="9">아시아</td><td>네팔</td><td>1962</td><td rowspan="9">말레이시아에서 가장 먼저 도입하였지만 이 제도의 유용성이 증명된 국가는 싱가포르라고 평가. 말레이시아나 싱가포르처럼 1950년대에 도입한 국가군과 인도네시아와 홍콩처럼 1990년대를 전후하여 도입된 국가군으로 분류</td></tr>
<tr><td>말레이시아</td><td>1951</td></tr>
<tr><td>브루나이</td><td></td></tr>
<tr><td>싱가포르</td><td>1955</td></tr>
<tr><td>스리랑카</td><td>1958</td></tr>
<tr><td>인도</td><td>1952</td></tr>
<tr><td>인도네시아</td><td>1992</td></tr>
<tr><td>태국</td><td>1987</td></tr>
<tr><td>홍콩</td><td>1995</td></tr>
<tr><td rowspan="6">태평양
도서국가</td><td>바누아투</td><td>1986</td><td rowspan="6">대부분 준비기금을 단층으로 하는 연금구조</td></tr>
<tr><td>사모아</td><td>1972</td></tr>
<tr><td>솔로몬제도</td><td>1976</td></tr>
<tr><td>피지</td><td>1966</td></tr>
<tr><td>키리바시</td><td>1976</td></tr>
<tr><td>파푸아뉴기니</td><td>2000</td></tr>
<tr><td rowspan="13">아프리카</td><td>가나</td><td>2004</td><td rowspan="13">준비기금을 단층으로 활용하는 국가도 있는 반면에 중층구조의 한 층으로 준비기금을 활용하는 국가도 다수 존재. 이집트 같은 국가는 오래 전에 준비기금을 도입한 국가이지만 최근에는 거의 활용되지 않은 제도</td></tr>
<tr><td>감비아</td><td>1981</td></tr>
<tr><td>나이제리아</td><td>1961</td></tr>
<tr><td>남아공</td><td>1956</td></tr>
<tr><td>보츠와나</td><td>1988</td></tr>
<tr><td>세이셸</td><td>1971</td></tr>
<tr><td>스와질란드</td><td>1974</td></tr>
<tr><td>우간다</td><td>1967</td></tr>
<tr><td>이집트</td><td>1955</td></tr>
<tr><td>잠비아</td><td>1966</td></tr>
<tr><td>짐바브웨</td><td>1996</td></tr>
<tr><td>케냐</td><td>1965</td></tr>
<tr><td>탄자니아</td><td>1964</td></tr>
</table>

* 산업별로 강제가입원칙을 채택함.

기도 하지만 중층구조의 한 층으로 활용하는 국가도 있다. 또한 이집트처럼 오래 전에 이 제도를 도입하였지만 최근에는 거의 활용하지 않는 국가도 있다.

제5장

개인연금 중심의 중층연금

1. 발원은 달라도 혁신적 제도는 확산된다
2. 개인연금이 남미를 휩쓴다
3. 개인연금, 중미로 건너뛴다
4. 개인연금, 동유럽에서 보충적 연금으로 정착한다
5. 중앙아시아 · 아프리카 개인연금, 남미식으로 회귀한다

제5장 개인연금 중심의 중층연금

1. 발원은 달라도 혁신적 제도는 확산된다

1890년대에 만들어진 독일식 사회보험연금은 약 100년간 지구상을 누비면서 기본연금의 역할을 해오고 있다. 생존권적 보장권을 확인시킨 제도로 사회보험연금의 혁신성이 그만큼 뛰어나기 때문이다. 고령 사회로 진입하면서 독일식 사회보험연금이 비판을 받기는 하지만 남미 일부 국가를 제외하고는 아직도 기본연금의 역할을 하고 있다.

세계 각국은 다만 원형 그대로 기본연금으로 활용하지는 않는다. 소득대체율을 낮추어 기본연금으로 활용하기도 하고, 점수제를 도입하여 활용하기도 한다. 때로는 역할을 바꾸어 기본연금 대신에 보충적 연금을 하는 방식으로 꾸준히 활용하고 있다. 혁신적 제도의 영향력은 이처럼 수백 년을 이어갈 수도 있다.

독일식 사회보험연금의 허점이 드러나면서 시작된 연금개혁은 한 곳에서 시작된 것은 아니다. 1981년에 칠레가 앞장서기는 했지만 여러 곳에서 새로운 방식의 연금이 소개되기 시작했다. 그 이후 연금개혁에 활용되는 메뉴가 다수 등장했고, 국가마다 일부 혹은 전부를 선택하여 자국에 맞는 제도를 개발하여 운영하고 있다. 입맛에 맞는 비빔밥을 만들어 국민에게 선보이고 있다는 의미이다.

개인연금을 기본연금으로 하는 국가는 대체로 중남미와 동유럽에 집중되어 있다. 이 지역 국가들은 사회보험연금을 버리거나 보충적 연금으로 활용하는 대신에 개인연금을 도입하여 기본연금으로 삼았다. 흔하지는 않지만 사회보험을 그대로 유지하고 개인연금을 도입하는 국가도 있다.

남미의 아르헨티나처럼 극과 극을 오고가는 연금개혁을 실시한 국가도 있다. 아르헨티나는 1993년에 사회보험연금을 보충적 연금으로 활용하고, 개인연금을 기본연금으로 하는 연금개혁을 단행했으나 2008년에 다시 사회보험연금을 기본연금으로 회귀하는 연금개혁을 실시했다. 이번에는 개인연금을 보충적 연금으로 활용하고 있다(Poteraj 2011).

발원지가 스위스인 퇴직연금제도는 유럽뿐만 아니라, 아시아와 아프리카 각국으로 전파되는 과정을 거치며 중층연금이 자리를 잡는 데 기여했다. 그러나 세계 각국은 퇴직연금 자체를 기본연금으로 활용하지는 않고, 소득연계연금(earnings-related pension)이 자리를 잡는 데 크게 기여했다. 소득연계연금은 1층에 속하는 공적연금과 결합하여 기본연금으로 활용되기는 한다.

스웨덴에 기원을 두고 있는 명목확정기여연금은 유럽, 남미, 동유럽 등지에서 기본연금으로 활용되고 있다. 최근에는 이집트에서 이 유형의 연금을 도입하였다. 이집트를 기점으로 하여 아프리카에서도 명목확정기여연금이 확산될지 지켜볼 일이다. 명목확정기여연금도 그 자체로 독창성이 있는 연금이기는 하지만 사회보험연금의 변형이라고 할 수 있을 정도로 유사점이 많다.

준비기금 연금도 영국이 식민지에 뿌린 씨앗의 일종이지만, 말레이시아에서 시작하여 싱가포르에서 꽃을 피웠고, 그 이후 아시아 및 아프리카 지역에 전파되었다. 그리고 각국의 기본연금으로서 손색이 없는 연금제도로 인정받았다. 특히 싱가포르의 중앙준비기금(CPF)은 세계은행이 제시한 5층 중층연금의 4층을 개발하는 데 영향을 미친 연금제도로도 알려져 있다.

사회보험연금은 100년 전 독일에서 발원하여 세계 각국에 전파됐지만, 1980년대부터 도입되기 시작한 새로운 연금제도는 그 발원지는 다르더라도 스스로의 길을 개척하며 세계 각국에 전파되고 있다. 사회보험연금이 그랬듯이 새로운 연금제도도 전파와 동시에 진화를 거듭하고 있다.

2. 개인연금이 남미를 휩쓴다

개인연금의 원안은 칠레 모형이었다. 칠레 모형은 개인연금을 도입하여 기본연금으로 삼는다는 제도이다. 연금의 국가책임이라는 상식을 버림으로써 국가는 연금의 부담에서 자유로워질 수 있다는 점이 장점으로 부각되었다. 한마디로 말하자면 연금의 민영화라는 발상의 전환이었다.

연금의 민영화로 국가 부담을 줄인다는 목적으로 도입된 개인연금은 칠레 모형으로 남아 있지는 않다. 개인연금 도입 후 35년이라는 세월을 넘기면서 다양한 모습을 띠기 시작했다. 원안 유지, 보충적 연금으로의 전환 등 도입 국가들의 정치경제적 문제 해결을 위한 수단으로 자리 잡고 있다.

칠레는 개인연금의 원조답게 원안을 잘 유지하고 있다. 사회보험을 버리고 강제가입 방식의 개인연금을 도입하여 지금까지 잘 운영하고 있다. 임금근로자뿐만 아니라, 자영업자까지 개인연금에 가입하도록 함으로써 기본연금으로 정착했다.

어느 사회든 경쟁에서 실패한 빈곤층이 있기 마련인데 칠레는 이 그룹을 위해 영국식 국가보험도 도입하지 않았다. 대신에 자산조사를 기초로 제공되는 구빈연금을 운영하고 있다. 철저히 연금의 민영화 원칙을 견지하고 있고, 국가는 연금이라는 무거운 짐을 벗어던지는 데 성공했다.

칠레와 달리 아르헨티나는 성공을 거두지 못했다. 개인연금을 기본연금으로 하고 사회보험연금을 보충적 연금으로 전환시킨 지 15년 쯤 지난 2008년에 사회보험연금을 기본연금으로 하고 개인연금을 보충적 연금으로 하는 옛날 방식으로 회귀했다. 이 과정에서 아르헨티나는 개인연금이라는 새로운 연금층을 활용하는 데는 성공했지만 연금의 민영화에는 실패했다.

칠레와 볼리비아는 국경을 접하고 있는 국가이다. 양국은 사회보험연금을 폐지하고 개인연금을 도입하는 방식으로 연금제도를 변화시켰다. 차이가 있다면 볼리비아에서는 자영업자는 임의가입 대상자인데 반해 칠레에서는 자격조건이 되는 자영업자는 가입해야 하는 준강제 방식을 택하고 있다는 점이다. 양국에서는 사용자 부담은 없고 개인이 연금보험료를 부담하는데 모두 임금의 10%로 같다.

남미의 페루와 콜롬비아는 국경을 맞대고 있는 국가로서 유사한 연금구조를 가지고 있다. 양국은 사회보험연금을 버리지 않고 개인연금을 동시에 운영하고 있다. 두 연금이 보완관계에 있는 것이 아니라, 대체 관계에 있다는 점도 닮았다. 개인은 사회보험이나 개인연금 중에서 하나를 선택할 수 있다.

물론 페루와 콜롬비아 연금의 차이점도 있다. 페루는 사회보험연금에서 개인연금으로 전환만 가능하지만 콜롬비아에서는 사회보험연금에서 개인연금으로, 그리고 개인연금에서 사회보험연금으로의 전환이 가능하다. 또한 페루에서는 사회보험연금의 보험료가 개인연금에 비해 높지만 콜롬비아에서는 같다. 페루에서는 개인 부담 중심이지만 콜롬비아에서는 임금근로자일 경우 사용자와 근로자가 동시에 부담하며 사용자 부담 비중이 훨씬 높다.

에콰도르는 페루 및 콜롬비아와 국경을 접하고 있는 국가이다. 에콰도르는 1층과 3층으로 이루어져 있어 연금제도의 외형은 페루 및 콜롬비아와 유사하다. 칠레와는 달리 개인연금이 도입되어 있으나 기본연금의 역할이 아니라 보충적 연금의 역할을 수행하는 방식으로 도입되었다.

우루과이는 개인연금을 도입하였으나 명목확정기여연금의 틀하에서

〈표 5-1〉 남미 국가들의 개인연금 방식의 연금개혁 비교

국가	중층구조	대체/선택*	개인연금 적용대상	기여
칠레	0, 3, 4층	폐지 후 전환	임금근로자 강제, 자영업자 준강제	개인
베네수엘라	1, 2층	미도입	n/a	n/a
볼리비아	0, 3층	폐지 후 전환	임금근로자 강제, 자영업자 임의	근로자
아르헨티나	0, 1, 3층	보완	임의	개인
에콰도르	1, 3층	보완	임의	개인
우루과이	0, 1, 3층	연계 (NDC)	강제	임금근로자는 사용자·근로자, 자영업자는 본인
파라과이	0, 1층	미도입	n/a	n/a
페루	1, 3층	선택	임금근로자 강제, 자영업자 임의	개인(사회보험 13%, 개인연금 10%)
콜롬비아	1, 3층	선택	임금근로자·자영업자 강제	임금근로자(사용자 11.625%·근로자 3.875%), 자영업자(15.5%)
트리니다드 토바고	0, 1층	미도입	n/a	n/a

* 선택: 사회보험이나 개인연금 중 하나 선택 가능; 전환: 사회보험 폐지하고 개인연금 도입.

개인연금을 운영하고 있다. 연금재정의 일부는 개인연금의 계좌에 넣어 적립식 확정기여 방식으로 운영하고, 나머지 일부는 사회보험연금 계좌로 전환시켜 부과식 확정급여 방식으로 운영하고 있다. 우루과이는 지리적으로 개인연금의 원조국가인 칠레와 멀리 떨어져 있고, 남미의 대국에 속하는 아르헨티나와 브라질 사이에 끼여 있는 국가이다. 지리적으로 떨어진 만큼 연금구조도 독특하다.

남미에는 연금제도가 체계화되어 있지 않을 뿐만 아니라, 연금개혁을 하지 않은 국가도 있다. 베네수엘라, 파라과이, 그리고 베네수엘라 앞바다에 위치한 트리니다드토바고를 들 수 있다. 세 나라는 사회보험 중심으로 연금을 운영하고 있다. 베네수엘라에는 퇴직연금제도가 있기는 하지만 명맥만 유지되는 수준이고, 파라과이에는 공무원 및 공기업 근로자를 대상으로 하는 사회보험이 전부인 상황이다. 트리니다드토바고는 임금근로자만을 대상으로 하고 있다.

칠 레

칠레는 개인연금의 원조 국가이다. 최초로 사회보험 방식의 공적연금을 포기하고, 사적연금으로서의 개인연금을 도입했다. 1981년에 도입하여 2008년에 연금개혁을 거친 지금도 개인연금을 기본연금으로 하는 3층 연금구조를 가지고 있다(Shelton 2012). 1층은 구빈연금의 성격을 가진 공적연금이고, 3층은 사적연금으로서 개인연금이지만 강제로 가입해야 하는 연금이다. 3층 개인연금은 강제가입과 임의가입 두 가지 방식으로 운영하는 점이 특징이다.

1층 구빈연금은 빈곤층이나 개인연금급여를 받더라도 급여수준이 낮아 기초생계비가 부족한 노인에게 제공된다. 자산조사를 거쳐 소득수준이 빈곤선 이하인 노인에게 제공되며, 정부의 일반회계 예산에서 재정 지원을 받는다. 개인연금으로부터 받는 급여가 기초생계비에 미치지 못한 노인에게도 지급되기 때문에 이 경우에는 보충적 연금의 성격을 가진다. 또한 기본연금인 개인연금과 연계하여 운영된다는 특징이 있다. 칠레에서는 1층 연금으로 표현하고 있지만 성격은 0층 연금에 가깝다.

칠레에서는 2층 퇴직연금이 없다. 대신에 3층 개인연금이 있다. 칠레에서는 2층 연금으로 지칭하는 이 개인연금의 재정은 적립식으로 관리하고, 급여는 확정급여 방식으로 제공된다. 임금근로자는 임금의 10%를 개인연금 보험료로 납부하고, 사용자의 기여금은 없다. 대신에 사용자는 연금기금관리기관(Administradora de Fonde de Pensiones: AFP)에 전달하는 역할을 한다. 기금관리기관은 공공기관이 아니라 민영기관이다.

개인연금 도입 초기 자영업자는 임금근로자와는 달리 임의가입 방식이었다. 그렇기 때문에 가입률이 낮았고, 실제 소득보다 낮게 신고하여 노후보장의 의미가 약화되어 있었다. 그러나 2008년에 연금개혁을 하면서 자격요건이 되면 예외 없이 가입하도록 하는 준강제 방식을 채택하였다.

칠레에서는 3층으로 칭하고 있지만 세계은행이 제시한 개념대로라면 4층에 가까운 연금층이 있다. 용도가 자유롭기보다는 선택할 수 있는 금융상품이 다양하여 용도의 신축성을 기할 수 있는 여건이 마련되어 있다. 재정은 개인의 보험료로 충당하며 기본연금 보험료 10%에 추가적으로 납입하는 방식이다. 사용자는 이 보험료를 임금에서 차감하여 연금기금관리기관(AFP)에 전달하는 역할을 한다. 자영업자도 신고소득의 10%를 부담한다.

2008년 연금개혁 이전 칠레의 개인연금 가입률은 전체 노동인구의 62%였다. 임금근로자만을 대상으로 할 때에도 가입률은 68% 수준에 불과했다(Shelton 2012). 정확한 통계수치가 밝혀져 있지는 않지만 2008년 연금개혁으로 가입률이 높아지고 있는 것으로 예측된다(Shelton 2012). 칠레의 연금구조는 중층구조 그 자체만으로 보면 사각지대가 없다. 빈곤층을 위한 구빈연금, 임금근로자를 대상으로 하는 강제가입 방식의 개인연금, 자영업자를 대상으로 하는 준강제가입 방식의 개인연금, 그리고 임의가입 방식의 보충적 개인연금은 연금대상인구를 바르게 설정하고 있다.

아르헨티나

아르헨티나는 극단적인 연금 역사를 가지고 있다. 사회보험연금의 재정적자에 시달리다가 1993년에 칠레의 개인연금을 도입하였다. 그때 개인연금을 기본연금으로 하는 연금개혁을 실시하면서 1층 사회보험연금과 3층 개인연금체제를 유지했다. 1층은 0층처럼 고정급여를 제공하는 1단과 소득연계 방식의 연금급여를 제공하는 2단으로 나누어 운영함으로써 0층의 효과가 나타나도록 했다. 빈곤층 노인을 대상으로 하는 0층 공공부조 연금도 있다.

개인연금 도입 당시 1층의 공적연금은 개혁 이전의 연금가입자를 위한 경과 조치였다. 따라서 사회보험연금을 개인연금으로 대체하는 순수한 칠레 모형을 도입하였다. 개혁 이후 일정한 기간이 지나면 아르헨티나의 연금구조는 사실상 3층 2단만으로 정착되기를 기대하고 있었다. 3층 1단은 공적연금이면서 확정기여 방식으로 운영하는 연금이었다. 정부의 부담을 줄이려는 취지에서 공적연금이지만 부과식으로 전환했고, 임의가입이 중심이었다(Kritzer 2001/2002).

3층 2단은 개혁의 중심 역할을 하는 연금층이었다. 적립식으로 재정관리를 하고, 확정기여 방식으로 급여를 제공하는 연금이었다. 개인별로 연금계좌를 부여함으로써 연금가입 인센티브도 동시에 부여하였다.

아르헨티나에 개인연금이 남아 있지만 결코 성공적이라고는 말할 수 없다. 2008년 개인연금에서 공적연금으로 회귀하는 방식의 연금개혁 실시기 때문이다. 그 후 공적연금과 사적연금이 동시에 운영되는 국가가 되었다.

아르헨티나에서 공적연금은 강제가입 방식이고, 사적연금은 임의가입 방식이다. 공적연금이 기본연금이고 사적연금이 보충적 연금으로 역할이 바뀌었다. 2008년 개혁 이전의 3층 1단이 기본연금이 되고, 기본연금의 역할을 하던 3층 2단은 보충적 연금의 역할을 하도록 설계했다(Poteraj 2011). 개인연금이 보충적 연금으로서 남아 있다는 점에서 의미를 둘 수 있으나, 가입자 수가 매우 적어 명맥만 유지되는 수준이다.

1층 사회보험연금의 근로자 부담은 임금의 11%이고, 사용자 부담은 10.17%, 또는 12.71%이다. 산재보험도 사회보험료에 포함되기 때문에 종사하는 기업의 위험수준에 따라 차등적으로 적용된다. 공무원인 경우에 정부가 사용자로서 16%를 부담한다(SSA 2010).

우루과이

우루과이는 명목확정기여 요소를 도입한 1층 연금구조를 가지고 있고, 3층 개인연금은 보충적 연금의 역할을 한다. 일정수준 이상의 소득이 있는 사람은 강제가입 방식이고, 나머지는 임의가입 방식으로 참여할 수 있다. 이들에 대해서는 금융인센티브를 제공함으로써 참여를 유인하고 있다(Queisser 1998). 2009년을 기준으로 할 때 전체 노동인구의 50% 이상이 가입할 정도로 호응도가 높다. 적립식 확정기여 방식으로 운영된다(SSA 2011).

소득수준에 따라 기여율이 다르게 적용된다. 일정소득수준(2009년 기준 월 19,805페소) 이하일 경우 임금의 15%를 기여한다. 1층만을 택할 경우에는 15%가 1층 공적연금에서 관리된다. 이들의 3층 참여는 임의가입이기 때문에 개인연금에 가입을 원할 경우에는 7.5%는 공적연금에 보내고, 나머지 7.5%는 개인연금에 보내 관리한다. 소득수준이 일정수준 이상일 경우 15%는 1층 공적연금, 그리고 나머지 15%는 개인연금 계좌에서 관리한다. 이들의 연금 기여수준은 30%이다. 자영업자의 경우도 같은 소득수준 규정이 적용된다. 임금근로자의 경우 사용자가 7.5%를 1층 공적연금의 사회보험료를 납부하는 데 기여한다(SSA 2009).

파라과이

파라과이는 아르헨티나, 브라질, 볼리비아 사이에 끼여 있는 남미의 내륙 국가이다. 현재까지 개인연금을 활용하고 있지 않은 국가로 분류된다.

파라과이는 1943년에 사회보험연금을 도입했지만 보편적 노령연금의 체계가 제대로 구축되지 않은 국가이다. 현재 국가공무원, 지방공무원, 공기업에 종사하는 공무원 및 근로자를 대상으로 하는 연금이 있을 뿐 민간기업 근로자나 자영업자를 적용대상으로 하는 보편적 사회보험은 미비 상태이다. 빈곤층을 대상으로 하는 공공부조 방식의 연금은 제공되지만 최저임금의 4분의 1 수준이다.

제한된 범위에서 활용되는 사회보험연금 재정에 관하여 살펴보면 근로자는 총소득의 9%를 기여하고 사용자는 14%를 기여하는 방식으로 충당된다. 정부는 사용자로서 14%를 기여하고 추가적으로 총소득의 1.5%를 기여한다. 연금의 성격이 사회보험이기 때문에 부과식으로 재정관리를 하고 있고 확정급여 방식으로 연금을 제공한다(OECD/IBD/The World

Bank 2014b).

페 루

페루는 1936년에 임금근로자를 위한 연금을 도입한 국가이며, 연금에 관한 한 오랜 역사가 있는 남미 국가이다. 1992년 칠레에 이어 개인연금을 도입하여 연금개혁을 실시하였다. 연금은 1층 사회보험연금과 3층 개인연금을 운영한다.

사회보험과 개인연금은 기본연금과 보충적 연금의 관계가 아닌 대안 관계에 있다. 연금가입 대상자는 사회보험연금이나 개인연금 중 하나를 선택할 수 있으며, 하나를 선택하지 않는 경우 개인연금 가입 의사를 밝힌 것으로 간주한다. 개인연금이 사회보험을 우선한다는 의미이다. 또한 사회보험 가입자는 개인연금으로 전환이 가능하다(Olivera 2009).

1층 사회보험연금의 가입 대상자는 공공역역이나 민간영역에 종사하는 임금근로자, 교사나 예술가 또는 언론인을 포함한 특수직 종사자, 그리고 일부 자영업자를 포함한다. 자영업자는 대부분 사회보험연금의 임의가입 대상자로 분류하고 있다. 또한 군인과 경찰 그리고 어업종사자를 위한 특수연금계획을 두고 있다.

개인연금 가입대상자는 공공영역이나 민간영역에 종사하는 임금근로자이다. 자영업자는 임의가입 대상자로 분류한다. 따라서 페루에서 자영업자는 연금의 사각지대에 놓일 가능성이 높은 계층이다.

1층의 연금보험료는 임금근로자의 임금총액을 기준으로 하고 자영업자는 총소득을 근거로 하며 그 수준은 13%이다. 3층 개인연금의 기여수준은 임금총액이나 총소득의 10%이다. 개인연금 보험료가 사회보험연금의 보험료보다 3% 낮은 수준이다. 사용자는 사회보험이나 개인연금에 기여하지 않는다.

정부는 사회보험에 기여하지는 않지만 사회보험 관리비용을 지원하고 재정적자 발생과 같은 상황에서 재정을 지원한다. 개인연금에 관한 한 정부는 최소연금을 지원하고, 기금적립관리에 필요한 재정을 지원한다.

콜롬비아

콜롬비아는 페루처럼 1층 사회보험과 3층 개인연금을 두고 있다. 두 연금층 간의 관계는 보완관계가 아니라 대체 관계이다. 페루에서처럼 두 연금층을 동시에 활용하지 않고 선택적으로 하나만 활용할 수 있기 때문이다.

연금가입 대상자는 사회보험이나 개인연금 중 하나를 선택하도록 되어 있다. 원한다면 마지막 10년 전까지 5년 단위로 다른 연금층으로 갈아탈 수 있다. 사회보험에서 개인연금으로의 전환만 가능하도록 되어 있는 페루의 운영방식과는 비교가 된다.

가입대상자는 공공 및 민간영역을 불문하고 모든 임금근로자이다. 2003년 연금법을 개정하여 자영업자도 참여할 수 있도록 그 적용범위를 넓혀 가입대상이 아니라고 하더라도 임의가입은 가능하도록 길을 열어 놓고 있다(OECD/IDB/The World Bank 2014a).

기여수준은 사회보험과 개인연금이 동일하다. 임금근로자는 사용자가 임금총액의 11.625%를 부담하고 근로자는 3.875%를 부담한다. 기여 합계는 15.5%이다. 자영업자는 신고소득의 15.5%를 기여한다. 임금근로자와 자영업자 모두 최저임금을 기준으로 소득수준이 4배 이상인 경우에는 연금보험료가 가산되는 제도를 두고 있다. 정부는 직접 기여하지는 않는다. 그러나 빈곤층을 위한 기초연금 재원을 지원하고, 공공영역 근로자의 경우에는 사용자 자격으로서 소정의 기여금을 내는 수준이다.

에콰도르

에콰도르는 개인연금을 페루나 콜롬비아와 달리 보완제로 활용하고 있다. 2001년 사회보험연금에 대한 보충적 연금으로서 개인연금을 도입하는 제도를 마련했다. 또한 공공부조 방식의 연금을 제공하는 제도도 도입했다. 에콰도르는 0층 공공부조연금, 1층 사회보험연금, 그리고 3층 보충적 연금으로서 개인연금을 운영하는 국가이다. 에콰도르는 사회보험이 중심이고, 임의가입 방식의 개인연금은 보충적 연금으로서 활용하고 있다.

사회보험연금은 부과식 확정급여 방식으로 운영한다. 적용대상은 임금근로자와 자영업자이다. 공공영역 임금근로자는 본인 부담이 8.64%, 사용자 부담이 1.10%로 기여 합계는 임금의 9.74%이다. 민간영역 임금근로자는 본인 부담이 6.64%, 사용자 부담이 3.10%이고 합계는 임금의 9.74%로 공공영역 근로자와 같다. 자영업자는 본인이 신고소득의 9.74%를 부담한다.

적립식 확정기여 방식으로 운영하는 개인연금은 인근 남미 국가와는 달리 사회보험의 보충적 연금 방식으로 도입했다. 그러나 널리 적용되지는 않고 그 적용범위가 제한적이다(Titelman, Vera and Caldentey 2009).

볼리비아

볼리비아는 지리적으로는 칠레와 국경을 마주한 국가이다. 1956년에 사회보험 방식의 연금을 도입했다. 개인연금제도가 남미에 전파되면서

1996년에 사회보험을 폐지하고 개인연금을 전면적으로 도입했다. 당시 사회보험 가입자는 개인연금으로 모두 전환했다(Mesa-Lago 2007). 3층 개인연금을 단층으로 운영하다가 2007년에 보편적 기초연금제도를 도입하여 운영하고 있다. 정리하면 0층과 3층 중층구조를 가진 국가이다.

보편적 기초연금을 제외하고는 개인연금 단층구조이기 때문에 사용자가 기여하는 부분은 없고 연금가입자 개인이 연금보험료를 부담한다. 개인연금의 적용대상은 임금근로자가 원칙이며 임금근로자에게는 강제가입이다. 자영업자는 임의가입이 가능하다. 임금근로자의 기여수준은 임금의 10%이다. 자영업자의 기여수준도 신고소득의 10%이다. 정부는 재정부담은 하지 않고 관리비용을 지원하는 수준이다.

베네수엘라

베네수엘라는 부과식 확정급여 방식의 사회보험을 운영하는 국가이다. 파라과이와 마찬가지로 개인연금을 채택하지 않고 있다. 적용범위가 제한적인 퇴직연금 방식의 사적연금이 도입되기는 하였지만 법에서 정하는 사항은 아니다. 베네수엘라는 개인연금이 도입되지 않은 국가로 분류된다(OECD/IDB/The World Bank 2014a).

사회보험의 적용대상은 공공 및 민간 영역의 임금근로자이고, 자영업자는 임의가입 방식으로 참여할 수 있다. 공공영역 근로자와 민간영역 근로자의 부담률이 달라서 공공영역의 경우 본인 부담은 2%이고, 사용자 부담은 4.75%이다. 민간영역 근로자의 본인 부담은 4%, 사용자 부담은 11%와 13% 사이에서 산재위험 등급에 따라 다르게 적용된다. 민간영역의 근로자 부담 4% 중에서 2%는 의료보험 및 산재보험료로 전환되고, 사용자 부담 중에서 사회보험에 제공되는 수준은 공공영역 근로자와 같은 수준인 4.75%이며 나머지는 의료보험 및 산재보험료로 전환된다.

따라서 베네수엘라에서는 공공영역과 민간영역 구분 없이 순수한 노령연금 사회보험료는 근로자 부담 2%와 사용자 부담 4.75%를 합친 6.75%이다. 여기에 정부가 부담하는 비율 1.5%가 추가된다(SSA 2009).

베네수엘라는 개인연금은 도입되지 않고 다만 대기업에서 노사합의에 의해 퇴직금 제도는 도입되어 있다. 대체로 사용자가 퇴직금 전액을 부담한다. 퇴직금은 법률에 근거한 제도가 아니라 노사합의에 개별적으로 도입이 가능한 제도여서 법적 구속력이 없다.

트리니다드토바고

트리니다드토바고는 남미의 베네수엘라 앞바다에 위치한 국가이다. 파라과이나 베네수엘라처럼 개인연금이 도입되지 않았다. 1939년에 공공부조연금을 도입하고 1971년에 사회보험연금을 도입한 후 연금개혁이 이루어지지 않았다. 공공부조연금은 극빈층을 위한 무갹출 연금을 의미한다(SSA 2010).

1층 사회보험연금의 적용대상은 임금근로자, 농촌근로자, 공공영역 근로자이며 자영업자는 적용대상이 아니다. 사회보험연금이기 때문에 부과식 확정급여 방식으로 연금이 제공된다. 근로자 부담은 임금의 3.2%이고 사용자 부담은 6.4%이다.

3. 개인연금, 중미로 건너뛴다

중미는 북으로는 멕시코에서 남으로는 파나마 사이에 있는 국가들이다. 공교롭게도 양 끝에 위치해 있는 멕시코와 파나마에서 가장 먼저 개인연금을 도입했다. 개인연금의 운영방식은 남미 국가들과 크게 차이가 없다. 칠레의 원형을 유지한 국가가 거의 없는 것이 중미 개인연금의 특징이다.

멕시코는 사회보험연금을 폐지하고 개인연금을 도입하였다. 칠레 모형에 가까운 방식으로 연금개혁을 실시한 유일한 중미 국가이다. 남미에서는 칠레와 볼리비아가 이 방식을 택했다. 도미니카 공화국이나 엘살바도르도 사회보험연금을 개인연금으로 대체하는 방법을 취하기는 했지만 점진적으로 소멸되도록 하는 방법을 택했다.

과테말라, 니카라과, 그리고 온두라스는 개인연금 미도입 국가이다. 과테말라는 비공식으로 도입하여 운영하고 있지만 법적 구속력이 없고, 니카라과는 도입되었지만 시행이 무기연기된 상태이다. 온두라스는 개인연금 도입을 시도했으나 실패로 끝났다.

도미니카 공화국과 엘살바도르는 사실상 1층 사회보험연금을 3층 개인연금으로 대체했다. 그러나 한꺼번에 대체한 것이 아니라 개인연금을 도입하면서 사회보험연금은 더 이상 새로운 가입자를 받지 않음으로써 자동 소멸되도록 하는 방식을 취했다. 칠레나 볼리비아처럼 급진적 방법이 아닌 점진적 대체 방법을 선택한 셈이다.

자메이카, 코스타리카, 파나마는 개인연금을 보충적 연금 중 하나로 도입했다. 세 국가 모두 사회보험연금을 기본연금으로 하고 개인연금을 보충적으로 하는 중층연금구조를 가진 국가이다. 그러나 세 국가에서 개인연금을 운영하는 방식은 다르다.

자메이카의 개인연금은 자영업자를 대상으로 하고, 임의가입이다. 파나마는 보충적 연금이지만 일정 소득 수준 이상의 경우에는 강제가입이고, 나머지는 임의가입이다. 또한 적용범위도 임금근로자와 자영업자 모두를 포함한다. 코스타리카에서 임금근로자는 강제가입이고 자영업자는

〈표 5-2〉 중미 국가들의 개인연금 방식의 연금개혁 비교

지역	국가	중층 구조	대체/ 선택*	개인연금 적용대상	기여
중미	과테말라	1, 3층	비공식	n/a	n/a
	나카라과	1, 3층	도입/ 미시행	-	-
	도미니카(공)	0, 3층	점진적 대체	민간 근로자	개인 2.87%, 사용자 7.1%
	멕시코	0, 3층	폐지 후 전환	임금근로자 자영업자는 임의	국가 0.225%, 사용자, 5.150%, 개인 1.125%, 합계 6.50%
	엘살바도르	1, 3층	점진적 대체	임금근로자	개인 6.25%, 사용자 4.05%, 합계 10.3%
	온두라스	1, 3층	도입/ 실패	n/a	n/a
	자메이카	1, 2, 3층	보완	자영업자	본인 부담 최대 20%까지 가능
	코스타리카	0, 1, 3층	보완	임금근로자 강제, 자영업자 임의가입 가능	사용자 3.25%, 근로자 1%
	파나마	0, 1, 2, 3층	보완	일정소득 이상은 강제, 나머지는 임의	근로자 8.16%, 사용자 4.25%, 합계 12.41%; 자영업자는 본인 12.41% 부담
	아이티	0층	미도입	-	-
	쿠바	0, 1층	미도입	n/a	n/a
아프리카	이집트	0, 1, 3층	완전	기본	사용자 · 근로자 · 정부

임의로 가입할 수 있다. 근로자의 경우 사용자는 3.25%, 근로자는 1%를 개인연금에 기여한다.

포함시킬 지역으로 적절하지는 않지만 이집트도 개인연금을 활용하는 국가 중 하나이다. 아프리카 국가로 유일하기 때문에 여기에 포함시켰다.

과테말라

과테말라는 베네수엘라처럼 부과식 확정급여 방식의 사회보험을 운영하는 국가이다. 적용범위가 제한적인 퇴직연금 방식의 사적연금이 도입되기는 하였지만 법에서 정하는 사항이 아니다. 개인연금은 공식적으로는 도입되지 않은 상태이지만 세제혜택을 제공하는 방식으로 개인연금에 가입하도록 유인하고 있다(SwissLife 2013).

사회보험의 적용대상은 임금근로자이고, 자영업자는 임의가입 방식으로 참여할 수 있다. 공공영역 근로자를 대상으로 하는 특수직 연금제도가 별도로 운영된다. 임금근로자의 경우 본인 부담률이 1.83%, 사용자 부담률이 3.67%이다. 기여 합계는 5.5%이다(SSA 2009). 자영업자의 경우 신고소득의 5.5%로 정하고 있어 임금근로자와 균형을 맞추고 있다. 정부는 관리 비용 수준을 부담한다.

과테말라는 제도적으로 칠레 모형과 유사한 개인연금은 도입되지 않은 것으로 나타났다. 개인연금은 기본연금이 아니며, 보충적 연금에 불과하다. 과테말라에 개인연금이 있기는 하지만 기업에서 도입할 수 있도록 세금 공제 방식의 유인책을 활용하고 있을 뿐이다. 과테말라에서 개인연금은 제도의 법적 구속력이 없는 임의가입 방식으로 운영하고 있다.

니카라과

니카라과는 부과식 확정급여 방식의 사회보험을 기본연금으로 운영하는 국가이다. 0층 무갹출 연금 및 1층 사회보험연금과 같은 공적보험 중심으로 구성되어 있다. 엄격히 말해서 니카라과에는 개인연금이나 퇴직연금과 같은 사적연금은 없다.

니카라과에서 0층은 있지만 정책대상자는 내전 희생자이고, 빈곤층도 포함된다(SSA 2009). 2000년에 사회보험연금을 칠레식 개인연금으로 대체하는 법이 제정되어 2004년 시행 예정이었으나 아직 시행되지는 않고 있다(Franzoni, et al. 2010). 개인연금제도 시행이 무기 연기된 상황이다.

기본연금으로서 사회보험연금의 의무가입 대상자는 공공 및 민간 영역의 임금근로자이다. 자영업자는 임의가입 방식으로 제도에 참여할 수 있다. 임금근로자의 경우 본인 부담률은 임금의 4%이고, 사용자는 6%를 기여하여 합계 10%이다. 자영업자는 신고소득의 10%를 부담하도록 되어 있다.

도미니카 공화국

도미니카 공화국은 0층 공공부조 연금과 3층 강제가입 방식의 개인연금으로 구성된 국가이다. 2001년 사회보험연금을 개인연금으로 대체하는 제도를 도입했고, 2003년부터 시행했다(SSA 2009). 칠레나 볼리비아처럼 폐지 후 대체가 아니라 사회보험연금에 관한 한 더 이상 새로운 가입자를 받지 않음으로써 자동 소멸되도록 하는 방법을 택했다.

도미니카 공화국 0층의 적용대상은 장애인, 빈곤층, 실직자, 그리고 자영업자이면서 소득수준이 법정최소임금에 미치지 못하는 구성원이다. 도미니카 공화국의 0층은 기초연금의 성격을 가지는 연금층이다.

개인연금은 부과식 확정기여 방식으로 운영된다. 도미니카 공화국의 개인연금은 아직 완벽하게 시행하지 못하고 있다. 민간영역 근로자에게만 강제가입으로 시행되고 있고, 자영업자는 적용 대상에서 제외되어 있다. 자영업자는 정부에서 일부 제정을 지원하는 방식으로 도입될 예정이지만 아직 시행되지는 못하고 있다.

개인연금이 적용되는 민간영역 근로자의 경우 본인 부담률은 2.87%이고, 사용자 부담률은 7.1%이다. 합계 부담률 9.97% 중에서 8%는 개인연금 기금으로 활용되고, 0.4%는 최소확정연금(minimum guaranteed old-age pension)에 활용된다. 나머지는 관리비로 사용된다.

엘살바도르

엘살바도르는 1998년부터 사회보험연금에서 개인연금으로 대체했다. 도미니카 공화국처럼 사회보험연금은 자동적으로 소멸되는 과정에 있다. 현재 엘살바도르는 0층 공공부조 연금과 1층 사회보험연금을 대체한 강제가입 방식의 개인연금으로 구성된 국가이다(OECD/IDB/The World Bank 2014a). 내용적으로 칠레 모형과 유사한 구조를 가지고 있다.

엘살바도르에는 0층 연금으로서 연금에 가입되지 않았거나 가입했더라도 기간 미달로 연금급여 대상에서 제외된 가입자를 위해 제공되는 확정최소연금(guaranteed minimum pension)이 있다. 기초연금과 유사한 성격을 가진다.

적립식 확정기여 방식의 강제가입 개인연금 적용대상은 사회보험에 남아 있지 않은 모든 임금근로자이다. 자영업자는 임의가입 대상자에 포함된다. 개인연금의 본인 부담은 임금의 6.25%이고, 사용자 부담률은

4.05%이다. 기여 합계는 10.3%이다. 사용자는 여기에 최고 2.7%의 장애 및 유족연금을 위한 보험료 2.7%를 추가로 부담한다. 이것까지 합치면 13%이다. 임의가입 적용대상에 해당되는 자영업자의 경우 신고소득의 13%가 연금 부담률이다. 여기에서 2.7%는 장애 및 유족연금 기금으로 전환된다.

온두라스

온두라스는 사회보험연금으로 구성된 단층연금 국가로(Mesa-Lago, 2009), 개인연금을 도입하지 못한 국가 중 하나이다. 2005년에 0층 기초연금, 3층 강제가입 개인연금, 그리고 또 다른 3층 임의가입 개인연금을 포함하는 중층연금 도입을 시도했으나 제도 도입에는 성공을 거두지 못했다(SwissLife 2013).

온두라스의 사회보험연금은 공공영역과 민간영역의 임금근로자를 대상으로 한다. 2009년 현재까지 자영업자는 포함되지 않고 있지만 그 적용대상을 넓혀나가고 있다. 사회보험료에 대한 근로자의 기여수준은 1%이고 사용자의 기여수준은 2%이다. 여기에 정부가 0.5%를 부담한다. 정부가 사용자의 입장에 있는 공공근로자에 대해서는 사용자 기여분 2%도 정부가 책임을 진다.

자메이카

자메이카는 1층 사회보험연금, 2층 퇴직연금, 3층 개인연금으로 구성된 중층연금 국가이다(IOPS 2009). 공적연금과 사적연금이 결합된 방식의 연금을 운영하고 있다. 사적연금으로서 2층과 3층이 모두 임의가입 방식이어서 불완전하기는 하지만 그래도 중남미에서는 보기 드물게 중층구조의 틀을 갖춘 국가이다.

공적연금인 사회보험연금의 적용대상은 임금근로자와 자영업자를 모두 포함한다. 근로자 본인 부담률 2.5%이고 사용자 부담률도 2.5%이며 합계가 5%이다. 다른 나라의 사회보험처럼 부과식 확정급여 방식으로 운영된다.

사적연금인 2층 퇴직연금은 임의가입 방식이다. 기여수준은 10%를 초과하지 말도록 규정하고 있다. 사용자가 퇴직연금 보험료를 부담하는 것을 원칙으로 하지만 경우에 따라서는 근로자가 추가적으로 기여할 수도 있다. 보통 사용자는 5% 수준에서 기여한다. 10%까지 추가 기여도 가능하다. 2층 퇴직연금은 확정기여, 혹은 확정급여 방식으로 운영한다. 기여분에 대해서는 세제 혜택을 받을 수 있다.

사적연금인 3층 개인연금도 임의가입이다. 칠레의 원형과는 다른 방식이다. 개인연금의 대상은 자영업자와 퇴직연금의 가입대상에서 제외된 근로자이다. 연금 보험료는 자영업자나 근로자가 부담하는 것을 원칙으로 한다. 가입자 소득수준의 20%까지 부담할 수 있다. 경우에 따라서는 사용자가 일부 부담하기도 한다.

자메이카는 개인연금 중심의 국가라고는 할 수 없다. 오히려 중층연금구조를 갖춘 국가라는 편이 더 정확하다. 이 나라의 중층구조는 형식상으로는 연금 사각지대를 최소화하기 위한 구도를 갖추고 있다. 중남미에서는 보기 드문 연금구조를 가진 국가라고 할 수 있다. 사회보험연금은 임금근로자와 자영업자를 포함하는 기본연금이고, 퇴직연금은 임금근로자 중심이며, 개인연금은 자영업자 중심이라는 점이 그렇다.

파나마

파나마는 0층 기초연금, 1층 사회보험연금, 3층 강제가입 개인연금으로 구성된 3층 중층구조를 가지고 있다(IOPS 2010; OECD/IDB/The World Bank 2014a). 2층 강제가입 퇴직연금이 있지만 공무원을 대상으로 하기 때문에 특수직 연금에 해당되며 보편적으로 적용되지 않는다(IOPS 2011).

파나마는 1층 사회보험연금 내에 순수한 사회보험과 개인연금 계좌를 연계하여 운영하고 있다. 명목확정기여연금에서 이 두 계좌를 연계하여 운영하는 방식과 유사하다. 따라서 파나마는 일종의 명목확정기여 방식의 연금을 운영하고 있다고 할 수 있다.

1층 사회보험연금의 적용대상은 공무원을 포함한 공공영역 근로자와 민간영역 근로자이다. 일부 자영업자도 적용대상이지만 대부분의 자영업자는 제외된다. 부담률은 근로자의 소득수준에 따라 다르다. 일정소득 수준 이하 그룹은 기본연금에 해당되는 보험료로서 임금의 9.25%와 사용자 부담 4.25%를 포함하여 합계 13.5%이다.

일정소득 수준 이상인 경우 본인 부담 9.25%를 공적연금에 기여하고, 추가로 8.16%를 납부하여 개인계좌에서 관리한다. 여기에 1%를 추가로 부담하여 장애연금 등에 활용하고, 0.0875%를 더 추가하여 기초연금 등에 활용한다. 사용자는 이 그룹에게도 4.25%를 부담하여 개인계좌에 납입한다. 따라서 일정소득수준 이상인 경우 개인계좌에서 관리하는 부담률은 21.41%이다.

자영업자의 부담률도 임금근로자처럼 일정소득 수준 이하일 경우에는 본인이 신고소득의 13.5%를 부담한다. 그러나 일정수준 이상일 경우에는 공적연금 보험료 13.5%, 개인계좌에 12.41%를 붓는다. 임금근로자처럼 여기에 1%를 추가로 부담하여 장애연금 등에 활용하고, 0.0875%를 더 추가하여 기초연금 등에 활용한다.

파나마는 구조적으로 볼 때 중남미 어떤 국가보다 바람직한 연금제도를 갖추고 있다. 공적연금으로서 사회보험연금뿐만 아니라, 사적연금으로서 강제가입 방식의 개인연금이 운영되고 있다. 보충적 연금인 기업 단위의 퇴직연금이나, 개인 단위의 개인연금도 운영하고 있다. 이 사적연금은 적립식 확정기여 방식으로 운영된다. 임의가입 방식이다.

코스타리카

코스타리카는 0층 빈곤층이나 저소득층을 위한 무갹출 연금, 1층 사회보험, 3층 개인연금을 운영한다. 3층 개인연금은 강제가입 방식과 임의가입 방식 두 가지로 운영된다(IOPS 2011; OECD/IDB/The World Bank 2014a). 사회보험이 기본연금이고 개인연금은 보충적 연금의 역할을 한다.

사회보험 적용대상은 공공 및 민간 영역의 임금근로자와 자영업자이다. 사회보험은 임금근로자의 경우 정부, 기업, 개인이 공동으로 기여한다. 임금근로자의 기여수준은 2010년을 기준으로 2.67%, 사용자는 4.92%로 합계가 7.59%이다. 자영업자는 본인이 신고소득의 7.59%를 기여한다. 임금근로자뿐만 아니라 자영업자에 대해서도 정부는 0.41%를 기여한다. 따라서 기여 합계는 8.0%이다.

강제가입 방식의 개인연금은 적립식 확정기여 방식으로 운영된다. 적용대상은 공공 및 민간 영역 근로자이다. 개인연금의 본인 부담은 임금의 1%이고, 사용자가 3.25%를 부담한다. 자영업자는 개인연금 가입 대상이 아니다. 코스타리카의 강제가입 방식의 개인연금은 사용자 부담률이 높고, 자영업자가 적용대상에서 제외되어 있다는 점에서 보면 퇴직연금의 성격을 가진 연금이라고 할 수 있다.

코스타리카는 임의가입 방식의 개인연금을 추가적으로 운영한다. 자영업자도 이 연금에 가입할 수 있는 여백을 마련하고 있다. 기여는 정기적으로 할 수 있고 비정기적인 방식으로도 적립할 수 있다(IOPS 2011).

멕시코

멕시코는 중미의 유일한 OECD 회원국이다. 파나마와 함께 중미에서 개인연금을 가장 먼저 도입한 국가 중 하나이다. 1997년 연금개혁을 실시하여 사회보험 방식의 공적연금을 폐지하고 강제가입 방식의 개인연금을 도입하였다. 일종의 칠레 모형을 활용하였다. 멕시코는 또한 스웨덴의 명목확정기여 방식도 일부 차용하는 방식을 취했다.

멕시코는 0층 고정급여 방식으로 제공되는 기초연금과 3층 개인연금을 운영하는 국가이다. 강제가입 방식의 개인연금에 보충적 연금으로 임의가입 방식의 개인연금도 운영하고 있다. 멕시코는 0층과 기본연금인 3층, 보충적 연금인 3층을 운영하는 중층연금 국가이다(OECD 2008).

3층 임의가입 방식의 개인연금은 자영업자가 대상이다. 향후 2016년 이후에는 이 연금층도 강제가입 방식으로 전환될 예정이다(Calvo, Bertranou, and Bertranou 2010). 이렇게 되면 연금 사각지대에 놓여 있는 자영업자의 문제를 해결할 수 있는 길이 마련된다.

멕시코는 암묵적 명목확정기여(implicit NDC) 방식을 활용한다. 임금의 5%를 적립식 확정기여로 운영되는 개인계좌에서 관리한다. 이 5%는 사용자가 기여하는 부분이다. 이 기금은 INFONAVIT로 지칭되는 주택구입기금에서 관리한다. 최소임금 변동율을 기초로 조정되는 방식으로 관리한다. 개인계좌를 가지고 있는 연금가입자는 주택구입에 활용할 수 있고, 퇴직 후에 연금으로 받을 수도 있다(CISS 2005).

쿠 바

개인연금이 중남미를 휩쓸었음에도 불구하고 쿠바는 연금개혁을 실시하지 않은 국가이다. 개인연금 역시 도입되지 않았다. 사회보험 방식의 공적연금만 운영되고 있고, 사적연금은 없다(Mesa-Lago 2009).

쿠바는 1964년에 공공부조 연금을 도입했다. 2008년에 사회보험 방식의 연금을 도입하여 현재 0층과 1층을 운영하고 있다. 사회보험의 적용대상은 임금근로자와 자영업자이다(SSA 2010). 임금근로자의 경우 본인부담은 없고, 사용자가 총임금의 14%를 부담한다. 자영업자는 신고소득의 10%를 부담하는 것으로 정해져 있지만 예술 종사자의 경우 12%를 부담하는 경우도 있다.

아이티

아이티도 쿠바와 비슷한 상황이다. 중남미의 많은 국가들과는 달리 개인연금 방식의 연금개혁을 실시하지 않아 공적연금만 있고, 사적연금은 없다. 기본연금만 있을 뿐이고 보충적 연금은 없다(Mesa-Lago 2009).

아이티는 1965년에 사회보험연금을 도입했다. 연금에 관한 한 공적연금으로서 사회보험 방식인 1층만을 운영하고 있다. 사회보험의 적용대상은 임금근로자이고, 자영업자는 제외된다(SSA 2010). 임금근로자의 경우 본인 부담은 6%이고, 사용자도 6%이다. 연금급여 수준은 마지막 10년 평균임금의 33%이다. 소득대체율이 33%인 셈이다.

4. 개인연금, 동유럽에서 보충적 연금으로 정착한다

동유럽 국가는 동유럽 국가와 남동유럽 국가를 통칭한다. 동유럽 국가는 리투아니아, 라트비아, 에스토니아, 벨라루스, 우크라이나, 몰도바가 있고, 남동유럽 국가로는 루마니아, 불가리아, 세르비아, 크로아티아, 슬로베니아, 마케도니아, 몬테네그로, 알바니아가 있다.

개인연금이 동유럽에 상륙하면서 칠레의 원형이 퇴색되는 현상을 보였다. 칠레의 원형은 사회보험연금을 대체하는 방식의 개인연금이었다. 그래도 이 원형은 중미에서는 살아있었다. 그러나 동유럽으로 건너오면서 사회보험을 대체하는 방식보다는 사회보험을 보완하는 방식으로 방향을 선회하기 시작했다.

동유럽 국가에서 과반이 넘는 8개 국가(벨라루스, 우크라이나, 몰도바, 불가리아, 슬로베니아, 마케도니아, 몬테네그로, 알바니아)가 개인연금제도를 도입했거나 도입을 시도했다. 이중에서 마케도니아와 불가리아만 개인연금이 운영되는 상태이고, 몬테네그로, 슬로베니아, 알바니아, 우크라이나의 경우 제도도입은 되었으나 시행되지 않고 있거나 활성화되어 있지 않은 상태이다. 몰도바와 벨라루스는 제도 도입을 시도한 적이 있는 국가로 분류된다.

마케도니아와 불가리아는 중층구조이고, 개인연금이 강제가입이면서도 사회보험연금의 보충적 연금으로서 역할을 한다. 마케도니아는 임금근로자의 경우 사용자만 부담하지만 불가리아는 사용자・근로자 공공부담이다. 불가리아의 특기사항은 임의가입 형식의 개인연금이 추가되어 있다는 점이다.

슬로베니아는 3층 개인연금이 도입되었으나 임의가입으로 비활성화

〈표 5-3〉 동유럽국가의 개인연금 비교

지역	국가	중층 구조	대체/선택*	개인연금 적용대상	기여
동유럽	마케도니아*	0, 1, 2, 3층	보완	임금근로자 · 자영업자	임금근로자(사용자 21.2%), 자영업자 (본인 21.2%)
	몬테네그로*	1, 3, 3층	보완/ 시행연기	강제/임의 두 가지 도입	
	불가리아	0, 1, 3, 3층	보완	임금근로자 · 자영업자 강제	사용자 2.8%, 근로자 2.2%, 자영업자 본인 5%
	슬로베니아*	0, 1, 2, 3층	보완/ 비활성화	임금근로자 · 자영업자 임의	비활성화
	알바니아	1, 2, 3층	보완/ 비활성화	임의	개인 임의
	몰도바**	0, 1층	-	-	-
	벨라루스**	0, 1층	-	-	-
	우크라이나**	0, 1, 3층	보완/ 시행연기	임금근로자 · 자영업자 강제	사용자 33.2%, 근로자 2~5%(자영업자 최저임금의 33.2%) 중 일부로 개인연금 운영 예정

* 세르비아, 크로아티아와 함께 구 유고의 일원이었던 국가.
** 구소련의 일원이었던 동유럽 국가.

상태이다. 알바니아는 사회보험연금의 보충적 연금으로서 임의가입 개인연금이 도입된 상태로, 개인연금 중심의 전면적 연금개혁이 되지 않은 국가이다.

우크라이나와 몬테네그로는 공적연금과 연계하여 운영하기 위한 강제가입 개인연금을 도입하였으나 개인연금은 시행 연기된 상태이다. 우크라이나에서는 임의가입 개인연금만 운영되고 있지만, 몬테네그로에서는 임의가입 개인연금은 시행되지 않고 있다.

불가리아

불가리아의 연금구조는 0층 최소연금, 1층 공적연금, 3층 강제가입 개인연금, 그리고 3층 임의가입 개인연금 또는 퇴직연금으로 구성된 4층 중층구조이다(Baldacci, Marano, and Mattina 2010). 개인연금은 강제가입임에도 불구하고 중남미에서처럼 공적연금을 대체하거나 선택하는 방식이 아니라 공적연금을 보완하는 보충적 연금 방식으로 활용하고 있다.

불가리아에서 0층은 국가에서 재정을 지원하는 무갹출 방식의 연금이다. 1층은 사회보험으로서 부과식 확정급여로 운영되는 공적연금이다. 1층의 적용대상은 임금근로자뿐만 아니라 자영업자도 포함된다. 공적연금에 대한 기여는 11%이다. 임금근로자는 개인 부담 4.9%, 사용자 부담 6.1%이다. 자영업자는 11% 모두 개인이 부담한다. 다만 1959년 이전 출생자의 경우 기여수준은 16%이다. 자영업자는 전액 본인이 부담하고, 임금근로자는 본인 7.1%, 사용자 8.9%를 부담한다(SSA 2010). 공적연금의 연금급여는 스위스 모형을 활용하여 해마다 조정된다. 인플레이션과 명목임금상승분을 반영하는 방식이다(Neykov and Salchev 2012).

3층 개인연금은 적립식 확정기여 방식으로 운영된다. 적용대상은 1층 공적연금처럼 임금근로자와 자영업자이다. 강제가입 방식을 취하고 있다. 중남미 국가처럼 공적연금을 대체하거나 둘 중 하나를 선택하는 방식이 아니라 공적연금을 보충하는 방식으로 개인연금을 도입한 것이 특징이다. 개인연금에 대한 기여수준은 5%이다. 자영업자는 전액을 본인이 부담하고, 임금근로자는 본인이 2.2%, 사용자가 2.8%를 부담한다.

불가리아에서 공적연금과 개인연금의 총 기여수준은 16%이다. 단 1959년 이전 출생자의 경우 공적연금의 기여수준이 높아 21%이다. 1959년 이전 출생자가 퇴직을 하게 되면 16%로 정리가 되는 방식을 취하고 있다.

3층 개인연금은 적립식 확정기여 방식으로 운영된다. 15세 이상 시민이면 참여 가능하다. 기여수준도 자유롭게 결정할 수 있지만 소득의 10% 수준에서 세금공제가 가능하다는 점이 하나의 기준으로 제시되어 있다(Neykov and Salchev 2012).

알바니아

알바니아의 연금구조는 1층 사회보험연금, 2층 퇴직연금, 3층 개인연금으로 구성된 중층구조이다. 2층 퇴직연금과 3층 개인연금은 보충적 연금으로 도입되기는 하였지만 모두 임의가입 방식이어서 역할이 제한적이다. 중남미 국가와 달리 알바니아 역시 개인연금을 보충적 연금의 한 유형으로 활용하고 있다.

공적연금으로서 사회보험연금은 부과식 확정급여 방식으로 운영된다. 적용대상은 임금근로자와 자영업자이다. 1993년에 도입되었다. 기여는 사용자 부담 12.8%, 근로자 부담 8.8%로 합계는 21.6%이다. 자영업자는 월 최저임금의 23%를 기여해야 한다(SSA 2010).

임의가입 방식의 개인연금과 퇴직연금은 1993년에 도입되었다(Stinga, Duka, and Stinga 2011). 퇴직연금의 기여수준과 방법은 근로자와 사용자의 합의에 의해 결정되는 사항이고, 개인연금에 참여하고자 할 경우에는 개인 참여자가 결정한다.

기본연금을 사회보험으로 하고 있고 임의가입으로 퇴직연금과 개인연금이 도입되기는 하였지만 보충적 연금으로서의 역할이 제한적이었다. 알바니아는 개인연금을 도입하는 수준의 전면적인 연금개혁이 이루어지지 않고 있는 국가이다.

우크라이나

우크라이나는 0층 공공부조 연금, 1층 국가연금, 3층 국가연금과 연계된 강제가입 개인연금, 3층 임의가입 개인연금으로 구성된 4층 구조로 되어 있다. 구소련의 일원이었던 관계로 연금의 틀은 명목확정기여 방식을 도입하기 위한 키르기스스탄과 같은 구조이다. 그러나 명목확정기여 방식으로 운영되지는 않는다.

명목확정기여 방식으로 운영하기 위해 2003년 도입한 3층 강제가입 개인연금은 시행이 연기된 상태이다(OECD 2009). 따라서 사실상 공적연금으로서 1층 사회보험연금만 운영되는 상태이다. 다만 임의가입 방식의 개인연금이 활용되고 있다.

0층 공공부조 연금은 평균임금의 20% 수준에서 제공된다. 국가연금 대상자는 임금근로자뿐 아니라 자영업자도 포함하는 전체 노동인구이다. 국가연금의 기여 합계는 임금수준의 35.2%이다. 사용자 기여분이 33.2%이고, 근로자 기여분은 2~5%이다. 근로자의 경우 소득수준에 따라 차등기여 하는 방식을 택하고 있다. 자영업자는 최저임금의 33.2%를 기여한다(SSA 2010).

이 기여 합계의 일부는 개인연금으로 전환되어 적립식 확정기여 방식으로 운영(OECD 2009)하는 것으로 되어 있지만 아직 제도가 시행되지 않고 있다. 제도의 형식은 명목확정기여연금과 유사한 구조이다.

슬로베니아

슬로베니아는 크로아티아와 세르비아와 함께 구 유고슬라비아의 일원이었다. 연금구조는 3층 중층구조이다. 0층 공공부조 연금, 1층 공적연금, 2층 퇴직연금, 3층 개인연금으로 형식만 갖추고 있을 뿐 실상은 1층 공적연금만 제 기능을 하고 있는 상태이다. 2층 퇴직연금은 공공영역 근로자에게만 적용되고 있어 적용 범위가 제한적이고, 3층 개인연금은 있다고 하더라고 활성화되지 않아 보충적 연금의 기능이 거의 없다(Dolenc 2011).

사용자 기여수준은 임금총액의 8.85%, 근로자는 15.5%이다. 기여 합계는 24.35%이다(Guardiancich 2010c). 기여 합계가 24.35%가 되지만 빈곤층이나 저소득층을 위한 0층 기초연금제도가 갖추어져 있지 않고, 공공부조 방식의 연금을 제공한다(Dolenc 2011). 슬로베니아는 사실상 공공부조와 1층 공적연금만 운영하고 있는 실정이다.

2층 퇴직연금제는 1992년에 도입되었다. 근로자 3분의 2가 합의하면 도입 가능하다. 확정기여 방식으로 연금급여가 제공된다. 현재는 공공영역 근로자만 가입대상이고 민간영역 근로자까지 확대 적용되지 않고 있다(Stanovnik, Turk, and Rupel 2012). 공공영역의 경우 사용자만 기여하도록 되어 있다. 민간영역 근로자에게 확대될 경우 사용자와 근로자가 공동 기여하는 방식으로 운영될 계획이다(Wilmington Company 2014b).

3층 개인연금도 도입되었지만 기여수준이 순임금의 0.4%에 불과하여 실효성이 없는 연금이다. 또한 활성화되어 있지도 않은 상태이다(Dolenc 2011).

슬로베니아의 연금구조는 형식적으로는 4층 중층구조이지만 2층 퇴직연금과 3층 개인연금이 활성화되어 있지 않다. 따라서 내용은 공공부조 방식의 0층과 1층으로 된 공적연금만 운영하는 국가로 분류할 수 있다.

벨라루스

구소련의 일원이었던 벨라루스의 연금은 0층 고정연금과 1층의 사회보험연금으로 구성되어 있다(SSA 2010). 퇴직연금이나 개인연금과 같은 사적연금은 도입되지 않아 중층연금구조와는 거리가 멀다. 연금개혁이 필요한 국가로 분류된다.

0층은 장애노인 등 기초생계가 어려운 계층을 위한 연금이다. 기초생계비의 25%와 평균임금의 15%를 합산한 연금을 연금가입과 무관하게 제공하는 연금이다. 0층은 고정연금 방식으로 제공된다(Chubrik, Haiduk, Pelipas, Shymanovich, and Tochitskaya 2009).

공적연금으로서 사회보험연금은 부과식 확정기여 방식으로 운영된다. 임금근로자 및 자영업자가 적용대상이다. 근로자 부담률은 임금의 1%이고, 사용자 부담률은 5~28%까지 다양하게 구성되어 있다. 연금과 산재관련 사회보험이 연계 운영되며, 업종에 따라 산재위험율이 다르기 때문에 이 같은 차등 방식을 적용하고 있다. 자영업자의 경우 신고소득의 29%를 본인이 부담해야 한다.

몰도바

구소련의 일원이었던 몰도바는 중층구조로 연금개혁이 실시되지 않은 국가이다. 벨라루스처럼 공적연금만 있고, 퇴직연금이나 개인연금과 같은 사적연금은 도입되지 않았다. 중층연금과는 거리가 멀어 연금개혁이 필요한 국가로 분류된다.

0층은 사회보험연금에 가입하지 않은 노령층을 대상으로 연금을 제공하고 있다. 1층 사회보험연금은 1998년에 도입되었다(SSA 2010). 사회보험연금 적용대상은 임금근로자, 농촌근로자, 그리고 특정 자영업자이다. 사회보험연금의 기여수준은 근로자의 경우 6%이고, 사용자의 경우 산업 영역군은 23%, 농업군은 22%이다.

마케도니아

구 유고슬라비아의 일원이었던 마케도니아는 2000년 연금개혁을 실시하여 3층 구조를 확립했다. 1층 사회보험, 2층 퇴직연금, 3층 개인연금으로 구성된다. 1층과 3층은 연계하여 운영한다. 1층의 최소연금가입기간은 15년이다(IOPS 2009).

사용자가 근로자 임금의 21.2% 수준을 부담한다. 근로자 부담은 없다. 자영업자의 경우 본인이 21.2%를 부담하여 1층 사회보험과 3층 개인연금에 활용한다. 이중에서 65%에 해당되는 13.78%는 1층 사회보험연금으로 전환되고, 나머지 7.42%는 3층 개인연금으로 전환된다. 1층 사회보험연금으로는 노령, 장애, 유족연금에 사용된다. 또한 0층 최소연금(minimum pension)의 기금으로도 활용된다.

강제가입 개인연금 적용범위는 공공 및 민간 영역 근로자, 공무원, 그리고 1층 사회보험에 가입한 자영업자들이다. 개인연금은 2003년부터 시작되었다. 개인연금으로 전환된 기금 7.42%는 보충적 연금으로 활용된다.

임의가입 사적연금은 사용자와 근로자의 합의에 의해 퇴직연금으로 가입할 수 있고, 개인이 임의가입 개인연금으로도 참여할 수 있다. 최소 가입 기간 등 구체적인 연금계획은 선택 사항으로 되어 있다.

몬테네그로

구 유고슬라비아의 일원이었던 몬테네그로는 2004년에 연금개혁을 실시하여 1층 사회보험연금, 3층 강제가입 개인연금, 3층 임의가입 개인연금으로 구성된 중층연금구조를 운영하기로 결정했다. 그러나 3층 강제가입 개인연금은 시행이 지연되고 있고(Šonje 2011), 임의가입 개인연금은 시행되지 않고 있어 형식은 중층구조이지만 내용은 공적연금만 운영되는 국가이다.

1층 사회보험의 적용대상은 공공 및 민간 영역의 임금근로자, 자영업자, 농업 근로자이다. 부과식 확정급여 방식으로 운영된다. 근로자는 임금총액의 15%를 기여하고, 사용자는 5.5%를 기여한다. 기여 합계는 20.5%이다.

3층 임의가입 개인연금은 2006년에 도입되었다. 원하는 개인은 참여할 수 있는 길을 열어놓고 있다. 임의가입 개인연금은 현재 시행되고 있다(Bartlett and Xhumari 2007).

5. 중앙아시아 · 아프리카 개인연금, 남미식으로 회귀한다

중앙아시아 국가는 아르메니아, 아제르바이잔, 조지아, 카자흐스탄, 키르기스스탄, 투르크메니스탄, 우즈베키스탄과 같은 7개 국가이다. 모두 구소련의 일원이었다. 몽고는 구소련의 일원이 아니었지만 여기에 포함시켜 논하기로 한다.

지리적으로 동유럽에 속해 있으면서 구소련의 일원이었던 국가들보다

연금개혁이 실시된 국가가 많으며, 도입한 연금모형도 다양하고, 명목확정기여연금을 도입한 국가가 상대적으로 많다는 것이 특징이었다. 그러나 이 중에서 투르크메니스탄은 연금개혁이 실시되지 않은 국가이다.

카자흐스탄(구소련)은 사회보험을 개인연금으로 대체하는 방식으로 연금개혁을 실시한 국가이다. 남미의 칠레 모형보다는 도미니카 공화국이

〈표 5-4〉 중앙아시아의 개인연금 도입의 다양성

지역	국가	중층 구조	대체/선택*	개인연금 적용대상	기여
중앙 아시아 (구소련)	아르메니아	0, 1, 3, 3층	1층과 공동 기본연금	근로자·사용자, 자영업자	근로자(10%)와 국가(5%) 공공부담
	아제르바이잔	0, 1, 3층	보완/ NDC	NDC의 보완	
	몽고	0, 1, 2, 3층	보완/ NDC	NDC의 보완 (강제)/임의가입도 도입	
	우즈베키스탄	0, 1, 3, 3층	보완	사회보험 보완 (강제)/임의가입도 도입	사회보험은 사용자 23.5%, 근로자 2.5%, 정부/강제가입 개인연금은 임금 1%
	조지아	0, 1, 3층	보완/ 비활성화	-	사회보험연금도 개인기여만 있고 정부기여는 없음
	카자흐스탄	0, 3, 3층	점진적 대체	임금근로자·자영업자/ 강제가입	자영업자 10%, 임금근로자 10%
	키르기스스탄	0, 1, 3층	보완/ NDC	NDC의 보완(강제)	기여 합계 27.25% 중에서 2%로 운영
	투르크메니스탄	0, 1층	-	-	-
아프리카	나이제리아	3층	대체	임금근로자	임금근로자(사용자 7.5%, 근로자 7.5%)/ 군인(군 12.5%, 개인 2.5%)
	이집트	0, 1, 3층	완전	기본	사용자, 근로자, 정부

나 엘살바도르처럼 사회보험연금의 점진적 폐지 및 개인연금으로의 대체 방식을 선택했다.

몽고와 구소련의 일원이었던 아제르바이잔과 키르기스스탄은 독립된 연금층으로서 개인연금을 도입하지 않고, 명목확정기여연금의 한 축으로서 강제가입 개인연금을 도입하였다. 이 세 국가에서의 기본연금은 명목확정기여연금이다.

아르메니아(구소련)와 우즈베키스탄(구소련)은 0층과 1층, 그리고 강제가입 개인연금과 임의가입 개인연금을 동시에 운영하고 있다. 아르메니아에서 개인연금은 사회보험연금의 보완관계 이상의 의미이다. 공동기본연금이라고 할 정도로 비중이 있다. 개인연금 재정의 일부를 국가에서 기여하고 있다. 우즈베키스탄에서 개인연금은 사회보험연금에 대한 보완 이상의 의미는 없다.

조지아는 임의가입 개인연금을 도입하였으나 활성화되지 않은 상태이다. 연금개혁이 필요한 국가로 분류할 수 있다. 사회보험연금 재정도 개인 기여만 있고, 사용자나 정부 기여는 없다.

몽 고

몽고는 제도적으로는 0층, 1층, 2층 그리고 3층을 갖춘 국가이다. 1994년에 부과식 확정급여 방식의 사회보험을 도입했다. 1999년에 제도 도입을 한 후 2000년에 1층 사회보험연금을 명목확정기여 방식으로 전환했다.

임금의 19%가 기여 합계이며, 모두 명목계좌에 적립된다. 개인계좌에 적립되어 확정기여 방식으로 운영되는 부분은 사실상 없다(CISS 2005). 다만 형식상으로는 임의가입 방식의 개인계좌가 있으며 이 계좌는 명목계좌와 연계 운영되도록 설계되어 있다. 몽고의 구체적 연금구조는 '명목확정기여'에서 논의한다.

아르메니아

구소련의 일원이었던 아르메니아 연금은 4층 구조로 되어 있다. 0층 사회적 연금, 1층 국가연금, 3층 강제가입 개인연금, 3층 임의가입 개인연금으로 구성된다(USAID 2012). 국가연금과 개인연금이 기본연금의 역할을 하며(Yeritsyan 2011), 개인연금을 강제가입과 임의가입으로 나누어 관리하고 있다.

0층 사회적 연금은 65세 이상의 주민에게 제공되는 연금으로 아르메니아 평균임금의 10% 선에서 지급되는 연금이다. 1층 국가연금은 기여금을 근거로 운영하지만 소득에 따른 차등급여가 제공되지 않는다. 10년 이상 가입한 경우 고정급여를 받는다. 고정급여에 보너스 급여를 제공함으로써 소득연계 장치를 활용하고 있다(SSA 2010). 급여수준은 기초생계를 유지할 수 있는 수준이다. 영국식 국가보험 방식을 도입하였다(Susanna et al. 2011).

1층 국가연금의 경우 근로자는 기본임금의 3%를 기여한다. 자영업자는 소득에 따라 5%에서 15%까지 차등 방식으로 기여한다. 사용자의 경우 기본임금의 5%에서 15%까지 차등적으로 기여한다(SSA 2010).

3층은 강제가입 개인연금으로 2014년부터 운영되고 있다. 근로자가 10%를 기여하고 국가가 5%를 기여한다. 이중에서 10%는 개인의 연금계좌에서 관리한다. 임의가입도 가능한데, 이 경우 5%는 연금계좌에서 관리한다(Yeritsyan 2011). 2014년 1월부터는 근로자 임금의 5%를 개인계좌에서 관리하는 방식으로 운영된다. 3층 임의가입 방식의 개인연금은

2011년부터 시행되고 있다.

아제르바이잔

아제르바이잔의 연금구조는 0층 공공부조연금, 1층 명목확정기여연금, 3층 개인연금으로 구성되어 있다. 개인연금은 2001년에 도입되어 있지만 실질적으로는 운영되지 않고 있는 상황이다. 따라서 아제르바이잔에는 1층 명목확정기여연금만 도입되어 있다고 말할 수 있다. 아제르바이잔의 구체적 연금구조는 '명목확정기여연금'에서 논의한다.

우즈베키스탄

우즈베키스탄은 구소련의 연금체계를 사용하다가 2005년 연금개혁을 실시하여 1층 사회보험연금과 3층 개인연금을 도입했다. 공적연금과 사적연금이 보완적으로 운영되는 중층구조를 갖춘 국가이다. 우즈베키스탄은 0층의 기능을 하는 연금도 갖추고 있다(Pfau and Khasanbaev 2009). 1층이나 3층의 연금가입 대상이 아닌 그룹이 60세 정년에 이르면 기초연금이 제공된다(SSA 2010b).

1층 사회보험연금은 부과식 확정급여 방식이다. 사회보험연금재정은 사용자, 근로자, 정부가 공동 부담한다. 사용자는 근로자 과세소득의 23.5%, 근로자는 2.5%, 정부는 총판매세의 0.7% 수준에서 재정부담을 한다. 비율로 보면 기여 합계에서 사용자 부담은 77%, 근로자 부담은 8.8%, 정부 부담은 14.2%이다.

우즈베키스탄에서는 고용인구의 50%가 1층 사회보험연금에 참여하고 있는 것으로 파악되고 있다(Pfau and Khasanbaev 2009). 1층 연금급여는 소득연계 방식으로 제공된다.

2층 개인연금은 적립식 확정기여 방식으로 운영된다. 기여수준은 근로자에 한하며 임금의 1%이다. 사회보험 참여자는 의무적으로 개인연금에 가입해야 한다. 자영업자, 농어민, 그리고 임금근로자이지만 사업장 규모가 적어 사회보험의 자격조건이 되지 않는 근로자의 경우에는 임의가입 방식으로 개인연금에 가입할 수 있다. 그러나 임의가입이 활성화되어 있지 않아 현재 그 비율은 매우 저조한 것으로 파악되고 있다(Pfau and Khasanbaev 2009).

조지아

구소련의 일원이었던 조지아의 연금구조는 1층 사회보험연금과 3층 개인연금으로 구성된 중층구조이다. 구소련의 사회보험 방식 연금체제를 유지하다가 2003년에 현행 2층 구조로 전환했다(Gadbury and Schou-Zilbell 2011). 정부예산으로 지원하는 0층 공공부조 방식의 연금도 제공된다(SSA 2010a).

0층은 기초생계 유지 수준의 급여가 정부예산으로 제공된다. 1층은 부과식 확정급여 방식으로 운영되는 소득연계 사회보험 방식의 연금이다. 임금근로자와 자영업자 모두 참여 가능하다. 사용자의 기여는 없고 근로자 및 자영업자 과세소득의 25%를 사회 보험료로 기여한다(SSA 2010a).

2층 퇴직연금의 역할을 하는 연금층과 3층 개인연금의 역할을 하는 연금층이 도입되기는 하였으나, 두 연금층 모두 활성화되지는 않고 있다(Gadbury and Schou-Zilbell 2011). 따라서 형식은 중층연금이지만 내용은 공적연금만 운영되는 국가로 분류된다.

카자흐스탄

카자흐스탄은 세계은행의 권고로 1998년에 개인연금을 도입했다. 1층 사회보험연금을 3층 개인연금으로 전환했으며, 사회보험연금은 점진적으로 소멸하는 방법을 선택했다. 0층 공공부조, 소멸 예정인 1층 국가연금, 3층 강제가입 개인연금, 3층 임의가입 개인연금으로 구성되어 있다(Hinz, Aviniene, and Vilamovska 2005; SSA 2010).

카자흐스탄은 미래지향적 관점에서 보면 0, 3, 3층을 운영하는 국가로서 중층구조를 갖춘 국가라고 할 수 있다. 남미식 개인연금과 유사한 방식을 채택하고 있다는 점이 다른 중앙아시아 국가들과 구분된다.

0층은 1층과 연계하여 운영한다. 1층 연금을 받아도 최저생계비 수준 이하이거나 연금급여의 대상이 아닌 노인을 대상으로 기초생계를 보장하기 위한 연금이다.

1층은 국가연금으로서 사회보험연금이다. 급여는 소비자물가지수에 연동시켜 조정된다. 1층 국가연금은 0층의 역할도 한다. 개인연금이 도입되기 전에는 기본연금의 역할을 했다. 연금재정에는 개인 부담은 없고, 사용자만 임금의 18%를 부담한다. 자영업자는 본인이 소득의 18%를 부담해야 한다.

사용자는 근로자 임금의 5%를 추가적으로 부담하고 있는데 이 추가 부분을 카자스흐탄에서는 사회보험이라고 칭하고 있다. 기금은 장애 및 유족연금과 실업연금에 사용된다(SSA 2010).

3층 강제가입 개인연금은 사회보험연금을 대체한 기본연금이다. 적용대상은 임금근로자와 자영업자이다. 적립식 확정기여 방식으로 관리한다. 임금수준의 10%를 개인계좌에서 관리하는 방식의 연금관리를 한다. 사용자 부담은 없다. 자영업자도 소득의 10%를 부담한다. 정부는 확정최소연금(guaranteed minimum pension)의 재정만 부담한다. 3층 강제가입 방식의 개인연금이 기본연금의 역할을 한다.

키르기스스탄

키르기스스탄의 연금은 0층 공공부조연금, 1층 명목확정기여연금, 3층의 강제가입 방식의 개인연금으로 된 3층 구조이다. 1층과 3층은 연계하여 운영한다. 1997년에 명목확정기여연금을 도입했고, 2008년에 개인연금을 도입했다(ILO. 2010).

1층 명목확정기여연금의 가입대상은 임금근로자와 자영업자를 모두 포함한다. 임금근로자의 경우 본인은 임금의 10%를 기여하고, 사용자는 17.25%를 기여하여, 기여 합계는 27.25%이다. 자영업자는 월평균 수입의 9.25%를 매월 기여한다. 1층 관리를 위해 명목계좌를 운영한다. 평균수명, 가입기간 등을 활용하여 연금급여를 산정하는 방식을 도입하고 있다(Falkingham and Vlachantoni 2010).

3층의 개인연금은 강제가입 방식이다. 이 연금의 일반적 운영방식처럼 적립식 확정기여 방식으로 관리한다. 명목확정기여연금의 재정을 위해 기여한 총액 27.25% 중에서 2%는 개인연금의 재정으로 전환한다. 구체적 연금구조는 '명목확정기여연금'에서 논의하기로 한다.

투르크메니스탄

구소련의 일원이었던 투르크메니스탄은 0층 공공부조와 1층 사회보험연금이 운영되는 국가이다. 연금개혁이 실시되지 않은 국가이다. 공적연금만 운영되고 있기 때문에 사적연금층을 보완하는 방식의 연금개혁이 필요하다.

2007년에 사회보장체계가 도입된 국가이다. 사회보험연금이 운영되고 있으며, 적용대상은 임금근로자와 자영업자이다. 임금근로자의 경우 사용자 부담은 임금의 20%이고, 개인 부담은 1%이다. 자영업자도 소득의 1%를 기여하는 방법으로 운영된다.

나이제리아

나이제리아는 아프리카 국가이다. 대부분의 아프리카 국가가 그렇듯이 준비기금 연금을 도입하여 활용한 국가이다. 개인연금도 동시에 활용하고 있기 때문에 여기에서 논의하기로 한다.

나이제리아는 1961년에 준비기금을 도입한 이후 다양한 공적연금과 사적연금이 난립한 상태로 유지되고 있다. 1979년 도입된 공공영역 근로자 연금이 있다. 이 연금은 부과식 확정급여 방식으로 운영된다. 1993년에 민간영역 근로자를 대상으로 도입된 부과식 확정급여 연금이 있었다. 또 민간영역 및 다국적 회사에서 근로자를 대상으로 하는 후불이윤배당(deferred profit sharing) 방식의 연금계획도 있었다.

2004년에 연금개혁을 실시함으로써 전면적으로 강제가입 개인연금제도를 도입하였다. 연금개혁을 실시하였지만 나이제리아에서는 중층구조라기보다는 개인연금 단층구조로 설계되었다(SSA 2010). 개인연금은 사적연금이기 때문에 공적연금이 없는 상태라고 할 수 있다.

임금근로자를 대상으로 개인퇴직연금(personal retirement account: PRA)을 실시하고 있다. 기여 합계는 근로자의 본봉(basic salary)의 15%인데 민간영역 임금근로자인 경우 사용자와 근로자가 7.5%씩 균등분담한다. 군인인 경우에는 본인이 2.5%, 군에서 12.5%를 부담하는 구조로 되어 있다.

이집트

이집트는 명목확정기여연금의 한 축으로 개인연금을 운영하고 있다. 2012년에 연금개혁을 실시하여 사회보험연금을 명목확정기여 방식으로 전환했다. 더불어 공적연금과 연계하여 운영하는 적립식 확정기여 방식의 개인연금제도를 도입하였다(Maait, Mohamed, and Gustavo Demarco 2012). 연금은 0층 공공부조 연금, 임금근로자를 대상으로 하는 1층 사회보험, 그리고 3층으로 구성된다.

1층 공적연금은 명목확정기여연금이기 때문에 명목계좌가 개설될 뿐만 아니라, 물가나 평균수명 등을 반영하여 최종 연금급여가 결정되는 자동조절기재도 함께 도입하여 시행하고 있다. 이집트 연금구조에 대한 구체적인 내용은 '명목확정기여연금'에서 논의한다.

제6장

퇴직연금 중심의 중층연금

제6장 퇴직연금 중심의 중층연금

1. 퇴직연금 도입국가도 다양하다

퇴직연금은 서유럽, 북미와 호주 및 뉴질랜드, 아시아, 그리고 아프리카로 전파된 연금제도이다. 개인연금처럼 사적연금이지만 기본연금으로서 역할을 하지 못하고, 도입 국가 대부분에서 보충적 연금으로 역할을 한다. 그러나 안정적인 사회보장제도를 가진 국가에서는 빠짐없이 갖추고 있다.

연금의 역사가 사용자의 퇴직일시금에서 비롯되었다는 관점에서 본다면 스위스가 그 기원이라고 말할 수는 없다. 그러나 고령 사회에 직면한 유럽 국가에서 연금개혁이 최대의 정책문제로 떠오르자 1980년대에 사회보험연금 문제를 해결할 수 있는 대안 차원에서 퇴직연금을 처음으로 도입한 나라는 스위스였다. 스위스는 강제가입 방식의 퇴직연금을 활용함으로써 연금의 지속가능성을 확보하는 데 성공을 거두었다. 따라서 중층연금의 한 층으로서 퇴직연금의 기원은 스위스로 삼고 있다.

퇴직연금은 경제적으로 안정되어 있는 서유럽에서 가장 많이 확산된 사적연금이다. 임금근로자를 대상으로 하는 연금이 퇴직연금이며, 임금근로자가 경제활동인구의 중추적 역할을 하는 사회는 경제적으로 안정되어 있기 때문이다. 경제활동인구 중에서 자영업자의 비중이 적은 사회를 경제적으로 안정된 사회로 분류하기도 한다.

퇴직연금은 개인연금처럼 급속히 확산되는 모습을 보여주지는 않았다. 재미있는 것은, 퇴직연금을 도입한 국가들은 모두 0층에서부터 3층에 이르기는 4층 중층구조였다는 점이다. 대체로 공적연금은 자산조사에 의한 고정연금과 소득연계연금을 동시에 갖추고 있고, 사적연금으로는 퇴직연금 이외에 개인연금도 도입하여 활용하고 있다. 그만큼 안정된 국가에서 퇴직연금을 도입하여 연금의 지속가능성을 높이는 역할을 했다고 할 수 있다.

퇴직연금은 서유럽의 전통을 이어받는 북미와 오세아니아주의 호주 및 뉴질랜드에서도 활용하고 있다. 미국에서는 401(k)라는 이름으로 알려진 연금으로서 다른 나라의 퇴직연금 모형으로도 활용되고 있다. 호주와 뉴질랜드에서는 1층 보편적 연금이 0층의 자산조사에 의한 고정연금을 대체하는 방식을 취하고 있다. 영국식 국가연금의 전통을 이어받은 결과라고 할 수 있다.

퇴직연금은 아시아에도 상륙하였지만 서유럽 국가들처럼 잘 짜인 틀을 찾아보기가 쉽지 않다. 서유럽처럼 동질성도 찾아보기가 용이하지 않다. 아시아 국가의 퇴직연금은 사회경제적 여건이 서로 달라서 그런지는 몰라도 나라마다 제각기 다른 모습으로 활용되고 있다. 한국, 중국, 일본, 대만은 어느 정도 역사문화를 공유하고 있음에도 불구하고 제각각이다.

중국은 도시 중심으로 연금의 틀을 만들고 있는 중이어서 특징을 말하기가 어렵고, 대만은 2층 퇴직연금을 활용하고 있지만 정부가 일정지분을 기여함으로써 공적연금의 의미가 개입되어 있다. 일본은 사적연금으로서 서유럽과 유사한 틀을 갖추고 있다. 필리핀은 0, 1, 2, 3층 제도는 있지만 활성화되지 않아 제도로서 기능을 수행하지 못하는 상황이다. 이스라엘은 한국처럼 0, 1, 2층을 갖추고 있다.

아프리카의 퇴직연금도 제각각이다. 퇴직연금을 도입한 국가로 가나, 나미비아, 잠비아, 케냐를 제시할 수 있다. 이 지역에서는 연금의 틀은 중층구조이지만 실상은 공적연금이 자리를 잡지 못하고 있어 연금운영 수준이 불안한 상태이다. 지속가능성과 적정수준의 연금급여 제공 모두 문제가 있어 보인다.

개인연금이 남미, 중미, 동유럽에 전파되면서 다양한 모습으로 진화한 반면 퇴직연금은 그런 모습을 보이지 않았다. 스위스의 퇴직연금이 서유럽 국가에 전파되면서 점수제나 명목확정기여연금과 결합하면서 진화되는 수준이었다. 그러나 아시아와 아프리카로 건너가면서 진화라기보다는 퇴화되는 듯한 모습으로 나타나기도 했다.

2. 퇴직연금, 유럽과 영미권에서 보충적 연금으로 자리잡는다

퇴직연금은 사용자가 주축이 되어 근로자에게 제공하는 연금이다. 퇴직일시금으로 제공되기도 하고, 매월 급여로 제공되기도 하며, 일시금과 급여를 조합한 방식으로 제공되기도 한다. 퇴직연금은 사용자의 재정 부담으로 퇴직근로자에게 제공되는 연금이지만 사용자와 근로자가 공동으로 기여하기도 한다.

퇴직연금이 순수하게 기본연금의 역할을 하는 국가는 없다. 그러나 사회보험연금과 상호의존적 관계를 유지하면서 준기본연금의 역할을 하는 국가는 있다. 퇴직연금의 원조라고 할 수 있는 스위스가 그 예이다. 스위스는 국가보험이 기본연금이고, 퇴직연금이 임금근로자와 자영업자 모두에게 보충적 연금 역할을 할 수 있게 하는 연금구조를 가지고 있다. 그러나 보장성이라는 점에서 보면 국가보험이 기본연금이지만, 생활연속성이라는 점에서 보면 2층 퇴직연금이 기본연금의 역할을 한다.

스위스는 국가보험의 급여는 상한제, 퇴직연금제도는 하한제를 두고 운영하는 독특한 연금제도 운영 방식을 도입하고 있다. 주목할 만한 사실은 퇴직연금에 명목확정기여와 유사한 점수제를 두고 운영한다는 점이다.

유럽에서는 스위스와 더불어 네덜란드, 독일, 벨기에, 영국, 스페인, 아이슬란드, 아일랜드, 프랑스, 핀란드와 같은 국가가 퇴직연금제도를 도입하고 있다. 모두 0층 기초연금, 1층 공적연금, 2층 퇴직연금, 3층 개인연금을 갖추고 있다. 연금층의 다양성이라는 관점에서 보면 바람직한 모습이다. 빈곤층을 위한 연금으로서 0층이 있고, 기본연금으로서 1층을 갖춘 후 보충적 연금으로서 퇴직연금을 추가한 형식이다. 여기에 개인연금까지 보충적 연금으로 구비하고 있으면 금상첨화라고 할 수 있다. 유럽 각국은 이 같은 틀을 갖추고 있다.

스페인과 핀란드의 퇴직연금 적용대상은 다른 국가에 비해 낮은 수준이었다. 양국 모두 8% 수준이었는데 핀란드의 경우 공적연금의 수준이 높기 때문에 보충적 연금에 대한 수요가 높은 편은 아니어서 참여수준이 낮은 것으로 파악되었다.

퇴직연금을 임금근로자에 대해 임의가입 방식으로 운영하는 국가는 독일, 벨기에, 스페인, 프랑스, 핀란드였다. 독일의 경우에는 임의가입임에도 불구하고 기업의 95%가 참여할 정도로 퇴직연금에 대해 적극적이었다. 그러나 핀란드와 스페인은 8% 수준에 불과하여 참여수준이 낮았다.

임금근로자에 대해 퇴직연금을 강제가입 방식으로 운영하는 국가는 스위스, 네덜란드, 아이슬란드, 그리고 아일랜드였다. 영국은 완전 강제가입은 아니지만 거부하지 않으면 가입으로 간주하는 준강제 방식을 취하고 있었다.

퇴직연금에 임금근로자뿐만 아니라 자영업자도 참여하는 국가가 있었다. 스위스, 아이슬란드, 아일랜드, 프랑스이다. 스위스와 프랑스는 임의가입 형식이었고, 아이슬란드와 아일랜드는 강제가입 형식이었다.

퇴직연금의 재정부담은 대체로 사용자와 근로자가 공동부담하고 있었다. 스위스, 벨기에, 스페인, 아이슬란드, 아일랜드, 프랑스, 핀란드가 여기에 해당되는 국가이다. 영국은 사용자와 근로자에 추가하여 국가가 일부를 분담하고 있었다. 벨기에의 경우에는 사용자만 부담하는 사례가 늘어나는 현상이 나타나고 있었다. 네덜란드와 독일은 근로자가 기여하는 것으로 이해하고 있는데, 근로자는 연금보험료에 해당되는 액수만큼 미래를 위해 지불유예를 하는 것으로 인식하고 있었다.

기여수준은 국가에 따라 달라서 스위스, 아이슬란드, 핀란드의 기여수준이 높은 편이고, 네덜란드와 영국은 비교적 낮은 편이었다. 스페인의 경우 계약에 의해 결정되며 프랑스는 다양하여 일관된 기여수준을 찾기가 용이하지 않았다.

미국의 연금구조를 보면 공적연금과 퇴직연금을 포함하는 0, 1, 2, 3층을 갖춘 유럽 형식이었다. 퇴직연금에 관한 한 근로자와 사용자가 공동으로 부담하지만 기여수준은 개인의 선택사항이라는 점에서 프랑스와 유사한 성격을 가지고 있었다.

호주와 뉴질랜드는 1층 공적연금을 0층과 구분 없이 활용하고 있었다. 미국처럼 임금근로자를 대상으로 하지만 퇴직연금은 강제가입 계획과 임의가입 계획을 동시에 운영하고 있다. 강제가입은 사용자가 연금보험료를 부담하지만 임의가입은 사용자와 근로자가 공동으로 부담을 하는

〈표 6-1〉 서유럽, 북미, 오세아니아주 국가들의 퇴직연금 방식의 연금개혁 비교

지역	국가	중층 구조	공적연금	퇴직연금 적용대상	퇴직연금 재정부담	퇴직연금 기여수준
유럽	스위스	0, 1, 2, 3층	고정연금/ 소득연계연금	임금근로자(강제)/ 자영업자(임의)	사용자 · 근로자 균등부담	소득총액 7~18%
	네덜란드	0, 1, 2, 3층	고정연금/ 자산조사연금	임금근로자(강제)	근로자(지불유예임금으로 이해)	임금 2% 수준
	독일	0, 1, 2, 3층	고정연금/ 소득연계연금	임금근로자(임의지만 기업의 95% 이상 참여)	근로자(지불유예임금으로 이해), 공동부담 증가	임금 4% 수준
	벨기에	0, 1, 2, 3층	자산조사연금/ 소득연계연금	임금근로자(임의) 민간 근로자 25% 참여	사용자 · 근로자 공동부담, 사용자만 부담 사례 증가	근로자 1~2%, 사용자 4~5%
	영국	0, 1, 2, 3층	자산조사연금/ 고정연금/ 소득연계연금	임금근로자(준강제, 거부하지 않으면 가입)	사용자 · 근로자 · 국가(2018년 기여 합계 12%까지 인상 예정)	사용자 1% 근로자 2% 국가 1%
	스페인	0, 1, 2, 3층	자산조사연금/ 소득연계연금	임금근로자(임의 경제활동인구의 8% 참여	사용자 · 근로자의 계약, 규정미비	계약에 의해 결정 규정미비
	아이슬란드	0, 1, 2, 3층	자산조사연금/ 소득연계연금	임금근로자(강제)/ 자영업자(강제)	사용자 · 근로자 공동부담	사용자 8% 근로자 4% 자영업자 12%
	아일랜드	0, 1, 2, 3층	자산조사연금/ 소득연계연금	임금근로자(강제)/ 자영업자(강제)	사용자 · 근로자 공동부담	5~10% (확정기여), 연 60분의 1 (확정급여)
	프랑스	0, 1, 2, 3층	자산조사연금/ 소득연계연금/ 보충적연금	임금근로자(임의)/ 자영업자(임의)/ 공공영역근로자 (임의)	사용자 · 근로자 공동부담	다양
	핀란드	0, 1, 2, 3층	자산조사연금/ 소득연계연금	임금근로자(임의) 경제활동인구의 8% 참여	사용자 · 근로자 공동부담	사용자 5% · 근로자 5%, 다양

북미	미국	0, 1, 2, 3층	자산조사연금/소득연계연금	임금근로자, 임의지만 근로자 60% 이상 참여	사용자·근로자 공동부담	개인의 선택으로 결정
오세아니아	뉴질랜드	1, 2, 3층	보편적 연금	임금근로자	사용자·근로자 공동부담	사용자 3%·근로자 3, 4, 8% 선택 가능
	호주	1, 2, 3층	자산조사연금/보편적 연금	임금근로자	강제가입은 사용자 부담; 임의가입은 공동부담	강제는 사용자 12%, 임의는 공동

방식이다.

스위스

스위스는 중층연금의 연금층 중 하나로 퇴직연금을 도입한 최초의 국가이다. 0, 1, 2, 3층을 갖춘 4층 중층구조를 채택하고 있다. 스위스의 퇴직연금은 유럽 각국에 전파되어 유럽의 중층구조가 정착되는 데 기여한다.

스위스의 0층은 예외적 연금(extraordinary pension)으로 연금급여 대상자가 아닌 계층을 위한 연금이다. 1층은 사회보험 방식의 국가연금, 2층은 퇴직연금, 3층은 개인연금이다(Durand and Gaille). 사회보험 방식의 국가연금이 전국민에게 보편적으로 적용되는 기본연금이다. 스위스의 연금구조는 그 틀로 보면 기본연금에 임금근로자를 위한 퇴직연금과 자영업자를 위한 개인연금을 갖춘 전형적인 3층 중층구조를 갖춘 국가라고 할 수 있다.

1층 국가연금(base pension)은 부과식으로 재정을 관리하며, 확정급여 방식으로 연금급여를 제공한다. 국가연금 가입 연령은 21세이며, 누구나

이 연령에 이르면 연금보험료를 납부해야 한다. 만약 일자리가 있다면 17세가 되는 해부터 연금에 가입해야 한다. 연금급여 수준은 연금 가입 기간 동안의 평균 임금과 연금 가입 기간에 따라 차등적으로 결정된다. 그러나 최고 수준의 연금급여는 최저 수준의 연금급여의 두 배를 넘지 못하도록 하는 상한선을 두고 있다.

1층 국가연금의 재정은 근로자 부담으로 총임금의 4.2%에 0.7%를 추가한 수준이다. 4.2%에는 유족연금이 포함되어 있고, 추가로 납부하는 0.7%는 장애연금 보험료이다. 사용자 부담도 4.2%에 0.7%를 추가로 납부하는 형식이다. 국가연금의 기여 합계는 8.4%에 장애연금보험료 1.4%이다. 자영업자의 경우 총소득의 7.8%에 장애연금 1.4%를 추가로 납부하여야 한다(SSA 2010).

2층 퇴직연금은 강제가입이지만 보충적 연금이다. 퇴직연금의 대상은 임금근로자와 자영업자 모두를 포함하고 있다. 다만 두 그룹의 가입 방식만 다를 뿐이다. 임금근로자의 경우 강제가입 방식이지만, 자영업자의 경우 임의가입 방식을 취하고 있다. 임금근로자에 한하여 근로자와 사용자가 공동으로 기여금을 납부한다.

퇴직연금의 재정은 임금근로자의 경우 본인은 소득총액의 7~18%이고, 사용자는 근로자와 같은 수준에서 기여하여야 한다. 자영업자의 경우 임의가입이기 때문에 기여수준도 선택이 가능하다(SSA 2010).

퇴직연금의 급여는 확정급여, 확정기여, 혹은 확정급여와 확정기여의 조합 방식 중 어느 것이든 선택할 수 있다. 국가연금에서는 연금급여의 상한선을 두고 있는데 반하여 퇴직연금에서는 하한선(minimal pension amount)을 두고 있다. 하한선을 두는 이유는 연금의 안정성을 도모하려는 취지이다. 연금급여는 평균수명과 경제여건 등을 감안하여 조정이 가능하다(Durand and Gaille 2013). 즉 명목확정기여 방식의 점수제(point system)를 도입하고 있다. 연금급여 수준이 지나치게 높아져 퇴직연금 기금의 안정적 관리를 위한 목적에서 점수제를 도입한 것으로 판단된다.

스위스의 3층은 1층과 2층의 보충적 연금 역할을 할 수 있는 연금층이다. 연금가입과 탈퇴에 제약이 없는 열려 있는 연금이기 때문에 개인의 책임하에 민간 보험회사에서 가입이 가능하다. 국가는 3층에 관해서는 한 특별한 규제를 하지 않고 있다.

스위스는 국가보험이 기본연금이고, 퇴직연금이 임금근로자와 자영업자 모두의 보충적 연금 역할을 할 수 있게 하는 연금구조를 가지고 있다. 그러나 보장성이라는 점에서 보면 국가보험이 기본연금이지만, 생활연속성이라는 점에서 보면 2층 퇴직연금이 기본연금의 역할을 한다.

스위스는 국가보험의 급여는 상한제, 퇴직연금제도는 하한제를 두고 운영하는 독특한 연금제도 운영 방식을 도입하고 있다. 주목할 만한 사실은 퇴직연금에 명목확정기여와 유사한 점수제를 두고 운영한다는 점이다.

스위스 정부는 공적연금 재정의 기여금 일부를 지원하지는 않는다. 그러나 급여제공 단계에서 정부재정을 지원하고 있다. 노령연금과 유족연금의 비용을 매년 19.55%정도 지원하고 있으며, 장애연금의 급여의 37.7%를 지원한다(SSA 2010).

네덜란드

네덜란드의 연금 역시 4층 구조로 설계되어 있다. 0층 자산조사에 근거한 연금, 1층 국가연금, 2층 퇴직연금, 3층 개인연금으로 구성된 3층 중층구조이다(Ministerie van Sociale en Werkgelegenheid 2008; SSA 2010).

1층 국가연금은 1957년 도입 당시 15세에서 65세 사이의 모든 주민이 참여하도록 설계되었다. 가입기간이 1년 늘면 2%씩 추가되어 65세에 이르면 100% 완전연금을 받을 수 있다. 부과식 확정급여로 운영되는 국가연금은 기본연금으로 분류된다. 1층 국가연금은 고정연금(flat-rate benefit)이다. 최저임금에 근거하여 그 수준이 결정된다. 연금을 가입하지 않은 주부 등에게도 퇴직연령에 이르면 연금이 지급되기 때문에 0층의 역할도 함께 수행한다.

1층 국가연금의 재정은 납세자에게 부과하는 일종의 사회보장세에 근거한다. 자영업자의 경우 노령연금 보험료로 총소득의 17.9%에 유족연금보험료 1.1%를 추가한 19%를 부담해야 한다. 임금근로자의 경우 근로자는 노령연금보험료로 소득총액의 11.9%에 유족연금 1.1%를 추가한 13%, 사용자는 노령연금 보험료 5.7%를 부담해야 한다. 임금근로자의 경우 기여 합계는 18.7%이다(SSA 2010).

2층 퇴직연금은 강제가입이며 적립식 확정기여 방식으로 운영된다. 퇴직연금은 1층 기본연금의 보충적 연금 역할을 한다. 퇴직연금에 배우자연금, 고아연금, 장애연금을 추가할 수도 있다. 적용범위는 민간 및 공공영역 임금근로자이며 공무원도 포함된다(Ministerie van Sociale en Werkgelegenheid 2008).

퇴직연금 보험료로 근로자는 매년 연봉의 약 2% 정도를 기여한다. 근로자가 직접 납부하는 것이 아니라 사용자가 지불유예된 임금을 퇴직연금으로 납부하는 것으로 네덜란드에서는 이해하고 있다(Ministerie van Sociale en Werkgelegenheid 2008). 사용자는 배우자연금, 고아연금, 장애연금에 해당되는 보험료를 퇴직연금에 추가하여 기여할 수도 있다. 근로자의 기여수준은 소득수준이나 연령에 따라 차이를 두지 않고, 정해진 보험료를 납부한다. 매년 임금지표(wage indexation)와 물가지표(price indexation)에 따라 연금급여의 조정과정을 거친다. 또한 모든 참여자에게 동일한 연금기금 투자 프로그램을 적용한다.

네덜란드는 1층 국가연금은 기본연금으로서 생계유지를 위해 필요한 연금급여를 제공하는 역할을 하지만 2층 퇴직연금은 생활연속성 유지를 위해서 필요한 보충적 연금의 역할을 한다. 국가연금이 생계유지 연금과 연결되어 있고 퇴직연금이 보충적 연금으로서 역할을 하도록 한다는 점에서 핀란드와 유사한 구조를 가지고 있다.

독 일

독일의 연금은 0층 공공부조, 1층 공적연금, 2층 퇴직연금, 3층 개인연금으로 구성된다. 4층 중층연금을 운영하고 있다. 1층은 사회보험 방식의 공적연금으로서 기본연금이다. 하나의 층에 두 가지 계획으로 운영한다. 하나는 고정연금(flat-rate pension)이고, 다른 하나는 사회보험연금이다. 공적연금으로서 강제가입의 성격을 가진다. 독일 통일 후에 약화되긴 했지만 사회보험 방식이어서 소득재분배 기능을 갖추고 있다 (Guardiancich 2010).

독일에서는 연금수급자를 포함하여 빈곤층으로 분류되면 1층 공적연금으로부터 고정연금을 받는다. 고정연금의 수준은 독일 근로자 평균소득의 19% 수준이다. 또한 1층의 공적연금으로부터 사회보험 방식으로 운영되는 연금급여를 지급받는다.

1층 사회보험연금은 4개 그룹으로 나누어 운영된다. 임금근로자 그룹, 농어민 그룹, 공무원 그룹 그리고 기타 전문가 그룹이다. 연금은 부과식으로 재정관리를 하며 급여는 확정급여 방식을 택하고 있다. 1층 연금은 보편적 운영을 원칙으로 하고 있어서 노동인구의 82%가 참여하고 있다. 공무원의 경우 임금수준이 낮기 때문에 국가 예산으로 사회보험료를 내지만 나머지 그룹은 사용자와 근로자가 반씩 부담한다(Guardiancich 2010).

사회보험연금의 재정부담은 원칙적으로 사용자 9.95%, 근로자 9.95% 균등부담이다. 기여 합계는 원칙적으로 19.9%이다. 소득수준에 따른 차등제를 도입하고 있어 근로자의 경우 일정소득수준 이하이면 사회보험료가 면제되고, 차상위계층 수준이면 감액된다. 이 부분에 대한 보충을 사용자가 하게 되어, 사용자는 차상위계층 수준이면 15%를 기여하고 그 이하이면 16.45%를 기여한다. 자영업자의 기여수준은 19.9%이다.

독일은 2층 퇴직연금도 운영한다. 독일에서 퇴직연금은 법으로 규정하고 있지는 않아 임의가입 형식이다. 그러나 기업의 95% 이상이 참여하고 있어 관습적으로 강제가입으로 전환된 제도라고 할 수 있다. 퇴직연금은 사용자가 근로자에게 제공하는 연금이기는 하지만 보험료는 지불유예된 연금으로 이해하는 경우가 많다. 그렇지만 최근에는 공동부담을 원칙으로 하는 기업들이 늘고 있다. 기여수준은 임금의 4% 수준이다(Rüudiger 2010).

독일의 퇴직연금은 1974년 기업연금법(Companys Pension Law, Betriebsrentengesetz) 제정으로 도입된 연금이기는 하지만 당시에는 기업이 근로자에게 퇴직금을 지급하는 방식이어서 연금체계를 갖추지 못하고 있었다. 1999년 연금개혁법(Pension Reform Act, Rentereformgesetz)이 제정되면서 근로자도 퇴직연금 재정에 기여하도록 함으로써 퇴직연금의 틀을 갖추게 되었다(Deutsche Bundesbank. 2001).

퇴직연금에 관하여 사용자는 5개의 퇴직연금 계획 중 적어도 하나는 근로자에게 제공하여야 한다. 따라서 임의가입이지만 일종의 강제성을 띠고 있다. 5개의 퇴직연금 계획은 연방재정지원기관(Federal Institute for Financial Services)의 감독을 받는다. 적립식으로 재정관리를 하며, 확정기여 방식으로 퇴직연금급여가 제공된다(Rüudiger 2010).

독일 임금근로자의 46%가 퇴직연금에 가입되어 있으며 41%에 해당되는 수준이다. 기업이 선택할 수 있는 5개 퇴직연금계획은 직접연금(direct pension promise), 직접보험(direct insurance), 연금공동체(Pensionskasse, pension societies), 연금기금(pension fund) 그리고 지원기금(unterstutzungskasse, support fund)이다. 가장 먼저 기술한 직접연금을 제외한 나머지 네 개의 퇴직연금계획은 간접연금의 성격을 갖는다.

독일 기업은 대체로 직접연금과 간접연금 중 하나를 조합하는 방식으로 퇴직연금을 운영하고 있다. 조합 방식을 택하는 이유는 직접연금 방식으로 기금을 모으고, 간접연금 방식으로 기금을 안정적으로 관리하여 연금급여를 근로자에게 제공하기를 원하기 때문이다.

첫째, 직접연금(direct pension promise)이다. 사용자는 근로자가 퇴직할 시에 일정 수준의 퇴직금을 지급하겠다는 약속으로부터 출발하는 연금이다. 이 퇴직연금은 회사의 회계관리를 토대로 제공된다.

둘째, 직접보험이다. 사용자가 보험회사를 선정하여 근로자 퇴직연금 보험에 가입하는 방식이다. 퇴직연금 보험료를 회사가 전액 부담할 수도 있고, 근로자와 공동으로 부담할 수도 있다. 근로자는 보험약정에 근거하여 퇴사 시에 소정의 연금을 받는다.

셋째, 연금공동체는 직접연금의 관리를 아웃소싱하는 방법이다. 발생주의 회계원칙에 따라 연금기금을 관리함으로써 항상 연금급여를 제공할 수 있도록 재정 관리를 실시하고 있다. 가장 규모가 큰 간접연금 관리 방식이다.

넷째, 지원기금도 직접연금의 관리를 아웃소싱하는 방법이다. 연금공동체와는 달리 사용자가 독일의 연금보험연합회(Pension Insurance Association, PSV)에 직접 지불하는 방법을 활용하고 있다.

다섯째, 연금기금은 가장 최근에 만들어진 연금계획으로, 국제적으로 인정받는 관리방안을 모색하기 위해 만들어진 계획이다.

독일은 3층 개인연금도 갖추고 있다. 적립식 확정기여 방식으로 운영되지만 법에 의해 보호받기 때문에 부채로 인하여 압류의 대상이 될 수 없는 연금이다. 개인연금은 2001년과 2004년 연금개혁에서 도입되었지만 그 틀은 1999년 연금개혁법의 제정으로 이미 갖추어져 있다(Deutsche Bundesbank 2001). 개인연금은 자영업자를 위한 보충적 연금의 역할을 할 수 있기를 기대하고 있다. 그러나 자영업자의 15% 정도가 어떠한 형식의 연금에도 가입되어 있지 않은 것(Guardiancich 2010)이 독일의 현실이다.

미 국

미국의 연금구조는 3층이다. 사회보장세를 기초로 하여 제공되는 1층 공적연금, 401(k)로 알려진 2층 퇴직연금, 개인퇴직연금(individual retirement account)로 알려진 3층 개인연금으로 구성된다(Chen and Beetsma 2013).

1층 공적연금은 노령·유족·장애보험(old-age, survivors' and disability insurance: OASDI)의 한 부분으로 운영된다. 재정은 사용자와 근로자가 공동으로 부담한다. 2013년을 기준으로 사회보장세는 근로자와 사용자가 각각 6.2%이다. 자영업자는 소득의 12.4%를 부담해야 한다.

미국의 사회보장연금은 확정급여 방식으로 운영되며 재분배 원칙이 지켜지고 있기 때문에 소득계층별로 소득대체율이 다르다. 저소득층은 상대적으로 높고, 고소득층은 상대적으로 낮다. 저소득층은 생애평균임금의 70%, 중간소득층은 43%, 고소득층은 30% 수준이다(Thompson 2006).

2층 퇴직연금으로서 401(k)는 사용자와 근로자 공동 부담 원칙하에 운영된다. 임의가입이며 확정급여 방식으로 운영되기도 하고 확정기여 방식으로 운영되기도 한다. 많은 기업에서 임의가입의 형식을 빌어 사용자 부담으로 보충적 퇴직연금을 제공하는 방식을 선택하고 있다. 이 경우에는 확정기여 방식으로 운영한다. 퇴직연금은 일시금이나 연금방식으로 받을 수 있으며 선택이 가능하다(Chen and Beetsma 2013). 2층 퇴직연금은 임의가입 방식이지만 미국 근로자의 60% 정도가 사용자가 지원하는 퇴직연금에 가입되어 있다.

퇴직연금으로서 401(k)의 기여수준은 정해져 있지 않다. 입사하여 연봉계약을 하면서 원하는 계획을 선택할 수 있다. 보통 연간 기여하고자 하는 액수를 정하고 여기에 따라 임금에서 차감하는 형식을 빌어 보험료를 납부한다. 보통 사용자는 근로자가 납부하는 수준에서 기여금을 추가로 납부한다. 근로자의 경우 세금공제가 되는 수준을 보고 선택하는 경우가 많다. 따라서 미국의 경우 개인마다 다르기 때문에 기여수준을 제시하기가 용이하지 않다.

3층 개인퇴직연금(IRA)은 확정기여 방식으로 운영된다. 자영업자나 퇴직연금에 해당되지 않는 근로자를 위한 보충적 연금의 역할을 한다. 민간영역 근로자의 25%가 이 연금에 가입되어 있다.

벨기에

벨기에는 0층 자산조사에 근거한 확정연금, 1층 국가연금, 2층 퇴직연금, 3층 개인연금을 두고 있다(EU 2012).

1층 국가연금은 부과식 확정급여 연금이다. 강제가입방식이며 국가에서 관리한다. 임금근로자, 자영업자, 공무원을 위한 연금계획이 운영된다. 임금근로자의 본인 부담은 총임금의 13.07%이고 사용자 부담은 24.77%이다. 기여 합계는 37.84%이다. 급여는 본인의 고용이력, 고용기간 동안의 보수, 가족 상황과 같은 세 변수에 따라 결정된다. 또한 급여는 소비자물가지수에 연동되어 조정된다.

1층 국가연금 대상자로서 자영업자의 경우 자영업자와 정부가 공동으로 부담한다. 자영업자 본인의 소득수준이 1등급에 해당될 경우 16.7%를 부담하고, 2등급일 경우에는 12.27%를 부담한다. 정부의 기여분은 자영업자의 전체 연금급여의 37%를 부담하는 것으로 정하고 있다.

1층 국가연금 적용대상자는 완전연금을 받을 수 있는 기간의 3분의 2 이상을 채운 경우에는 최소보장연금(guaranteed minimum pension)을 받도록 되어 있다. 임금근로자와 자영업자 모두에게 해당되는 사항이다(Poteraj 2008).

2층 퇴직연금은 사용자와 근로자가 공동으로 부담한다. 노사합의에 의해 결정된다. 근로자 본인 부담은 1~2% 사이에서 결정되고 사용자는 4~6% 선에서 부담한다. 그러나 근로자가 부담해야 할 부분은 노사합의에 의해 철회하는 경우가 많아 사용자가 혼자 부담하는 경향이 강하다. 퇴직연금급여는 퇴직일시금으로 받을 수도 있고 매월 연금으로 받을 수도 있다. 퇴직연금에는 민간영역 근로자 25% 정도가 참여하고 있다.

3층 개인연금은 은행과 계약관계에 의해서 가입할 수 있다. 세금 공제가 가능하다. 개인연금에는 경제활동인구의 45%가 참여하고 있으며, 실증분석에서도 참여율 증가가 입증되고 있다(Wuyts, et al. 2007).

영 국

영국의 연금체계는 0층은 공공부조 연금, 1층은 국가연금(state pension)이고, 2층은 퇴직연금(OP)이며, 3층은 개인연금(ISA)이다. 그러나 세부 구조를 보면 7개의 단위로 구분되어 있다. 1층은 기초국가연금(basic state pension)과 제2국가연금(state second pension: S2P), 2층 퇴직연금은 확정급여연금(DB pension)과 확정기여연금(DC pension), 그리고 3층 개인연금은 주주개인연금(stakeholder pension), 단체개인연금(group personal pension) 및 투자개인연금(self-invested personal pension)으로 나누어져 있다(Guardiancich 2010).

기초국가연금과 제2국가연금으로 이원화되어 있는 국가연금은 소득수준이 최저임금수준(lower earnings threshold: LET)을 넘으면 가입하여야 한다. 자영업자도 가입 대상에 포함된다. 기초국가연금은 고정연금이지만 제2국가연금은 소득연계연금이다. 제2국가연금은 국가소득연계연금(state earnings-related pension scheme: SERPS)으로 지칭되었으나 2002년 이후부터 현재의 명칭으로 개칭되었다. 계획상으로는 2017년에 기초국가연금과 제2국가연금을 통합하여 운영하는 법안이 제안될 예정이다.

국가연금의 기여수준은 사용자 12.8%, 근로자 11%로 기여 합계는 23.8%이다. 자영업자의 경우 주급이 일정수준 이하이면 소득비례가 아니라 정액의 보험료만 내면 된다. 소득수준이 기준 이상이면 신고소득의 8%를 기여하여야 한다. 소득수준이 높아 고소득자로 분류되면 추가적으로 1%를 더 기여하여야 한다(SSA 2010).

스위스의 제도와 유사한 영국의 퇴직연금제도는 1993년 연금계획법(Pension Schemes Act 1993), 1995년 연금법(Pensions Act 1995) 및 2008년의 연금법(Pensions Act 2008)에 근거를 두고 있다. 사용자가 근로자를 위해 제공하는 퇴직 후의 연금이지만 사용자와 근로자가 공동으로 퇴직연금기금에 기여하는 방식으로 기금관리를 하고 있다.

영국의 퇴직연금은 전통적으로 확정급여 방식으로 제공되었으며, 급여

수준은 마지막 임금을 기준으로 삼고 있었으나, 기업의 부담이 가중되자 최근에는 확정기여 방식으로 바뀌고 있다. 원래는 임의가입 방식이었지만 2012년 이후에는 근로자가 선택하지 않는 한 모두가 퇴직연금에 가입하는 방식으로 바뀌었다.

2012년에서 2017년 사이에는 사용자의 최소기여수준은 1%, 근로자는 2%이다. 2017년에는 사용자 2%, 근로자 5%로 인상될 예정이고, 2018년에는 사용자 3%, 근로자 3%로 인상될 예정이다. 여기에 추가적으로 정부가 세금 공제방식으로 1%를 기여한다. 2013년 현재 퇴직연금 기여 합계는 4%이지만 2018년까지 12%까지 인상할 예정이다(Chen and Beetsma 2013).

개인연금은 주주연금, 단체연금, 투자개인연금으로 나누어 운영하고 있다. 주주연금은 1999년 복지개혁 및 연금법(Welfare Reform and Pensions Act 1999)에 의거하여 2001년에 도입된 연금제도이다. 중간소득층 이하 저소득층에게 보충적 연금 마련을 지원할 수 있도록 제정되었다. 5명 이상의 근로자가 있는 업체에서는 강제적으로 가입하도록 하고 있다. 개인연금이지만 소규모 사업장을 대상으로 하고 있다는 점에서 퇴직연금과 유사한 의미를 가진다.

스페인

스페인의 연금은 4층 중층구조이다. 0층 기초연금, 1층 강제가입 방식의 재분배 중심인 사회보험연금, 2층 퇴직연금, 3층 개인연금으로 구성되어 있다. 2층과 3층은 임의가입 방식이다(Poteraj 2008). 2층 퇴직연금에는 경제활동인구의 8%가 참여하고 있고, 참여율은 3층도 매우 낮은 수준이다(OECD 2008).

0층 기초연금은 1층 사회보험연금으로부터 연금급여를 받지 못하는 계층을 위한 기초생계 보장의 의미가 있는 연금이다.

1층은 임금근로자 대상의 부과식 확정급여 연금으로 기본연금 역할을 하며 그 성격은 재분배기능이 강한 사회보험연금이다. 기여수준은 사용자 23.6%, 근로자 4.7%로, 기여 합계 28.3%이다. 완전연금을 받기 위한 가입기간은 35년이고 65세 이상이면 연금수급 자격이 부여된다. 연금급여의 기준은 퇴직 전 마지막 15년간의 평균임금 수준이다. 최고연금은 최저연금의 4.3배를 넘기지 못한다는 제한 장치를 두고 있다.

1층에는 자영업자·농민·어민·광부 등을 위한 연금계획을 두고 별도로 관리하고 있다. 이들의 연금도 사회보험연금이지만 본인 부담으로 운영되는데 그 기여수준은 순소득의 28.3%이다. 비율만 보면 임금근로자의 기여 합계와 동일한 수준이다. 그러나 어떤 연금계획에 속하느냐에 따라 본인 부담 기여수준의 차이가 있다(Poteraj 2008).

2층 퇴직연금은 기업연금계획(company pension scheme), 단체연금계획(association pension scheme)과 같은 두 가지 유형이 있다. 퇴직연금은 확정급여, 확정기여 혹은 두 방식의 혼합 중 하나를 선택하여 운영할 수 있다. 퇴직연금이기 때문에 회사나 단체에서 기여를 하며 기여한 부분에 대해서는 세금공제 혜택을 받는다.

3층 개인연금은 금융시장에서 계약에 의해 참여할 수 있는 연금이다. 자영업자 등 원하면 참여가 가능한 연금이지만 참여율은 매우 저조한 수준이다. 스페인은 퇴직연금과 개인연금을 합친 사적연금이 인근 국가에 비해 활성화 수준이 낮다.

아이슬란드

아이슬란드 연금은 3층 중층구조이다. 1층은 소득세를 근거로 한 공적연금, 2층은 강제가입 방식의 퇴직연금, 3층은 세제 혜택으로 유인책을 쓰고 있는 개인인금이다. 2층과 3층은 1997년과 1998년의 연금개혁으로 확립된 연금층이다(Jonasdottir 2007).

1층은 세금을 근거로 제공되는 공적연금이며, 기초연금과 보충적 연금으로 구성된다. 기초연금과 보충적 연금은 모두 자산조사에 근거한 연금이다. 보충적 연금은 자산조사에 근거할 뿐만 아니라 소득연계연금이기도 하다. 약 6% 정도의 소득세로 이 연금의 재정을 충당한다(Chen and Beetsma 2013).

기초연금급여는 최소보장의 원칙이 적용되며 평균임금의 15% 수준에서 제공된다. 사회보장세로 제공되는 연금이지만 이 공적연금 이외에 보충적 연금급여가 없는 경우 공적연금에서 보충적 연금을 제공한다. 기본연금과 보충적 연금의 합계가 평균임금의 70%까지 급여를 제공할 수 있다. 공적연금은 실질적으로는 0층과 1층의 역할을 동시에 수행한다.

2층 강제가입 방식의 퇴직연금은 임금근로자뿐만 아니라 자영업자도 적용대상에 포함된다. 임금근로자를 위한 퇴직연금은 1974년, 자영업자를 위한 퇴직연금은 1908년에 도입되었다. 확정기여와 확정급여를 동시에 활용한다. 기여수준은 최소 12%이며, 근로자와 사용자가 각각 4%와 8%씩 분담한다. 기여 합계 12%를 초과하여 기여할 수도 있으며 이 초과분은 개인계좌에서 관리한다.

아이슬란드 퇴직연금기금관리기관에서는 최소확정연금(minimum guaranteed pension benefit)수준에 이를 때까지 확정급여 방식으로 관리하고 그 이후는 확정기여 방식으로 관리한다(OECD 2008). 퇴직연금의 관리는 개인별로 실시하고, 기본연금계좌와 초과기여계좌를 활용한다는 점에서 그 틀은 명목확정기여의 운영방식과 유사한 점이 있다(Chen and Beetsma 2013).

3층 임의가입 방식의 개인연금의 적용가능 대상은 임금근로자와 자영업자이다. 사용자와 근로자의 공동부담을 원칙으로 한다. 기여수준의 상한은 없지만 근로자와 사용자에게 적용되는 세금공제 상한선을 연금기금 기여수준의 상한선으로 가정하고 있다. 연금급여는 확정기여 방식에 따라 제공된다(OECD 2008).

아일랜드

아일랜드의 연금은 0층 자산조사에 근거한 연금, 1층 사회보험연금, 2층 퇴직연금 그리고 3층 개인연금과 같은 4층 중층구조로 되어 있다(OECD 2013; Poteraj 2008).

1층 사회보험연금의 적용대상은 일정소득수준 이상의 임금근로자와 자영업자이다. 등급에 따른 고정율급여(flat-rate benefit)가 제공된다. 임금근로자의 경우 근로자 부담은 임금의 4%, 사용자 부담은 근로자의 소득수준에 따라 달라서 일정소득수준 이하는 8.5%이고, 그 수준 이상이면 10.75%이다. 자영업자의 경우 총소득이 일정수준 이하이면 3%이고 그 이상이면 5%를 기여한다(Poteraj 2008).

2층 퇴직연금은 임금근로자가 적용대상이다. 공공영역 근로자는 별도의 계획에 따라 퇴직연금에 참여한다. 민간근로자는 적립식 확정기여 방식이나 확정급여 방식 중에서 선택할 수 있지만, 공공근로자는 부과식 확정급여 방식으로 운영한다. 확정급여 방식을 원하면 재분배원칙에 따라 연금급여가 제공된다. 퇴직연금의 기여원칙은 근로자와 사용자 공동

부담이지만 사용자만 부담하는 경우도 있다. 임금근로자 50% 정도가 참여하고 있다(Poteraj 2008).

2층 퇴직연금에서 확정급여를 선택하는 경우 매년 연봉의 60분의 1을 기여하여 40년 후에는 그동안 연봉의 3분의 2 수준이 되도록 하는 방식으로 운영한다. 확정기여를 선택하는 경우 급여의 5~10% 사이에서 기여한다(OECD 2013).

3층 개인연금의 적용대상은 자영업자이다. 개인퇴직저축계좌(Pensonal Retirement Savings Account: PRSA)와 퇴직연금계약(Retirement Annuity Contract: RAC) 두 종류가 운영되며 세제 혜택 방식의 활용으로 가입을 유도하고 있다(OECD 2013). 기여수준은 연령별 차등제를 한다. 30세 이하는 소득의 15%까지 기여할 수 있고, 계속 기여수준을 높이다가 50세 이상인 경우에는 소득의 30%까지 기여할 수 있다(Poteraj 2008).

프랑스

프랑스는 4층 구조를 활용한다. 0층 기초연금, 1층 국가연금, 2층 퇴직연금 그리고 3층 보충적 연금이 있다. 0층은 기초생계를 보장하기 위해 1956년에 도입된 고정연금이다. 1층 국가연금은 부과식이며 소득재분배 기능이 있는 강제가입 공적연금이다. 1층은 1단 기초연금과 2단 보충연금으로 구성된다. 1층은 4개 그룹—민간근로자, 공무원 및 공공근로자, 농어업근로자, 그리고 비임금근로자 및 자영업자—으로 나누어 운영된다(Guardiancich 2010).

노동인구의 65%를 차지하는 민간근로자의 경우 1단은 사회보장상한선 이하의 근로자에게 확정급여 방식으로 연금이 제공되고, 2단은 확정급여 점수제(point system)이며 보충적으로 급여를 제공하는 기능을 한다.

임금근로자를 위한 ARRCO(Association des Regimes de Retraite Complémentaire)와 임원을 위한 AGIRC(Association Générale des Institutions de Retraite des Cadres)가 별도로 운영된다(Guardiancich 2010).

공무원 및 공공근로자의 경우 특별계획(régimes spéciaux)으로 분리하여 운영하며 1단과 2단 모두 민간근로자보다 후한 급여가 제공된다. 노동인구의 20% 정도가 이 연금계획에 포함되어 있다. 농어업근로자는 농어민계획(régime agricole)에 따라 별도로 운영된다. 비임금근로자 및 자영업자는 민간근로자보다 박한 연금계획으로 운영된다(Guardiancich 2010).

1층은 50%의 소득대체율 수준의 급여 제공을 목표로 하며 사용자와 근로자가 공동으로 기여한다. 근로자는 임금총액의 6.55% 이상 소득수준에 따라 다양하다. 사용자는 8.3%를 부담한다(Guardiancich 2010; SSA 2010). 1층 1단의 연금급여는 명목확정기여 방식에서 차용한 점수제를 활용하여 제공된다. 1층 2단의 적용을 받을 정도로 소득수준이 높을 경우 임금근로자를 위한 ARRCO의 기여수준은 6~7.5%이고, 임원을 위한 AGIRC의 기여수준은 16~20%이다. 여기에 해당되면 1단의 기여수준에 2단을 추가하여 납부해야 한다(Guardiancich 2010).

프랑스에서 2층 퇴직연금은 임금근로자에게는 강제가입이 적용되고, 나머지 영역은 임의가입 방식으로 운영된다. 국가연금에서 소득대체율이 50% 수준이기 때문에 생활연속성 유지를 위해 더 필요한 연금급여 제공을 위한 퇴직연금이 운영된다. 국가연금과 퇴직연금을 합쳐 소득대체율 70~80% 유지가 프랑스의 목표이다.

퇴직연금을 위해 사용자와 근로자가 공동으로 부담하지만 근로자의 기여수준은 3분의 1이고, 나머지 3분의 2는 사용자가 부담한다. 자영업자를 위한 퇴직연금계획도 있고, 공공영역 근로자는 참여 가능하다(Guardianciche 2010). 임금근로자의 경우 관리자 수준의 계획(for manager,

Agirc)과 비관리자 수준의 계획(for non-manager, Agrrco)으로 이원화되어 있는데, 비관리자 수준의 계획이 더 광범위하게 적용된다. 노사협상에 의하여 구체적 사항이 결정되며, 급여는 명목확정기여 방식에서 활용하는 점수제를 차용하여 제공된다.

프랑스에서는 임의가입 형식의 퇴직연금에도 가입할 수 있다. 임금근로자에 한하여 적용된다. 2006년에 도입되었고, 보충적 연금으로 활용이 가능하지만 대체로 소득공제용으로 활용한다. 한도가 엄격히 제한되어 있는 것이 특징이다. 개인연금제도는 2004년에 도입되었으며 임의가입 방식으로 운영된다. 연소득의 10% 정도를 기여할 수 있으며, 비과세 방식이다.

핀란드

핀란드에는 0층 자산조사에 근거한 보편적 연금으로서 보장연금(guaranteed pension), 1층 국민연금(national pension)으로서 소득연계연금(earnings-related pension)이 있다(SSA 2010). 사적연금은 퇴직연금과 개인연금으로 구성되어 있다. 공적연금 중에서 소득연계 연금이 기본연금의 역할을 한다.

자산조사에 근거한 보장연금은 세전 연금총액이 기초생계 유지에 미치지 못할 경우에 제공되며, 최저생계를 보장한다는 취지의 연금이다. 최저생계비가 매년 변하고 물가에 연동되어 결정되기 때문에 보장연금의 수준도 물가에 연동되어 변한다.

핀란드의 국민연금은 명목확정기여연금의 의미를 준용하기 위한 장치였다. 어떤 상황이든 국민의 기본생활은 보장되어야 하기 때문에 이 국민연금을 도입했다. 소득연계연금으로서 국민연금은 가입기간이나 평균수명 등의 변수를 활용하여 연금수준이 조정되도록 관리하고 있다(European Actuarial Consultative Group 2012). 이것이 명목확정기여 요소이다.

국민연금은 사회보장 시스템하에서 보장되는 기본적인 노령연금이다. 핀란드 국민은 법이 정하는 바에 따라 소정의 최소 연금급여가 제공된다. 모두에게 같은 수준의 급여가 제공되는 것이 아니라 핀란드 거주기간에 따라 급여의 차이가 있다.

국민연금은 보장연금과 국민연금으로서 소득연계연금과 연계하여 운영된다. 소득연계연금의 수준이 낮을 경우 보장연금으로부터 생계비 부족분을 더 받을 수 있다. 또한 소득연계연금으로부터 받는 급여 수준이 높으면 보장연금의 수준도 낮아진다.

공적연금으로서 소득연계연금은 국가공무원, 지방공무원, 민간 기업에 근무하는 임금근로자뿐만 아니라 자영업자 및 농어민도 대상으로 하는 기본연금이다. 소득연계연금이기 때문에 사용자와 근로자가 공동으로 연금 기금을 부담한다. 임금근로자의 경우 사용자 17.1%, 근로자 4.5%로 공동 부담한다. 자영업자는 신고소득의 21.2%를 부담한다. 여기에서 근로자가 부담하는 기여분은 연령에 따라 차등을 두고 있다(SSA 2010).

2층 퇴직연금은 도입되기는 하였지만 역할이 미미하다. 노동인구의 8% 정도가 가입되어 있는 수준이다. 가입률이 낮은 이유는 공적연금으로서 소득연계연금의 적용범위가 넓어 보충적 연금의 필요성이 크게 높지 않기 때문이다. 퇴직연금은 사용자가 근로자를 위해 제공하는 연금으로 사용자는 산업별로 외부 기업과 연계하여 가입할 수 있고, 회사의 연금기금 방식으로 관리할 수 있다. 퇴직연금의 기여수준은 근로자가 임금의 5% 정도 부담하는 방식이지만 사용자가 전액을 부담하는 경우도 있다. 근로자가 부담할 경우 임금의 5%까지는 세금 공제 혜택을 받는다(OECD 2008).

3층 개인연금도 도입되기는 하였지만 2층 퇴직연금처럼 역할이 미미하다. 공적연금이 잘 유지되고 있기 때문이다.

뉴질랜드

뉴질랜드는 3층 중층연금을 운영한다. 1층은 공적연금, 2층은 퇴직연금, 3층은 개인연금이다. 2층은 퇴직연금과 개인연금을 결합한 방식의 독특한 연금장치이다(Guest 2013).

뉴질랜드의 1층 공적연금은 보편적 연금으로 제공된다. 1층은 국가예산으로 운영되는 보편적 국가연금(universial tax-funded state pension)으로 65세 이상의 노인에게 적용된다. 뉴질랜드에서는 이 연금을 'New Zealand Superannuation'으로 지칭한다(Obben and Wasyer 2013).

2층 퇴직연금과 형식이 유사한 사적연금으로서 키위저축(KiwiSaver)연금도 운영한다. 이 연금계획의 운영방식은 2층 퇴직연금과 3층 개인연금을 합친 것과 같은 연금계획이다. 사용자에게 해당되는 최소기여제(minimum contribution)가 있다. 그 비율은 세금 후 임금의 3%이다. 근로자는 3, 4%, 혹은 8% 계획을 선택할 수 있다(Guest 2013).

뉴질랜드에서는 임의가입 방식으로 3층 개인연금도 별도로 운영된다.

호 주

호주는 1층 공적연금, 2층 퇴직연금, 3층 개인연금으로 구성된 3층 중층연금구조를 갖추고 있다(Guest 2013).

호주의 1층 연금은 일반회계예산을 근거로 제공되고, 부과식 확정급여 방식으로 운영되는데 자산조사에 기초하여 제공되며, 그 수준은 소비자

물가지수에 따라 조정된다. 호주의 1층은 자산조사에 근거하여 운영되는 연금이기 때문에 0층의 의미도 있다.

2층 퇴직연금은 강제가입 방식으로, 최소기여제도를 두고 있다. 1992년 제도도입 당시에는 3%였으나 점차 인상하여 2002년에는 9%, 2013년에는 12%로 인상되었다. 퇴직연금은 전적으로 사용자 부담으로 운영된다(Guest 2013).

보충적 연금으로 임의가입 퇴직연금을 두고 있고, 개인퇴직연금(IRA) 방식의 임의가입 개인연금도 있다.

3. 퇴직연금, 아시아에서 길을 잃다

아시아에서 퇴직연금을 중심으로 하는 중층연금제도를 갖춘 국가는 많지 않아, 유럽에서 널리 확산된 것과는 대조적인 현상을 띤다. 대만, 이스라엘, 일본, 중국, 필리핀 그리고 한국 정도였다. 유럽에서와 마찬가지로 아시아 각국에서도 퇴직연금을 기본연금이 아니라 보충적 연금으로 활용하고 있다.

중층연금을 활용한다고 해도 연금층이 유럽에 비해 다양성이 낮은 수준이었다. 유럽과 달리 3층 개인연금층은 거의 갖추어지지 않은 상태이며, 명목확정기여연금을 공적연금으로 활용하는 국가도 거의 없었다.

퇴직연금을 도입한 아시아 각국에서 중국을 제외하고는 공적연금으로 0층과 1층을 동시에 갖추고 있다. 중국은 도시근로자 중심으로 연금제도를 구축하는 과정이며, 농촌지역은 지방정부가 중심이 되어 연금제도를 갖추도록 규정하고 있기 때문에 전국민을 대상으로 하는 연금체계가 완성되는 데는 장기간이 소요될 것으로 판단된다.

퇴직연금의 적용대상은 대만을 제외하고 모두 임금근로자 중심이다. 퇴직연금만 보면 대만은 자영업자도 가입하도록 하는 제도를 확립하고 있어 적용범위가 가장 넓다. 반면에 중국의 경우 도시임금 근로자를 중심으로 임의가입으로 운영하기 때문에 참여율은 5% 미만이다. 중국에서는 퇴직연금의 위기라고 할 정도로 저조한 수준을 보여주고 있다.

퇴직연금은 대만을 제외하고는 모두 임금근로자를 대상으로 제도가 구축되어 있지만 임의가입 국가와 강제가입 국가로 나누어져 있다. 대만, 이스라엘, 일본, 필리핀은 강제가입이고, 중국과 한국은 임의가입 제도를 운영하고 있다. 강제가입은 기업이 근로자의 노후생계를 책임져야 한다

〈표 6-2〉 아시아 각국의 퇴직연금 비교

지역	국가	중층구조	공적연금	퇴직연금 적용대상	퇴직연금 재정부담	퇴직연금 기여수준
아시아	대만	0, 1, 2층	공공부조/소득연계연금	임금근로자(강제)/자영업자(강제)	사용자 · 근로자 · 정부/자영업자 · 정부	근로자는 6.5%(7:2:1)/자영업자는 6.5%(6:4)
	이스라엘	0, 1, 2층	고용관계 · 자산조사연금/소득연계연금	임금근로자(강제)	사용자 · 근로자 공동부담	소득별 차등적용
	일본	0, 1, 2, 3층	고정연금/소득연계연금	임금근로자(강제)	사용자 · 근로자 공동부담	사용자 8.675% 근로자 8.675%
	중국	1, 2, 3층	소득연계연금/일부개인계좌관리	도시임금근로자(임의)/참여율 5%미만으로 위기	사용자 부담	-
	필리핀	0, 1, 2, 3층	공공부조연금/	임금근로자(강제)	?	-
	한국	0, 1, 2층	자산조사연금/소득연계연금	임금근로자(임의)	사용자 부담(근로자 추가부담 가능)	연1개월분의 임금

는 의미를 강조하는 제도인 반면에 임의가입은 기업의 책임을 상징적으로 제시한 수준에 불과한 제도이다.

아시아 각국의 퇴직연금 재정부담 제도 역시 다양성을 보인다. 대만의 경우 사용자와 근로자, 또는 자영업자 이외에 국가가 재정의 일부를 부담하고 있다. 사용자와 근로자가 공동으로 재정을 부담하는 국가는 이스라엘과 일본이다. 중국과 한국은 사용자 부담 제도를 운영하고 있다. 다만 한국은 확정기여 방식을 선택한 근로자는 추가적으로 기여할 수 있는 제도를 갖추고 있다.

아시아 각국의 퇴직연금은 유럽에 비해 보편적으로 적용되고 있지도 않을 뿐만 아니라 그 수준 또한 낮은 편이다. 퇴직연금을 도입한 국가도 일부에 불과한 형편이다. 퇴직연금의 확산수준이 낮은 데는 유럽에 비해 경제적 여건이 좋지 않은 이유도 있지만 연금에 대한 기업의 책임을 제도권에서 바라보는 시각의 문제도 이유 중 하나로 제시할 수 있다.

대 만

대만의 연금은 0층 구빈연금, 1층 공적연금, 그리고 2층 퇴직연금으로 구성되어 있다. 0층 구빈연금은 국가예산에서 지원된다. 65세 이상 노인의 약 70%가 지원을 받는다. 그러나 그 수준은 낮아 평균임금의 7% 수준이다(Wilmington Company 2014).

대만은 2007년에 공적연금 개혁을 실시하였다. 전국민을 대상으로 하는 1층 공적연금의 기여수준은 출범 당시에는 평균임금의 6.5%였으나 2년마다 증액하여 12%를 목표로 하고 있다. 참여자가 60%를 부담하고 국가에서 40%를 지원한다. 자영업자도 적용대상에 포함하고 있다. 임금근로자의 경우 사용자 부담은 없고 40%를 본인이 부담한다. 근로자나 자영업자 본인 부담은 3.6%, 국가부담은 2.6%이다. 저소득층에 대해서는 국가가 전액 지원한다.

퇴직연금의 적용범위는 민간영역 근로자뿐만 아니라 자영업자도 포함된다. 노동보험(labor insurance), 구형노동연금기금(old labor pension fund), 신형노동연금계획(new labor pension system)과 같은 세 가지 계획으로 관리한다. 참여율이 비교적 높아 노동인구의 50% 수준이다.

노동보험은 1958년에 도입하여 가장 큰 퇴직연금으로 자리잡고 있다. 기여 합계는 임금의 6.5%이다. 현재 사용자가 70%(4.55%), 근로자가 20%(1.3%), 그리고 정부가 10%(0.65%)를 부담한다. 급여는 일시금으로 지급되지만 연금방식으로의 수급도 가능하다. 자영업자의 경우는 본인이 3.9%, 정부가 2.6%를 부담한다 분담비율은 6:4이다.

구형노동연금기금(old labor pension fund)은 1984년에 도입되었다. 근로자는 부담하지 않고 사용자만 부담하는 방식으로 재정을 충당한다. 사용자는 근로자 임금총액의 2~15% 사이에서 기여수준을 정할 수 있다. 확정급여 방식으로 운영되며 퇴직일시금 방식으로 지급받는다. 구형의 경우 사용자가 최저수준의 기여수준을 선택하여 연금의 적절성에 대해 문제가 제기되었다.

신형노동연금계획(new labor pension system)은 2010년에 도입되었다. 사용자는 임금의 6%를 근로자의 계좌에 적립하는 방식으로 운영된다. 자영업자는 적용대상에서 제외된다(SSA 2010).

대만은 국가가 공적연금뿐만 아니라 사적연금에도 일부 기여하는 방식의 제도를 운영하고 있다. 연금개혁을 실시했지만 확정급여에서 확정기여 방식으로의 전환이 이루어지지 않는 상태에 있다.

이스라엘

이스라엘의 연금은 0층 자산조사에 근거한 공공부, 1층 공적연금, 2층 사적연금으로 구성되어 있다. 사적연금은 퇴직연금의 일종으로 분류된다.

0층은 최저생계비에 미치지 못하는 수준의 소득으로 살아가는 노인을 위한 공공부조로 고용관계 및 자산조사를 거쳐 지급된다.

1층 공적연금은 임금근로자와 자영업자를 포함하는 전국민을 대상으로 한다. 부과식 확정급여 방식으로 운영되며, 고정급여 방식으로 연금이 지급된다. 소득이 있으면 그것이 임금이든, 자영업의 수익이든, 기타 소득이든 연금 보험료를 납부해야 한다.

연금 보험료는 소득에 따라 차등적으로 적용된다. 평균임금의 60% 이하인 경우 근로자는 0.40%를 기여하고 사용자는 3.85%를 기여하여 기여 합계는 4.25%이다. 60% 이상인 경우 근로자는 7.00%, 사용자는 4.43%를 기여하여 기여 합계는 12.43%이다. 수입이 평균임금의 60% 이하인 자영업자는 6.72%를 기여하고, 그 이상인 경우 11.23%를 기여한다. 자영업이 아닌 기타 소득이 있는 경우, 그 소득이 평균임금의 60% 이하이면 4.61%를 기여하고 그 이상이면 7.00%를 기여한다. 공적연금의 연금 급여는 평균임금의 30% 선에서 지급된다(OECD 2011).

이스라엘은 노사협상에 의해 운영되는 기금방식의 2층 퇴직연금을 운영해오고 있다. 2008년부터는 노사협상 대상이 아닌 근로자를 위해 강제가입 방식의 연금기금을 추가적으로 운영하도록 하고 있다. 퇴직연금은 구형연금기금(old pension fund), 신형연금기금(new pension fund), 신형일반연금기금(new general pension fund), 준비기금(provident fund), 생명보험(life insurance)과 같은 5개 계획 중 하나로 운영된다(OECD 2011).

어느 연금계획을 따라가느냐에 따라 기여수준이 다르다. 구형연금기금은 사용자 7.5%, 근로자 7%, 그리고 사용자의 퇴직금용기금 6%이다. 신형연금기금은 사용자 5~6%, 근로자 5~5.5%, 그리고 사용자의 퇴직금용기금 6~8.33%이다. 신형일반연금기금, 준비기금, 생명보험은 개인 단위로 가입이 가능한 연금으로 저축의 성격이 강한 연금이다. 일종의 개인연금 역할을 한다(OECD 2011).

일 본

일본의 연금은 3층 구조이다. 1층 국민기초연금, 2층 퇴직연금, 3층 개인연금을 두고 있다. 1층은 연금을 내지 않고도 연금을 받는 계층이 존재하기 때문에 사실상 0층의 의미도 동시에 가지고 있다. 3층은 미국의 401(k)를 모델로 도입한 연금으로 개인연금으로 분류했지만 보충적 퇴직연금의 성격도 있다.

1층 기초국민연금은 부과식 확정급여 연금이다. 이 연금급여는 소득연계 프로그램이 아니다. 사회구성원 모두에게 고정연금(flat-rate basic benefit) 방식으로 지급된다. 강제가입 방식으로 운영되며, 연금급여는 총임금이 아니라 순인금 증가율에 따라 조정된다(Chia, Kitamura, and Tsui 2005).

1층 연금의 재정은 일반 국민의 기여금과 정부예산에서 충당된다. 연금급여의 3분의 2는 현재 경제활동 인구의 기여금을 기초로 제공되고, 나머지 3분의 1은 국가의 일반회계 예산으로 충당된다. 1층 연금의 기여수준은 정율제가 아니라 정액제이다. 2011년을 기준으로 일본 화폐로 1만 5,000엔이었다. 기여금은 완전면제계층, 기여금의 4분의 1만 기여하는 계층, 기여금의 2분의 1을 기여하는 계층, 기여금의 4분의 3을 기여하는 계층, 그리고 100%를 기여하는 계층으로 나누어 차등적으로 연금보험료를 납부한다.

2층은 소득연계연금이다. 공공영역 근로자에게는 상호부조연금이 적용되고 민간영역 근로자에게는 소득연계 방식으로 운영하며 급여도 소득에 기초하여 제공된다. 부과식 확정급여 방식으로 운영되며, 기여수준은 근로자와 사용자가 임금의 8.675%를 각각 부담한다. 기여 합계는 17.35%이다. 기여수준은 임금의 차이 없이 동일하지만 출산휴가 중인 근로자는 면제를 받는다. 연급급여는 근로자의 소득을 근거로 제공된다. 구체적으로 급여는 평생평균임금을 기초로 계산되지만 순임금지수를 반영하여 조정된다. 완전연금 기간은 40년이며 매년 0.5481% 증액 방식이 적용된다(Chia, Kitamura, and Tsui 2005).

3층 개인연금은 2001년에 도입되었다. 부과식 확정기여 방식으로 운영된다. 평생 동안의 기여금을 기초로 운영되는 미국의 401(k)를 모델로 삼아 도입된 연금으로 연금계획 설계에 재정안정, 세대 간 형평성 등의 변수가 고려되었다. 사용자 지원방식으로 운영되기도 하고, 개인의 선택에 따라 운영되기도 한다(Chia, Kitamura, and Tsui 2005).

중 국

중국에서 연금의 시작은 1949년 임금의 3%를 적립하는 방식으로 시작한 고도의 중앙집권적 국가연금계획으로부터 비롯된다. 이 방식의 연금계획은 1970년대 등소평 시대까지 계속된다. 1970년대 이후 인구통제로 인한 저출산 현상 때문에 중앙정부의 부담이 늘어날 것이 예상되자 지방정부가 책임을 지는 방식의 연금개혁이 시작된다. 이 방식의 연금개혁은 1980년대 말까지 계속되다가 1990년대에 들어와 새로운 환경에 직면하게 되는데 분권화된 연금구조하에서는 연금재정의 안정성을 담보할 수 없다는 문제였다(Williamson and Deitelbaum 2005).

1990년대 초반부터 시작된 중국의 연금구조는 아직 체계가 잡히지 않고 있다. 농촌과 도시를 포함한 전국을 대상으로 하는 종합적인 연금계획을 정비하기가 용이하지 않아 도시를 중심으로 연금계획이 마련되는 수준이다. 3층 구조로 되어 있는데 1층은 공적연금, 2층은 임의가입 방식의 퇴직연금, 3층은 다양한 유형의 개인연금이다(Oksanen 2010).

1층 공적연금은 도시연금과 농촌연금으로 분류하여 관리하고 있는데, 두 연금의 체계가 다르다. 농촌연금은 임의가입이고, 관리의 책임은 지방정부에 있다. 연금제도는 있지만 참여율이 9%밖에 되지 않을 정도로 제도 순응율이 낮다.

1층의 도시연금은 1997년에 공식적으로 출범했다. 도시연금의 공적연금은 2단으로 운영된다. 1층 1단은 부과식 확정급여 방식이고, 2단은 적립식 확정기여 계획이며 개인계좌로 관리하고 있다. 1단은 사용자가 임금의 20% 수준에서 재정을 지원하고, 2단은 근로자가 임금의 8% 수준에서 재정을 지원한다. 1단은 근로자 최종 임금의 35% 정도의 연금급여 제공을 목표로 삼고 있다. 2단은 24%의 소득대체율을 목표로 하고 있다.

그러나 현실이 여의치 않아 2006년에 기여수준을 조정해 1단의 사용자 부담률은 17%고, 2단은 근로자가 3%를 기여하고 나머지는 사용자가 8%를 만들어주는 방식으로 운영하고 있다. 도시근로자의 50%가 현재 공적연금에 참여하고 있다(Ebbers, Hagendijk, and Smorenberg 2009).

중국에서 문제는 1단에서 발생한 것이 아니라, 2단에서 발생하여 현재 연금적자가 심각해지고 있는 상황이다. 2단의 재정을 지방정부가 방만하게 운영함으로써 적자가 났을 뿐만 아니라, 1단의 적자를 2단으로 메우는 방법으로 연금을 운영했기 때문이었다. 현재 이 부분의 부분개혁이 진행되고 있다.

2층 퇴직연금은 2004년에 도입되었다. 사용자 부담 방식의 퇴직연금으로 지방정부가 관리하는 방식에서 민간관리 방식으로의 전환이 추진 중이다. 참여율이 낮아 5%에도 미치지 못하는 것으로 파악되고 있다(Dorfman et al. 2013).

3층은 다양한 유형의 개인연금으로 구성되어 있으나 제도적으로 활성화되어 있지는 않은 상태이다. 중국의 연금은 틀이 잡히지 않은 상태로 운영되고 있는 형편인데 4-2-1 문제로 인하여 고령 사회로 진입하는 속도가 빨라 세계의 관심이 집중되고 있는 상황이다. 4-2-1의 문제는 중국의 한 자녀 정책의 유산으로 한 자녀가 두 부모와 네 명의 조부모를 모시는 상황을 의미한다(Ebbers, Hagendijk, and Smorenberg 2009).

필리핀

필리핀은 4층 연금구조이다. 0층 공공부조 연금, 1층 사회보험연금, 2층 강제가입 방식의 퇴직연금, 3층 임의가입 방식의 보충적 사적연금이다.

0층 공공부조 연금은 하위 20% 노인이 연금의 대상인(Aquino 2002) 빈곤계층을 위한 연금이다. 국가예산으로 운영하며, 사회복지개발부(Dept. of Social Welfare and Development), 보건부(Dept. of Health), 노동고용부(Dept. of Labor and Employment)와 같은 세 부처에서 프로그램을 개발하여 지원한다. 그러나 기초생계유지에 필요한 수준의 지원은 되지 않는다(Aquino 2002).

1층 사회보험연금은 부과식 확정급여 방식으로 운영되며 사용자와 근로자가 공동으로 기여한다. 민간영역 근로자를 위한 사회보장계획(social security system: SSS)과 공공영역 근로자를 위한 정부업무보험계획(government service and insurance system: GSIS)과 같은 두 가지 계획으로 별도 운영된다. 임금근로자는 강제가입이지만 자영업자는 임의가입으로 관리한다. 민간영역 근로자 부담은 3.33%이고, 사용자 부담은 7.07%이다. 현재 75%의 노동인구가 가입하고 있지만 법제도 순응률은 33%밖에 되지 않아 65세 이상 노인의 23%만이 연금을 받고 있다(Estrada 2012).

2층 퇴직연금은 적립식 확정기여 방식으로 운영되며 강제가입이다. 'PAG-IBIG'기금으로 지칭되는 이 연금은 민간영역 근로자에게만 적용된다. 공공영역 근로자에게 적용되는 정부업무보험계획(GSIS)은 1층과 2층을 합쳐서 받는 급여보다 관대한 수준의 급여가 제공되기 때문이다(Aquino 2002).

3층은 보충적 퇴직연금으로 활용할 수도 있고, 개인연금으로도 활용할 수 있다(Estrada 2012). 대체로 생명보험회사에서 관리하는 연금이다(Aquino 2002).

한 국

한국은 0층 기초노령연금, 1층 국민연금, 2층 퇴직연금으로 구성된 3층 중층구조를 활용한다. 0층 기초노령연금은 정액급여로 자산조사에 근거하여 노인 70%가 급여 대상이다.

1층 국민연금은 전국민을 대상으로 한다. 임금근로자와 자영업자 그리고 농어민을 포함하는 기본연금이다. 확정급여 방식으로 운영되며, 임금근로자의 경우 사용자가 4.5%, 근로자가 4.5%를 부담한다. 기여 합계는 임금의 9%이다. 자영업자도 소득의 9%를 부담한다.

퇴직연금은 사용자가 부담하는 사적연금으로서 보충적 연금의 성격을 가진다. 확정급여, 확정기여, 개인형 퇴직연금과 같은 세 가지 계획이 있는데 확정급여형은 사용자만 부담한다. 그러나 확정기여 및 개인형이나 퇴직연금을 선택할 경우 사용자 부담 원칙이 적용되지만 근로자의 추가 부담도 허용된다.

4. 퇴직연금, 아프리카에서 확산이 멈추다

아프리카에서의 퇴직연금은 아시아에서의 퇴직연금보다 더 열악한 수준이었다. 유럽에서 시작된 퇴직연금이 아프리카에서 확산을 멈췄다고 할 정도로 널리 전파되지 않았다. 아프리카 국가들은 대부분 새로운 연금제도를 마련해야 할 입장에 있을 뿐만 아니라, 퇴직연금을 도입한 국가가 있다고 해도 임의가입에 머물고 있다.

아프리카는 사실 많은 국가가 공적연금을 갖추고 있지 않다. 공적연금 대신에 준비기금이라는 독특한 연금제도를 가지고 있다. 준비기금은 임금근로자에게는 퇴직연금의 역할을 할 수 있고, 자영업자에게는 개인연금의 역할을 할 수 있는 연금제도이지만 국가가 공식적으로 개입하지 않는 연금제도이다. 이 제도가 퇴직연금과 충돌하고 있기 때문에 퇴연연금의 확산이 아프리카에서 멈췄다고 할 수 있다.

아프리카에서 퇴직연금을 도입한 국가는 가나, 나미비아, 잠비아, 케냐 정도이다. 이 4개 국가의 연금구조의 형식은 중층구조이지만 실상은 공적연금이 자리를 잡지 못하고 있어 연금운영 수준이 미흡한 상태이다. 기본연금 역할을 하는 공적연금이 제자리를 잡지 못하면 보충적 연금 역할을 하는 퇴직연금이나 개인연금도 그 수준이 낮을 수밖에 없다는 사실을 입증해주는 지역이 아프리카이다.

가나와 케냐는 1, 2, 3층을 운영하고 있다. 가나는 공적연금으로서 사

〈표 6-3〉 아프리카 퇴직연금 비교

지역	국가	중층 구조	공적연금	퇴직연금 적용대상	퇴직연금 재정부담	퇴직연금 기여수준
아프리카	가나	1, 2, 3층	소득연계 연금	임금근로자 (강제)	사용자 · 근로자 공동부담/1층과 연계운영	기여 합계 18.5% (사용자 13%, 근로자 5.5%) 중 5%로 운영
	나미비아	0, 2, 3층	보편적 고정연금	임금근로자 (임의)	사용자 · 근로자 공동부담	기여 합계 16% 합의로 분담 결정
	잠비아	0, 1, 2층	공공부조/ 소득연계	임금근로자 (임의)	사용자 · 근로자 공동부담	사용자 · 근로자 합의
	케냐	1, 2, 3층	준비기금	임금근로자 (임의)	사용자 · 근로자 공동부담	근로자 5% 수준, 사용자 5~10% 수준

회보험, 케냐는 준비기금을 운영하고 있다는 점에서 차이가 있다. 양국은 재정부담 방법에서도 차이가 있었다. 가나는 1층 사회보험과 2층 퇴직연금의 재정을 연계하여 운영하지만 케냐는 사적연금으로 운영하고 있다. 연금적용 대상이 임금근로자이며 재정을 사용자와 근로자가 공동부담을 한다는 점도 같다. 그러나 가나는 강제가입, 케냐는 임의가입이다.

나미비아는 공적연금을 0층과 1층이 결합된 방식으로 운영하고 있다. 재정부담을 국가에서 한다는 점은 0층의 성격이 강하지만 보편적으로 적용되는 고정연금이라는 점에서 1층의 성격도 동시에 가지고 있다. 잠비아는 0층을 국제기구의 지원을 받아 운영할 정도로 공적연금의 체계가 잡혀 있지 않는 상태이다. 남미비아와 잠비아는 퇴직연금의 적용대상이 임금근로자이고, 임의가입 형식이며, 사용자와 근로자가 재정을 분담하되 분담수준은 합의로 결정한다는 점이 동일하다.

아프리카의 퇴직연금은 유럽이나 아시아에 비해 매우 취약한 구조를 가지고 있다. 준비기금과 충돌 때문이라고 할 수도 있지만 임금근로자가 경제활동인구의 중심이 되지 않기 때문이라고도 할 수 있다. 아프리카는 퇴직연금 이전에 공적연금을 중심으로 하는 연금제도의 확립이 필요한 대륙이라고 할 수 있다.

가 나

가나는 2004년 연금개혁을 실시하여 3층 중층구조를 도입했다. 1층 사회보험연금, 2층 강제가입 방식의 퇴직연금, 3층 개인연금으로 구성되어 있다(Mensha 2014).

1층은 임금근로자를 대상으로 하는 강제가입 방식의 사회보험연금이다. 확정급여형 소득연계연금의 성격을 가지기 때문에 최고 3년 치 평균임금의 37.5%의 소득대체율을 기준으로 급여를 제공하도록 설계되어 있다(SSA 2010). 1층 공적연금은 공공영역 근로자와 민간영역 근로자에게 적용된다.

2층은 사적연금으로 사적으로 관리하는 퇴직연금이다. 기여금에서 일정율의 이자를 합산하여 제공되는 연금이기 때문에 그 성격은 준비기금이라고 할 수 있다(National Pensions Regulatory Authority 2012). 민간영역 임금근로자에게 적용된다. 강제가입 방식이고, 퇴직일시금으로 급여가 제공되며 그 성격은 준비기금연금이다.

1층과 2층은 연계하여 운영된다. 사용자는 근로자 임금의 13%를 기여하고 근로자는 5.5%를 기여하여 그 합계는 18.5%이다. 이중에서 13.5%는 1층 사회보험연금기금으로 전환하고, 나머지 5%는 퇴직연금기금으로 전환한다.

3층은 준비기금과 개인연금으로 구성되어 있다. 가입자에게 세제혜택이 있다. 준비기금 방식은 퇴직 및 사망 관련 연금으로 활용한다. 개인연금은 계약 조건에 따라 관리하고 연금을 지급받는다.

나미비아

나미비아는 형식적으로는 중층연금을 갖추고 있다. 연금층을 보면 0층의 성격을 가진 1층 공적연금, 2층 퇴직연금, 3층 개인연금으로 구성되어 있다(OECD 2009).

1층 공적연금은 60세 이상 나미비아의 모든 주민에게 적용되는 보편적으로 연금으로 고정급여 방식으로 제공된다. 정부예산으로 운영되며 무갹출이기 때문에 1층이라기보다는 0층의 성격이 더 강하다.

2층 퇴직연금은 적립식 확정기여 방식으로 운영된다. 기여 합계는 보통 16%이며, 고용계약 시에 사용자와 근로자의 기여 분담에 대해 서명을 한다. 제한된 범위 내에서 확정급여 방식도 허용된다. 확정기여는 준비기금 방식으로 운영되며 퇴직일시금이나 연금 중 하나로 선택할 수 있다.

3층은 퇴직연금의 성격이 아니라 개인연금의 성격을 가진 층이다. 임금근로자는 사용자를 통하여 연금기금을 납부하기는 하지만 사용자가 지원하는 부분은 없다.

잠비아

잠비아는 최빈국에 속하는 국가이다. 전인구의 64% 이상이 빈곤층으로 분류되고 있어 연금제도의 틀조차 갖추기 어려운 상황이다. 그러나 형식은 3층 구조를 갖추고 있다. 국제기구에서 제공되는 사회복지연금은 0층의 역할을 하고, 사회보험연금이 1층의 역할을 한다. 다양한 유형의 퇴직연금도 있다. 제한적이지만 퇴직연금이 가장 체계가 잡혀 있다.

1층 사회보험연금은 제한적이다. 기초생계유지의 목적보다는 소득중단에 대한 보충적 급여의 성격이 있는 연금 역할밖에 할 수 없는 수준이다(National Economic Advisory Council 2013). 임금근로자의 경우 사용자와 근로자가 임금의 5%를 균등분담한다(SSA 2010). 자영업자는 임의가입이 가능하며 소득의 10%를 납부해야 한다.

퇴직연금은 대체로 확정급여 방식으로 운영된다. 기여수준이 법으로 확정되어 있지 않고 근로자 임금의 10~20% 수준에서 결정된다. 규정은 없지만 3분의 2는 사용자가 부담하고 나머지는 근로자가 부담한다. 그러나 현실에서는 기여수준이 5~10%에 불과하다(Lungu 2009).

제7장

명목확정기여연금 중심의 중층연금

1. 명목확정기여연금, 전파속도가 빠르다
2. 명목확정기여연금, 절제된 다양성을 보인다
3. 명목확정기여연금, 동유럽 전파속도가 빠르다
4. 중앙아시아 · 중남미 · 아프리카에도 확산된다

제7장 명목확정기여연금 중심의 중층연금

1. 명목확정기여연금, 전파속도가 빠르다

명목확정기여(notional defined contribution, NDC)연금의 역사는 상대적으로 짧은 편이지만 확산의 속도는 결코 느리지 않다. 북유럽의 스웨덴에서 시작된 이 연금제도는 서유럽을 거쳐 동유럽으로 전파되었고, 이어 중앙아시아까지 건너갔다. 여기에 머물지 않고 중남미까지 영향을 미쳤으며, 최근에는 아프리카까지 전파되었다.

중앙아시아 국가에서는 명목확정기여연금이 이미 오래 전에 전파되었지만 아시아 대륙에서 명목확정기여연금을 채택한 국가는 아직 없다. 그러나 조만간 이 제도가 채택될 가능성이 있다. 중국에서 도입이 검토(Williamson and Bingwen 2003)되고 있고, 일본도 이 제도를 적극적으로 연구(Lu, Mitchell, and Piggott 2008)하고 있기 때문이다. 앞으로 확산 가능성이 높은 연금제도로 평가받고 있다.

명목확정기여연금은 이 하나의 연금제도로 두 층의 연금을 동시에 운영하는 장점을 가지고 있다(Cichon 1999). 사회보험연금은 그대로 유지하고, 명목상이지만 기여금의 일부를 개인연금과 같은 방식으로 운영함으로써 사회안전망 기능 유지 및 연금의 지속가능성 확보라는 두 마리 토끼를 동시에 잡는다는 목적을 가지고 있다.

사회보험연금 방식으로 운영함으로써 연금의 사회안전망 기능을 유지하고, 개인 명의의 명목계좌를 운영함으로써 연금의 지속가능성을 높일 수 있다는 점에서 제도의 장점이 부각되고 있다. 여기에 그치지 않고, 고령화 수준이 높아지거나 평균수명이 늘어나면 연금급여수준을 낮추는 급여 피크제 혹은 점수제를 도입함으로써 환경변화에 탄력적으로 대응할 수 있다는 장점도 가지고 있다.

명목확정기여연금은 이처럼 탄력적 운영이 가능한 연금제도이기 때문에 국가마다 운영방식이 다른 것이 특징이다. 그리고 그만큼 다양성의 폭도 크다. 명목확정기여연금 아래 두 개의 계좌를 운영하는 완전 채택을 할 수도 있고, 점수제를 활용함으로써 명목확정기여연금의 장점을 활용하는 부분 채택도 할 수 있다.

명목확정기여연금을 도입한 대부분의 서유럽 국가에서는 이 연금제도를 부분적으로 활용하고 있었다. 그러나 스웨덴과 노르웨이는 완전 채택을 한 국가였다. 이 연금제도를 도입한 서유럽 및 북유럽 국가는 모두 4층 중층구조를 갖추고 있었다.

서유럽 국가와는 달리 동유럽 국가에서는 완전 명목확정기여연금 채택이 대세였다. 대부분 완전 채택을 하고 있었고, 세르비아나 헝가리에서처럼 부분 채택은 일부에 그치고 있었다. 또한 개인연금을 도입하여 사회보험연금과 연계하는 준완전 명목확정기여연금을 채택하는 국가도 있었다. 동유럽으로 건너가면서 다양성이 더 확보되었다는 점을 파악할 수 있었다.

중앙아시아 국가에서는 완전 채택과 준완전 채택이 중심이었고, 부분 채택 국가는 없었다. 채택한 국가가 아제르바이잔, 몽고, 키르기스스탄과 같은 3개 국가에 불과하기 때문에 향후 어느 정도 다양성이 나타나게 될지 관찰할 필요가 있어 보인다. 중남미에서는 부분 채택이 중심이었다. 그러나 아프리카에서 처음 도입된 이집트에서는 완전 채택 방식을 취하고 있었다.

2. 명목확정기여연금, 절제된 다양성을 보인다

유럽에서 명목확정기여연금은 많은 나라에 전파되지는 않았다. 노르웨이, 그리스, 덴마크, 독일, 스웨덴, 오스트리아, 이탈리아, 포르투갈, 프랑스, 핀란드와 같은 10개 국가가 1층 공적연금으로 명목확정기여연금을 활용하는 것으로 파악된다. 스웨덴에서 시작된 이 연금제도는 인근 국가인 노르웨이, 핀란드, 덴마크뿐만 아니라, 독일, 프랑스 등에도 전파되었고, 이탈리아와 포르투갈과 같은 남유럽까지 확산되었다.

유럽의 명목확정기여연금을 도입한 국가들은 다양성보다는 공통성이 더 많았다. 10개국 모두 중층연금제도를 확립하고 있었으며, 4층 구조였다. 모두 사용자와 근로자가 공동으로 기여하는 방식으로 기금을 관리하고 있었다.

유럽의 명목확정기여연금 도입국은 차이점도 차이도 있었다. 스웨덴과 노르웨이를 제외하고는 모두 명목계좌를 활용하지 않고, 부분적으로 명목확정기여 제도를 도입하고 있었다. 다양한 방식의 점수제를 활용하여 평균수명이 늘어나면 연금급여가 자동적으로 줄어들게 하는 연금 피크제를 채택하고 있었다.

대부분의 국가에서는 명목확정기여 방식을 기본연금에서 활용하고 있

〈표 7-1〉 유럽 명목확정기여연금의 비교

지역	국가	중층 구조	완전/ 부분	기본/ 소득연계	기여	특이사항
유럽	노르웨이	0, 1, 2, 3층	완전	기본	사용자 14.1% · 근로자 7.8%/자영업자 11%	
	그리스	0, 1, 2, 3층	부분		사용자 13.33% · 근로자 6.67%)/자영업자 13.33%	
	덴마크	0, 1, 2, 3층	부분	기본	사용자 · 근로자	
	독일	0, 1, 2, 3층	부분	기본	사용자 9.95% · 근로자 9.95%/자영업자 19.9%	퇴직연금에서 논의
	스웨덴	0, 1, 2, 3층	완전	기본	사용자 10.21% · 근로자 7%/자영업자 7%	2층 퇴직연금 참여율은 90% 상회
	오스트리아	0, 1, 2, 3층	부분	기본	근로자 10.25% · 사용자 12.55%/농어민 15%/ 자영업자 17.5%	
	이탈리아	0, 1, 2, 3층	부분	기본	사용자 23.81% · 근로자 9.19%	
	포르투갈	0, 1, 2, 3층	부분	기본	사용자 23.75%, 근로자 11%/자영업자 25.4%	
	프랑스	0, 1, 2, 3층	부분	소득연계	사용자 8.3% · 근로자 6.65%	
	핀란드	0, 1, 2, 3층	부분	기본	사용자 17.1% · 근로자 4.5%; 자영업자 21.2%	

었지만 프랑스는 달랐다. 2층 퇴직연금에 명목확정기여 방식을 채택하고 있었다. 국가연금의 성격을 가진 기본연금의 소득대체율을 50% 선으로 유지하고, 명목확정기여 방식의 퇴직연금은 전체 소득대체율을 78~80%로 유지하기 위한 도구로 활용하고 있었다.

노령연금에서 소득대체율 70~80%는 매우 중요한 의미를 갖는다. 퇴직 후의 기본생계뿐만 아니라 생활연속성 유지를 위한 소득수준이 퇴직 전 소득의 70~80% 선이기 때문이다. 명목확정기여 방식을 활용하는 오스트리아도 80%를 최종 소득대체율로 정해 놓고 연금개혁을 실시하고 있다.

스웨덴

스웨덴의 중층연금은 1층의 공적연금, 2층의 퇴직연금, 3층의 개인연금으로 구성되어 있다. 1층에는 자산조사에 근거한 고정연금의 성격을 가진 0단이 포함되어 있기 때문에 0층의 의미도 있다. 따라서 그 성격으로 본다면 0, 1, 2, 3층을 갖춘 국가로 분류할 수 있다.

1층 공적연금은 0단 영국식의 고정급여 방식으로 운영되는 연금, 명목확정기여 방식으로 운영되는 연금, 그리고 적립식이자 확정기여 방식으로 운영되는 연금으로 구성되어 있다. 퇴직연금은 사적연금이지만 준강제가입 연금이며, 적립식이자 확정기여 방식으로 운영된다. 3층은 자영업자를 위한 임의가입 중심의 적립식, 확정기여 방식의 개인연금이다 (Guardiancich 2010).

1층 공적연금 중에서 0단은 국가예산으로 지원되는 연금이다. 고정연금급여가 기초생계에 맞추어 지원되며, 물가상승율을 반영하여 급여 수준이 결정된다. 우리나라의 기초연금과 유사한 역할을 한다.

1층 공적연금의 1단과 2단은 1994년에 도입된 NDC 방식으로 운영된다. 근로소득의 18.5%를 연금보험 기금으로 활용한다. 16%는 소득연계 방식의 명목확정기여로 활용된다. 개인은 상징적 계좌를 가질 수 있고, 임금인상율(wage growth)이나 노동인구 감소율과 같은 변수를 활용하여 연금이 조정되는 점수제를 도입하였다. 나머지 2.5%는 프리미엄 연금으로 활용된다.

퇴직연금은 보충적 연금이지만 강제가입 혹은 준강제가입의 성격을 가지고 있다. 임금근로자를 대상으로 하는 연금이다. 노사 합의에 의해 운영되며 노동인구의 약 90%가 참여하고 있다. 기여수준은 근로자 임금의 2~5% 수준이다. 확정급여 방식으로 운영되기도 하고 확정기여 방식으로 운영되기도 한다.

개인연금은 자영업자를 중심으로 하는 보충적 연금으로서 임의가입 중심이다. 가입하면 세금 공제 혜택을 받을 수 있도록 하기 때문에 관심을 끌고 있는 연금 계획 중 하나이다.

그리스

그리스는 한때 지중해의 복지국가로 알려진 국가였다. 재정위기에 직면하여 2010년 유럽연합의 권고 사항 중 하나인 명목확정기여연금을 도입하지는 않았지만, 인플레이션에 연동하여 연금급여가 조정되도록 하는 등 일부 명목확정기여 요소를 활용하고 있다(Nektarios 2012).

그리스의 연금은 4층으로 되어 있지만 복잡한 구조를 가지고 있다. 재정위기에 직면하여 단순화시키는 연금개혁을 실시했지만 복잡한 구조를 정리하지는 못했다. 그리스에는 0층 자산조사에 근거한 기초연금, 1층 공적연금, 2층 임의가입 방식의 퇴직연금, 3층 임의가입 방식의 개인연금이 있다(Poteraj 2008).

1층 부과식 확정급여 방식으로 운영되는 공적연금은 기본계획(main scheme)과 보조계획(auxiliary scheme) 같은 2개 계획으로 나누어져 있다. 기본계획은 10개의 직업군으로 나누어져 있으며 별도의 연금계획을 운영하고 있다. 10개의 직업군은 민간기업 근로자, 전기회사 근로자, 통신조직 근로자, 은행근로자, 자영업자, 공무원 · 경찰 · 소방대원 · 군인, 농어민, 변호사 · 엔지니어 · 변리사 및 의사, 언론계 근로자, 선원이다. 이

10개 직업군이 별도의 기본연금계획을 가지고 있다. 10개의 기본연금계획은 다시 보충적 연금의 역할을 하는 보조연금계획을 운영하고 있다. 기본계획과 보조계획이 공적연금의 기능을 수행한다. 공적연금을 구성하는 기본계획과 보조계획의 연금체계의 적용범위는 매우 넓어서 그리스의 전체 노동인구를 포함하고 있으며 연금지출의 99%가 이 두 연금계획에 집중되어 있다(National Actuarial Authroity 2012).

1층 공적연금의 기여수준은 근로자 3분의 1, 사용자 3분의 2를 부담하는 원칙을 가지고 있다. 기여 합계가 20%이기 때문에 근로자는 임금의 6.67%, 사용자는 13.33%를 부담한다. 자영업자는 6.67%를 부담한다 (SSA 2010).

보충적 연금으로 임의가입 방식의 퇴직연금과 개인연금이 도입되어 있지만 보편적으로 활용되지 않고 있다. 적립식 확정기여 방식으로 운영되고 있다. 퇴직연금은 사용자와 근로자가 기여하는 방식으로 운영되고, 개인연금은 개인이 기여하는 방식으로 운영된다.

노르웨이

노르웨이의 연금은 4층 중층구조이다. 1층은 국가연금, 2층은 퇴직연금, 그리고 3층은 개인연금이고, 0층으로 최소국가연금(minimal state pension, minstepensjon)을 운영함으로써 평생빈곤층이나 연금만으로 생계유지가 어려운 저소득 계층을 위해 연금을 제공하고 있다. 노르웨이는 0층 구빈연금, 1층 공적연금, 2층과 3층은 사적연금의 조합 방식의 중층연금제도를 가지고 다고 할 수 있다.

1층 국가연금은 노르웨이의 국민보험법(National Insurance Act, Folketrygdloven)에 의해 보장받는 연금으로 67세 이상 모든 노인이 수급대상이다. 2006년 연금개혁으로 명목확정기여 방식이 도입되었다(Fredri- ksen and Stølen 2011). 임금근로자인 경우 사용자와 근로자가 공동으로 기여한다. 근로자는 소득의 7.8%를 부담하고, 사용자는 지역에 따라 기여금의 차이가 있지만 대체로 14.1%를 부담한다. 임금근로자가 아닌 자영업자의 기여수준은 연소득의 11%이다(SSA 2010).

연소득 18.1%에 해당되는 액수가 명목계좌(notional accounts)에 적립된다(Pedersen 2010). 법에서 규정하는 100% 연금을 받으려면 가입기간이 40년 이상이어야 한다. 40년에 이르지 못하면 기간에 따라 감액연금을 받는다. 명목확정기여연금의 원칙에 따라 연금급여 수준은 평균수명이나 퇴직연령에 따라 조정된다(Fredriksen and Stølen 2011).

1층 국가연금은 부과식 확정급여 방식으로 운영된다. 임금근로자와 자영업자 모두 적용대상이다. 임금근로자인 경우 사용자는 임금의 14.1%를, 근로자는 7.8%를 기여한다. 자영업자는 소득의 11%를 기여한다. 연금급여는 기본연금(Grunnpensjon), 특별연금(Særtillegg), 부양가족연금으로 나누어 차등 지급된다. 특별연금과 부양가족연금은 기본연금에 추가하여 제공되는 보충적 급여의 성격이 있는 연금이다.

기본연금은 국민보험법에 따라 지급되는 연금이다. 물가상승률을 반영하여 매년 조정된다. 특별연금은 퇴직연금이나 개인연금과 같은 사적연금으로부터 추가 급여를 받지 못하는 노인들에게 제공되는 보충적 급여이다. 60세 이상의 배우자가 있는 경우에 최고 등급의 특별연금을 받는다. 부양가족연금은 배우자나 18세 미만의 자녀가 있는 경우에 제공되는 보충적 급여이다.

퇴직연금은 사용자가 근로자에게 제공하는 연금이다. 2006년부터 강제가입제도를 도입하여 운영하고 있다. 대기업의 경우 부과식 확정급여 방식으로 퇴직연금을 운영하고 있고, 중소기업의 경우 적립식 확정기여 방식으로 운영한다.

퇴직연금은 의무퇴직연금(mandatory occupational pensions, Obligatorisk tjenestepensjon)과 노사합의퇴직연금(contractual pension, Avtalefestet pensjon)으로 나누어 운영된다.

강제퇴직연금의 경우 기여수준은 근로자 임금의 2%이며 사용자가 전액을 부담한다. 다만 원하는 경우에 근로자가 일정 수준을 추가적으로 기여할 수 있다.

노사합의퇴직연금은 1988년 노사합의에 의해 출범한 연금으로 조기퇴직연금으로 지칭되기도 한다. 62세에 퇴직급여를 받을 수 있는 연금이기 때문이다. 출범 당시에는 중노동을 하는 블루칼라를 위한 연금이었으나 전 산업에 확대되었다.

개인연금은 확정기여 방식으로 운영되며, 보험회사를 통하여 누구나 가입이 가능하다. 임의가입 방식으로 운영되는 보충적 연금이다.

독 일

독일은 0층 공공부조, 1층 공적연금, 2층 퇴직연금, 3층 개인연금과 같은 4층 중층연금을 운영하고 있다. 1층은 사회보험 방식의 공적연금으로서 기본연금이다. 하나의 층에 두 개의 계획으로 운영한다. 하나는 고정연금(flat-rate pension)이고, 다른 하나는 사회보험연금이다. 공적연금으로 강제가입의 성격이 있다. 독일 통일 후에 약화되긴 했지만 사회보험 방식이어서 소득재분배 기능을 갖추고 있다(Guardiancich 2010).

사회보험연금은 부과식이지만 세부적으로는 명목확정기여에서 도입한 점수제 방식으로 운영된다. 완전연금을 받기 위해서는 가입기간이 45년이어야 한다. 연금가입자가 이 기간 동안 임금은 평균수준이고, 65세에 정년퇴직을 할 경우 그의 점수는 45점으로 완전연금을 받는다. 독일에서 완전연금을 받는 점수는 연금기금의 내부수익률에 따라 조정된다. 내부수익률에서 가장 큰 비중을 차지하는 요소는 의존율이다(Wike 2008). 의존율은 경제활동인구와 노인인구의 비율을 의미한다. 의존율이 큰 비중을 차지하는 이유는 명목확정기여 방식이라고 하더라도 재정관리의 기본은 부과식이기 때문이다.

부과식은 현재 경제활동인구가 현재 퇴직자의 연금급여를 제공하는 방식으로 운영된다. 경제활동인구가 줄어들면 퇴직자에게 제공해야 할 급여가 늘어나기 때문에 경제활동인구의 연금 기여수준은 더 높아질 수밖에 없다. 명목확정기여연금에서는 점수제를 활용하여 이 위험부담을 현재의 경제활동인구에게 지우지 않고 현재 퇴직자에게 지우는 방식을 활용한다. 그것이 점수제이다.

점수는 연금의 기여과정(contribution phase)에서는 개인의 명목계좌에 쌓이고, 퇴직 단계(pension phase)에서 이 점수가 급여수준 결정에 활용된다. 독일에서 점수제에 활용되는 변수는 내부수익율을 결정하는 가입기간, 평균수명, 이자율 등이다(Wike 2008).

오스트리아

오스트리아의 연금은 4층 구조이다. 0층 기초연금, 1층 사회보험연금, 2층 퇴직연금, 3층 개인연금이다. 1층 사회보험연금은 스웨덴과 유사한 명목확정기여 방식으로 관리하고 있다(Federal Ministry of Finance 2012).

0층은 두 가지를 기준으로 선별하여 지급된다. 가입기간이 짧아 연금급여 대상이 아니거나 소득수준이 낮아 기초생계가 어려운 경우 제공된다.

1층 공적연금은 부과식으로 관리된다. 대상은 임금근로자만이 아니다.

자영업자, 농어민 등 다양한 그룹을 포함한다(Felderer, Koman, and Schuh 2006). 임금근로자인 경우 기여수준은 근로자 10.25%, 사용자 12.55%이다. 농어민의 기여율은 15%이고, 자영업자의 기여율은 17.5%이다.

오스트리아는 45-60-80 공식을 기초로 2005년 일반연금법(General Pension Act, Allegemeines Pensionsgesetz: APG)을 제정하고 연금개혁을 실시하여 일종의 명목확정기여제도를 도입했다. 65세에 이르기까지 45년간을 연금가입기간으로 하여 완전연금을 받을 경우 소득대체율이 80%에 이르게 한다는 공식이다(Knell 2005). 유럽에서 가장 높은 수준의 대체율을 가진 국가 중 하나이다.

오스트리아는 완전연금을 받기 위해서 45년을 연금가입기간으로 설정하고 있기 때문에 매년 1.78%씩 추가하여 소득대체율 80%에 이르게 하는 방식을 활용한다. 따라서 가입자에게는 명목상의 계좌가 주어지고 매년 정기적으로 개인에게 보고하는 방식으로 운영한다. 스웨덴과 같은 방식이다. 그러나 스웨덴처럼 평균수명에 따른 점수제를 활용하지는 않는다(Knell 2013).

2층 퇴직연금은 2002년부터 강제가입 방식으로 전환되었다. 강제가입 이전에 퇴직연금을 도입한 경우에는 부과식으로 재정관리를 해오고 있고, 그 이후에 도입한 경우에는 적립식으로 재정관리를 하고 있다(SwissLife 2013). 사용자가 근로자를 위해 임금의 1.53% 기여하여 관리한다. 원하는 경우에는 근로자도 기여할 수 있지만 사용자의 1.53%를 넘지는 못한다. 연금급여는 일시금으로 받을 수도 있고, 연금형식으로 매달 수령할 수도 있다. 2층 퇴직연금 가입자 수가 최근 늘어나는 추세이다.

3층 개인연금은 보험회사를 통하여 관리되는 연금으로 임의가입 방식을 취하고 있다. 개인연금 가입자 수도 급속히 늘어나는 추세이다.

이탈리아

이탈리아는 0층 공공부조 방식의 연금, 1층 명목확정기여연금, 2층 퇴직연금, 3층 개인연금과 같은 4층 연금구조를 가지고 있다(Guardiancich 2010). 빈곤층에게는 공공부조 방식의 연금을 지급하는 무갹출 연금은 이론적으로는 0층에 해당된다.

1층은 1단과 2단으로 구성된다. 1단은 구빈연금의 성격이 강한 영국식 국가보험의 일종이다. 자산조사에 의하여 연금이 제공되며 그 수준은 기초생계비 정도의 고정연금(flat rate pension)이다. 1층 연금은 최소 가입기간을 채우지 못한 사람을 위한 연금으로 영국식의 국가보험으로 분류될 수 있다.

1층 2단은 전국민을 대상으로 하며, 근로소득을 근거로 관리하는 사회보험연금으로서 부과식으로 운영된다. 1995년에 연금개혁을 하면서 명목확정기여 방식으로 관리방식을 전환했지만 부과식에서 적립식으로 바꾸지는 못했다. 다만 개인은 상징적 계좌를 가질 수 있고, 평균 GDP 성장속도, 소비자물가지수 등과 같은 변수를 활용하여 연금급여가 조정되는 점수제를 도입하였다. 명목확정기여 방식을 도입했지만 재정관리 방식을 부과식에서 적립식으로 전환하지 못해 불완전한 명목확정기여연금이라는 비판을 받고 있다(Guardiancich 2010).

1층 2단의 기여금 분담은 직군별로 차이가 있다. 공무원인 경우 정부와 개인이 공동으로 부담하고, 임금근로자의 경우 사용자와 근로자가 공동으로 부담하며, 자영업자인 경우 자영업자 본인이 보험료를 부담한다. 공적연금이기 때문에 연금관리의 중심 역할을 정부에서 담당하고 있다. 임금근로자인 경우 사용자는 23.81%, 근로자는 9.19%를 부담한다. 다만 자영업자의 참여를 조장하기 위하여 자영업자에 한하여 실제 기여금보다 연금급여 수준을 1% 정도 높게 책정해 놓고 있다(Guardiancich 2010).

2층은 퇴직연금으로서 보충적 연금이다. 임금근로자와 자영업자 모두를 대상으로 하는 연금이다. 임의가입이지만 공공영역에서 관리하는 폐쇄형 퇴직연금과 민간에서 관리하는 개방형 퇴직연금으로 이원화하여 운영하고 있다. 개방형 퇴직연금은 노사합의에 의해 운영된다. 폐쇄형 가입자가 개방형 가입자보다 많아 연금에 관해서는 이탈리아 사람들도 안정성을 중시하고 있음을 알 수 있다. 임금근로자의 퇴직연금은 대체로 확정기여 방식으로 제공되고, 자영업자의 퇴직연금은 확정급여 방식으로 제공된다.

2층에 대한 기여금은 근로자나 자영업자 개인이 부담한다. 참여를 유도하기 위해 세금 공제 혜택을 주기도 한다. 퇴직금(severance pay, Trattamento di Fine Rapporto: TFR)을 퇴직연금으로 전환할 수 있는 일종의 묵인제도도 확립되어 있다. 그러나 중견 이상의 기업에 근무하는 근로자는 대체로 2층 보충적 퇴직연금에 가입할 기회가 열려 있지만 중소기업이나 공공영역에 근무하는 근로자는 참여 기회가 거의 배제되어 있다. 비정규직 근로자도 임금수준이 낮아 참여 기회가 거의 없다는 점이 문제로 지적된다.

3층은 개인연금 방식의 보충적 연금이다. 임의가입이기 때문에 순전히 개인의 선택에 따라 참여 여부를 결정한다. 근로자는 사용자로부터 받는 퇴직금을 개인연금으로 전환할 수도 있다. 연금급여는 확정기여 방식으로 결정된다.

덴마크

덴마크의 연금구조는 외형적으로는 4층 구조이다. 그러나 공적연금은 영국식의 국가보험 방식으로서 4겹의 보호막을 가지는 독특한 구조를 가지고 있다. 0층의 무갹출 구빈연금, 1층의 공적연금, 2층의 퇴직연금, 3층의 개인연금으로 구성되어 있다(Guardiancich 2010). 1층 공적연금은 부과식 확정급여가 중심이지만 확정기여 방식도 가미되어 있고, 점수제도 활용하고 있어 명목확정기여연금의 성격도 가지고 있다(Whitehouse 2010).

0층과 1층은 공적연금이다. 0층은 빈곤층을 대상으로 하는 공공부조의 일종이고, 1층은 영국식 국가보험에 명목확정기여 방식이 가미된 구조를 가지고 있다. 1층을 1단과 2단으로 나누어 연계방식으로 운영하고 있다. 1단은 거주기간에 근거한 고정연금(flat rate pension)으로서 재원은 소득세와 연계되어 있는 부과식이며 외형적으로는 국가의 예산에서 나온다. 덴마크 거주기간 40년을 기준으로 고정급여를 지급하며 40년에서 부족하면 차감하는 방식으로 제공된다.

1층 1단은 고정급여를 제공하는 것으로 끝나지 않는다. 보충적 연금의 요소를 가미하고 있는데 근로소득 수준에 연계하여 보충적으로 지급되는 연금이다. 일종의 생활연속성(status maintenance)을 보장하기 위한 방안으로서 1층 2단에서 받는 연금급여 수준도 고려하여 이 연금의 수준이 결정된다. 1층 1단은 모든 국민에게 적용되는 연금이다.

1층 2단 역시 공적연금이다. 일종의 퇴직연금으로 사용자가 재원의 3분의 2를, 근로자가 3분의 1을 부담한다. 강제보험 방식으로서 운영되지만 재원조달 방식은 적립식이다(Guardiancich 2010). 1층의 1단은 부과식으로 2단은 적립식으로 재원을 조달하며, 여기에 거주기간 및 소득수준, 평균수명 요소까지 등급화시켜 연금액수가 결정되는 방식은 일종의 명목확정기여연금이라고 말할 수 있다.

2층과 3층은 사적연금이다. 2층은 퇴직연금으로서 노사합의에 의해 재원조달 및 급여제공에 관한 구체적인 사항이 결정된다. 가입은 일종의 준강제 방식으로 요건에 해당되면 가입해야 한다. 재원은 사용자가 3분의 2를 근로자가 3분의 1을 부담한다. 임금의 10~17% 사이에서 퇴직연금 보험료 수준이 노사합의에 의해 결정된다(Anderson 2008).

3층은 개인연금으로서 임의보험이다. 자영업자가 가입하여 보충적 연금으로 활용할 수 있는 연금으로 임의보험 방식을 취하고 있음에도 불구하고 가입자가 100만 명에 이른다(Guardiancich 2010). 덴마크의 인구가 555만 명 수준임을 감안하면 가입률이 매우 높아 자영업자가 보충적 연금에서 소외되는 현상은 나타나지 않고 있는 것을 알 수 있다.

포르투갈

포르투갈의 연금은 0층 기초연금, 1층 사회보험연금, 2층 퇴직연금, 3층 개인연금으로 구성된 4층구조이다(OECD 2013a).

1층은 부과식, 확정급여 강제가입 방식으로 운영된다. 재정은 사용자와 근로자가 공동으로 부담하며, 제한적 범위 내에서 국가가 예산에서 일부를 지원한다. 공무원은 별도로 관리한다. 기여는 임금수준의 34.75%이다. 11%는 근로자, 23.75%는 사용자가 부담한다. 자영업자의 경우 기여수준은 소득의 25.4%이다. 자영업자의 소득은 11개 등급으로 나누어져 있으며 등급별로 보험료와 급여가 차등적으로 구성되어 있다(Poteraj 2006). 1층의 연금급여는 가입기간에 따라 다르다. 특히 가입기간이 20년 미만인 그룹과 20년 이상인 그룹의 급여 산식이 다르다.

포르투갈은 명목확정기여를 도입했다고 보기에는 어려운 점이 있지만 유사한 시스템을 활용한다. 연금자동조절기재(automatic adjustment mechanism)가 그것이다. 부과식을 그대로 활용하지만 평균수명에 연금급여를 차등적으로 적용(life expectancy indexing: LEI)하는 국가로 분류된다(Turner 2009).

2층 퇴직연금은 사용자가 기여하는 방식으로 운영한다. 임금수준의 최고 15%까지 기여가 가능하다. 가입자 80%는 확정급여 방식을 선택하고 있다. 기금관리는 보험회사 또는 회사에서 관리 가능하다. 그러나 90% 이상이 보험회사 관리를 선택하고 있다(Poteraj 2006).

3층은 개인연금으로 운영된다. 보충적 급여로 활용될 수 있다. 수수한 연금만을 목적으로 하는 경우도 있고, 연금과 자녀교육을 위한 비용을 충당하기 위한 목적의 개인연금도 있다(Poteraj 2008) 후자의 경우 4층의 요소가 포함되어 있다.

프랑스

프랑스의 연금은 4층 구조로 되어 있다. 0층 기초연금, 1층 국가연금, 2층 퇴직연금, 3층 보충적 연금이 있다. 2층 퇴직연금에서 명목확정기여 방식이 활용된다. 프랑스는 독일처럼 명목확정기여 방식에서 점수제를 도입하였다. 독일에서는 1층 사회보험연금에서 명목확정기여 방식을 활용하지만 프랑스에서는 2층 퇴직연금에서 활용하고 있다는 것이 특이사항이다.

프랑스에서는 완전연금 기간을 40년으로 잡고 있다. 40년보다 기간이 짧으면 완전연금에서 차감되는 방식을 1차로 하고 있다. 참고로 독일은 45년을 완전연금 기간으로 설정하고 있다. 점수제로 활용되는 변수는 평균수명이다. 평균수명이 늘어나면 연금급여 수준이 줄어들게 설계되어 있다(Legros 2003).

프랑스의 퇴직연금은 관리자와 비관리자 연금계획이 상이하다. 관리자 수준의 계획(for manager, Agirc)과 비관리자 수준의 계획(for non-manager, Agrrco)으로 이원화되어 있는데 점수제도 다르게 적용된다. 비관리자 수준의 계획이 보다 광범위하게 적용된다.

프랑스에서는 근로자와 사용자의 기여분을 합친 기여금 합계가 적립되면 그 합계 금액에 따라 점수가 부여된다. 합계기여금이 다르고 경제적 여건이 다르며, 평균수명이 달라지기 때문에 개별연도의 점수는 매년 달라진다. 매년 받은 연금 점수에 일정 금액을 곱하는 방식으로 연금급여 수준이 결정된다(van der Vlist 2014).

핀란드

핀란드는 0, 1, 2, 3층으로 이루어진 4층 구조의 중층연금 국가이다. 공적연금으로서 보장연금은 0층 역할을 한다. 1층의 국민연금과 소득연계연금이 기본연금의 역할을 한다(OECD, 2013b).

국민연금은 명목확정기여연금의 의미를 준용하기 위한 장치였다. 어떤 상황이든 국민의 기초생계는 보장되어야 하기 때문에 이 국민연금을 도입했다. 국민연금과 연계하여 운영되는 소득연계연금은 가입기간이나 평균수명 등의 변수를 활용하여 연금수준이 조정되도록 관리하고 있다(European Actuarial Consultative Group 2012). 이것이 명목확정기여 요소이다. 명목확정기여 방식으로 스웨덴과 같은 자동조절기재를 활용하지는 않지만 사회경제적 여건의 변화가 연금수준을 결정하는 데 영향을 미치도록 하는 장치를 마련해두고 있다.

3. 명목확정기여연금, 동유럽 전파속도가 빠르다

명목확정기여연금은 운영의 탄력성이 높은 제도이다. 부과식 확정급여 방식의 연금을 무리 없이 대체할 수도 있고, 개인연금과 짝을 맞춰 활용해도 거부반응을 일으키지 않는 제도이다. 동유럽과 구소련의 일원이었던 동유럽 및 중앙아시아 국가들이 명목확정기여연금을 선호한 이유가 바로 이러한 장점 때문이라고 말할 수 있다.

명목확정기여연금은 부과식 확정급여 방식을 유지한다. 다만 개인에게 명목상이지만 연금계좌를 개설하는 방식을 택함으로써 스스로의 연금을 스스로 관리한다는 욕구를 충족시켜주는 제도이다. 명목계좌이기 때문에 인출을 할 수는 없지만 '공유지의 비극'을 예방하는 데는 충분한 역할을 할 수 있다. 이것이 이 연금제도의 장점이기도 하다.

부과식 확정급여 연금에서 가장 큰 맹점이 공유지의 비극이다. 부과식은 현재의 근로자가 현재의 퇴직자에게 연금급여를 제공하는 방식으로 운영되기 때문에 연금기금을 일종의 공유지 혹은 공돈으로 생각한다. 따라서 엄격하게 관리해야 할 기금이 느슨하게 관리되는 경향이 있고, 투자 손실을 입어도 책임지는 사람이 없는 현상이 발생한다.

명목확정기여 방식으로 연금을 관리하면 명목상으로 연금계좌를 가지고 있기 때문에 연금기금에 대한 주인의식이 강하게 느껴진다. 투자손실은 연금급여의 감소로 이어지는 현실을 바로 체감할 수 있기 때문이다.

명목확정기여연금에서는 명목계좌와 또 다른 제2의 계좌를 두어 운영하도록 설계되어 있다. 제2의 연금계좌는 확정기여 방식으로 운영함으로써 정부의 부담을 줄이기 위해 활용된다. 이 계좌를 개인연금 방식으로 운영하면 완벽한 짝을 이룰 수 있다. 개인연금을 명목확정기여와 연계하면 명목확정기여연금의 틀이 완성될 수 있기 때문이다.

명목확정기여연금의 확산에 대한 분석 결과 구소련의 일원이었던 동유럽 국가와 중앙아시아 국가 대부분이 명목확정급여연금과 개인연금을 접목시켜 운영하고 있었다. 구소련의 일원으로 있었던 아제르바이잔, 키르기스스탄, 몽고도 명목확정기여연금을 도입하였다. 그러나 실상은 부과식 확정급여 방식으로 운영하고 있을 뿐 명목계좌가 체계적으로 관리되지 않고 있다. 따라서 실질적으로는 부과식 확정급여 방식의 틀을 벗어나지 못하고 있다.

양국 모두 강제가입 방식의 개인연금과 연계하여 관리하고 있지만 개인연금이 활성화되어 있지 않아 보충적 연금의 기능을 수행하지 못하고 있다. 키르기스스탄, 아제르바이잔, 몽고는 연금의 안정적 운영이 잘 되지 않는 국가로 분류할 수 있다.

발트 3국은 거의 유사한 연금구조를 가지고 있다. 1층 공적연금과 3층 개인연금을 활용하는 국가이다. 칠레의 개인연금 모형이 도입되어 이들 국가만의 방식으로 정착되었다. 모두 1층과 3층에 보충적 연금을 한 층 더 도입하고 있었다. 3층 중층구조를 활용하는 국가로 분류된다.

발트 3국은 명목확정기여연금의 운영방식도 거의 유사하다. 1층은 명목확정기여 방식으로 운영하고, 3층은 개인연금 방식으로 운영한다. 명목계좌와 확정기여 계좌를 별도로 관리하도록 되어 있다. 차이점이 있다면 라트비아와 에스토니아에서 확정기여로 운영되는 개인연금은 강제가입이지만 리투아니아는 임의가입이라는 점이다. 그러나 임의가입임에도 불구하고 리투아니아의 개인연금 가입률이 높아 명목확정기여연금의 확정기여 계좌의 의미가 유지되고 있다.

발트 3국은 보충적 연금도 도입하여 운영하고 있지만 그 유형은 다르다. 라트비아는 개인연금이라고 지칭하고 있지만 퇴직연금과 유사한 연금으로서 임의가입 방식으로 운영되는 보충적 연금이 있다. 그러나 일부 대기업만 가입되어 있어 보충연금의 역할을 하지 못하는 실정이다. 리투아니아에서도 공적연금과 연계하지 않은 개인연금이 있지만 사용자와 근로자가 공동으로 기여한다는 점에서 내용은 퇴직연금과 유사하다. 에스토니아에서는 임의가입 방식의 개인연금이 보충적 연금 역할을 한다. 퇴직연금에 관해서는 세제혜택 제도를 도입하지 않고 있어서 사실상 퇴직연금 금지효과를 가지고 있다.

러시아는 공적연금과 명목확정기여에 추가적으로 사용되는 확정기여

〈표 7-2〉 동유럽 명목확정기여연금의 비교

지역	국가	중층 구조	완전/ 부분	기본/ 소득연계	기여	특이사항
동유럽	라트비아	1, 2, 3층	완전	기본	사용자 · 근로자	강제 개인연금과 연계
	리투아니아	1, 3, 3층	완전	기본	사용자 · 근로자	임의 개인연금과 연계
	에스토니아	1, 3, 3층	완전	기본	사용자 · 근로자	강제 개인연금과 연계
	러시아	0, 1, 2, 3층	완전	기본	사용자	강제 퇴직연금과 연계
	세르비아	1, 3층	부분	기본	사용자 · 근로자	1층만 점수제 도입
	슬로바키아		완전	기본	사용자 · 근로자	강제 개인연금과 연계
	체코	1, 3층	준완전	기본	사용자 · 근로자	임의 개인연금과 연계, 개인 추가 2% 기여
	크로아티아	1, 3, 3층	준완전	기본	근로자	강제 개인연금과 연계
	헝가리	0, 1, 2, 3층	부분	기본	사용자 · 근로자	-
	폴란드	0, 1, 2, 3층	완전	기본	사용자 · 근로자	-

완전: 명목계좌; 준완전: 명목계좌 없이 별도 계좌 운영; 부분: 점수제나 조정제 운영.

연금 모두 사용자가 부담하기 때문에 개인연금이라고 칭하지 않고 퇴직연금으로 분류한다. 공적연금으로서 명목확정기여연금이 퇴직연금과 연계하고 있다는 점이 다르다. 임의가입 방식을 다양화함으로써 기업의 부담을 줄이고, 연금의 다변화를 추진하고 있다.

라트비아

라트비아는 1991년 구소련에서 독립한 국가로 발트 3국 중 하나이다. 1996년에 이 지역에서 가장 먼저 공적연금 개혁을 실시함으로써 인근 국가뿐만 아니라 동유럽 등지에 영향을 미쳤다. 연금의 민영화로 성공한 칠레 모형도 도입했고, 동시에 스웨덴의 명목확정기여 방식의 연금도 도입한 국가이다(Williamson and Williams 2003). 라트비아의 연금은 3층 중층구조로 되어 있다.

1층은 명목확정기여 방식으로 운영된다. 2층 퇴직연금은 없다. 대신에 3층은 개인연금을 도입하였다. 여기에 퇴직연금과 유사한 임의가입 연금을 도입하여 3층 구조를 확립했다. 1층의 명목확정기여연금은 3층의 개인연금과 연계하여 운영된다(Wilmington Company 2013).

1층은 1996년에 도입되어 명목확정기여 방식으로 운영된다. 명목계좌가 개설되어 운영되기 때문에 완전 명목확정기여 방식으로 관리하고 있다. 따라서 해당 연령층의 평균수명에 근거하여 연금급여가 조정된다. 1층에는 임금근로자와 자영업자 모두가 가입 대상이며 강제가입이다. 연금의 최소가입기간 10년, 상시근로자가 아니거나 현재 무직이어도 임의로 가입이 가능하다.

기여금으로 임금총액에서 24%를 사용자가 부담하고, 근로자는 9%를 기여하여 기금을 조성한다. 33% 중에서 20%는 1층의 공적연금으로 활용된다. 이 20%에는 근로자의 기여분이 7.5% 포함되어 있고, 사용자의 기여분이 12.5% 포함되어 있다. 2007년에는 이 20%를 가지고 14%는 명목확정기여 계좌, 나머지 4%는 3층의 강제가입 방식이면서 개인연금 방식으로 운영되는 확정기여 계좌에 들어간다. 공적연금으로 사용되는 비율을 어떻게 결정할 것인지에 대해서는 경제적 여건에 따라 유동적일 수 있다.

33% 수준에 이르는 기여금은 연금만을 목적으로 관리하는 기금이 아니다. 이 중에서 1층과 3층에 제공된 후 나머지 13%는 연금 이외의 다른 사회 보험료로 활용된다. 의료보험, 장애보험, 고용보험 등과 같은 용도로 활용된다.

강제가입 방식의 개인연금제도는 2001년부터 운영되기 시작했다. 33% 기여 총액 중에서 20%가 연금에 활용되는데 이중에서 2007년에는 4%만이 개인연금 계좌에 사용되었지만 이 비중을 점진적으로 10%까지 높이고 있다. 그렇게 되면 상대적으로 명목확정기여계좌에 제공되는 비중이 줄어들게 된다. 따라서 종국적으로는 명목확정기여 계좌에 10%, 개인연금 계좌에 10%를 활용하는 방식으로 제도를 정착시킬 계획이다.

3층 임의가입 방식 연금은 일종의 퇴직연금이다. 그러나 사용자가 근로자를 위해 기여금을 내고 퇴직 후에 소정의 연금을 제공하는 방식이 아니라, 개인이 보험회사와 계약에 의해 운영되는 연금이다. 사용자와 근로자가 공동으로 기여하는 방식으로 이 연금에 가입하는 경우도 있다. 현재까지는 참여율이 낮아 일부 대기업에서만 활용하고 있다.

에스토니아

에스토니아의 연금은 형식적으로는 3층 구조를 가지고 있지만 내용상으로 보면 4층 구조라고 할 수 있다. 1층의 기본연금과 소득연계연금에서 기본연금은 사실상 0층 역할을 하고 있기 때문이다. 다만 그 재원이 국가에서 나오지 않고 사용자의 공적연금 보험료에서 나온다는 점이 다를 뿐이다. 또한 소득연계연금은 3층의 개인연금에 연결하여 확정기여 방식으로 일부 운영하고 있고, 점수제를 활용하여 물가반영 방식으로 연금급여 수준이 조정되기 때문에 명목확정기여 방식을 활용하고 있다.

1층은 고정연금과 소득연계연금으로 구분하여 운영한다. 고정연금은 사실상 0층의 기능을 수행한다. 물가 등을 반영하여 매년 고정연금 수준을 조정한다. 1층 공적연금은 사용자만 기여하도록 설계되어 있으며 그 수준은 근로소득 총액의 20%이다. 사용자는 여기에 추가하여 13% 수준의 건강보험료를 납부해야 한다(Wilmington 2013). 1층 공적연금은 완전한 명목확정기여 계좌라고 말하기는 어려운 점이 있지만 3층의 개인연금과 연계하여 운영하기 때문에 명목확정기여 계좌의 기능을 수행한다.

1층 공적연금의 경우 소비자 물가지수에 연동시켜 연금급여 수준을 결정하도록 되어 있다. 명목확정기여연금에서 점수제 같은 운영기법을 도입하고 있음을 알 수 있다. 연금급여를 받기 위해서는 최소 15년의 가입기간이 필요하다. 조기 정년퇴직의 경우 1개월에 연금급여액의 0.3%를 차감하고, 반대로 정년을 늦출 경우 1개월에 0.9%를 추가로 더 지급하는 제도를 활용하고 있다.

1층 공적연금과 연계하여 운영하는 3층 개인연금은 강제가입이다. 1983년 정도에 입안된 연금제도로 2002년에 공식적으로 시행되기 시작했다. 1942년에서 1982년 사이에 출생한 근로자의 경우 1층 공적연금과 3층 개인연금 중 하나를 선택하여야 한다. 일단 선택하면 바꿀 수 없다. 개인연금의 재정은 근로자와 사용자가 공동부담하는 방식으로 운영된다. 근로자는 근로소득 총액의 2%를 연금보험료로 납부해야 한다. 사용자는

4%를 기여하는 것으로 정해져 있다. 이 4%는 20% 공적연금 기여분에 추가적으로 더 내는 것이 아니라 20% 중에서 4%를 개인연금 계좌로 돌리는 방식이다.

에스토니아에는 2층 퇴직연금이 없다. 사용자가 퇴직연금을 도입하여 기여금을 내더라도 세제 혜택이 없기 때문에 퇴직연금 금지를 법적으로 하지는 않고 있지만 사실상 제도가 없는 셈이다. 퇴직연금 대신에 임의가입 방식의 개인연금이 도입되어 있어 보충적 연금의 역할을 한다(OECD 2011).

리투아니아

리투아니아의 연금은 형식은 3층 구조이지만 내용은 4층이다. 이 점은 에스토니아와 같다. 1층은 기본연금과 소득연계연금으로 구성된다. 기본연금은 0층에 해당된다. 노동인구의 83%가 1층 공적연금에 가입되어 있다(Bitinas 2011). 임금근로자는 강제가입이지만 자영업자는 임의가입 방식을 취하고 있다. 1층 소득연계연금과 연계하여 3층 개인연금이 도입되어 있다. 임의가입이기는 하지만 참가율이 높다. 또 다른 3층이 있는데 이 층은 퇴직연금의 성격을 가진 개인연금이라고 할 수 있다. 2006년에 퇴직연금이 제도적으로 도입되었으나 시행은 되지 않고 있다.

1층 공적연금 기여총액은 근로자 총임금의 30.7%이다. 이 중에서 23.7%가 연금으로 사용된다. 그중에서 사용자 기여분은 21.2%이고, 근로자 기여분은 2.5%이다(Wilmington Compaly 2013). 1층의 소득연계연금은 에스토니아처럼 명목확정기여와 유사한 방식으로 운영된다. 따라서 가입기간, 소득수준, 경제여건 등을 고려하여 연금급여가 조정된다.

2004년에 임의가입 방식의 개인연금이 도입되었다. 강제가입 방식으로 도입하려 했으나 정치적 타협에 문제가 있어 강제가입 방식은 좌절되었다. 임의가입이지만 참여율이 높아 50%를 넘기고 있다(Wilmington Compaly 2013). 개인연금에 가입할 경우에는 공적연금 계좌로 가야 할 기금의 일부가 이 개인연금 계좌로 전환되는 방식으로 운영된다.

리투아니아의 개인연금은 임의가입인데도 에스토니아처럼 1층 소득연계연금과 연계하여 운영하고 있다. 개인연금에 참여하면 소득연계연금으로 가야 할 일부 기여금이 이 개인연금 계좌로 전환된다. 2004년에 2.5%였으나 2007년에는 5.5%까지 늘어났다. 개인연금 계좌로 전환되는 비중이 늘어나면 소득연계연금에 남는 비중이 줄어드는 방식으로 운영된다.

개인연금 방식의 3층이 2004년에 도입되었다. 이 개인연금은 공적연금과 연계되지는 않지만 가입 장려를 위해 연소득 25%까지 세액 감면(25%에서 15%) 방식을 도입하고 있다. 사용자와 근로자가 공동으로 기여하기 때문에 사실상 퇴직연금에 가까운 개인연금이다.

러시아

1층 공적연금은 공무원을 포함한 공공영역 및 민간영역 임금근로자에게 적용된다. 1층은 2단으로 나누어져 있다. 1단은 기초연금이고 2단은 소득연계연금이다. 공적연금의 기여수준은 임금수준(payroll)의 26%이다. 사용자가 사회보장세 방식으로 부담한다(OECD 2013c).

1층 2단은 기초연금이다. 저소득층을 대상으로 하는 공적연금으로서 강한 소득재분배 기능을 가지고 있으며, 물가에 연동되어 있다. 사용자의 기여금 26% 중에서 6%를 이 기초연금에 사용한다.

1층 2단은 확정급여 방식으로 운영되는 확정급여 방식의 소득연계연금이다. 세부적으로는 명목확정기여 방식으로 관리된다. 개설된 명목계좌는 인플레이션과 같은 변수를 활용하여 퇴직 후 연금이 자동적으로 조정되는 메커니즘의 적용을 받는다. 1996년에 출생했거나 그 이전에 출생한 경우 기여금 26% 중에서 14%를, 그 후에 출생한 경우 7%를 이 계좌로 관리한다.

2층 퇴직연금은 사용자가 기여한 사회보장세 26% 중에서 일부를 할당받아 관리하는 방식으로 제공된다. 1967년이나 그 이후에 출생한 경우에는 7%를 할당받고, 그 이전에 출생한 경우에는 연령별 할당을 적용받는다. 2층 퇴직연금은 확정기여 방식으로 운영되고 퇴직 후에 급여를 제공받으며, 2004년부터 강제가입 방식으로 전환되었다.

러시아에서는 사용자의 선택 사항으로 임의가입 방식의 퇴직연금을 도입할 수 있다. 이것도 2층 퇴직연금이지만 국가의 공적연금이 아닌 사적연금으로 관리된다. 2008년부터는 정부에서 일부를 지원하는 개인연금제도도 도입되어 활용되고 있다. 이 연금층은 3층 개인연금 중 하나로서 사적연금이다(World Finance 2011).

루마니아

루마니아의 연금은 3층 중층구조이다. 1층 공적연금, 3층 강제가입 방식의 개인연금, 3층 임의가입 방식의 개인연금이다. 대부분의 동유럽 국가와 마찬가지로 1층과 3층은 연계하여 운영된다. 공적연금 보험료나 사회보장세를 받아서 일부는 1층에 할당되고 나머지 일부는 개인연금에 할당되는 방식으로 운영된다(CEF 2007).

1층 공적연금은 사용자와 근로자가 공동으로 기여하는 방식으로 재정을 확충한다. 2007년을 기준으로 사용자의 기여수준은 근로자 임금의 19.5%였고 근로자의 기여수준은 9.5%로, 합계 29%로서 높은 수준을 유지하고 있었다. 1층 공적연금은 명목확정기여 방식 중 독일식으로 운영된다. 점수제를 도입하여 최종 연금급여를 정하는 방식이다(de Menil and Sheshinski 2001).

3층 개인연금은 강제가입이다. 재정은 공적연금을 통하여 조성된 29%의 기금 중에서 2008년도 기준으로 2%를 할당받아 관리하는 연금이다. 확정기여 방식으로 관리는 민간에서 담당한다. 2%의 기여수준은 6%까지 점진적으로 상향 조정을 한다.

루마니아에는 2005년 임의가입 방식의 개인연금이 도입되었지만 아직까지 운영하지 못하고 있다.

세르비아

슬로베니아, 크로아티아와 함께 구 유고슬로비아의 일부였던 세르비아는 제도적으로는 1층 공적연금, 2층 강제가입 개인연금, 3층 임의가입 개인연금으로 구성되어 있다. 그러나 2층 강제가입 개인연금은 제도전환 비용 때문에 시행되지 않고 있다(Vuković, and Perišić 2012).

1층 공적연금은 부과식 확정기여 방식으로 운영한다. 명목확정기여를 근거로 하는 점수제를 활용하며, 점수제는 생계비용(cost of living)을 근거로 한다. 사용자와 근로자가 공동으로 기여하는 방식으로 기금을 조성한다. 기금합계는 근로자 임금의 22%인데 사용자와 근로자가 균등하게 11%씩 부담한다.

3층 개인연금은 2006년에 도입되었다. 2008년 말을 기준으로 조사한 결과 1층에 가입되어 있는 참여자의 6.2%만이 가입되어 있어 참여확대가 가장 큰 과제로 대두되고 있다.

슬로바키아

슬로바키아는 3층 구조를 운영한다. 1층은 공적연금, 3층은 강제가입 방식의 개인연금, 그리고 임의가입 방식의 개인연금이 있다. 1층과 3층은 연계하여 운영한다. 일종의 명목확정기여 방식을 가지고 있다(Vagac and Vagacova 2010).

1층 공적연금의 기여수준은 임금수준의 18%이다. 적용대상은 임금근로자와 자영업자를 포함한다. 기여수준 합계 18%에서 근로자는 4%를, 사용자는 18%를 기여한다. 자영업자의 경우 개인이 18%를 모두 기여한다. 이중에서 1층에 9%를 기여하고, 2층에 4%를 기여하는 방식을 취한다. 나머지는 의료보험 등에 연계하여 사용한다(Swiss Life 2013).

1층은 부과식 확정급여로 운영하지만 명목계좌는 개설하지 않는다. 다만 점수제를 활용함으로써 명목확정기여 방식을 원용하는 수준이다. 1층과 연계하여 운영되는 3층은 강제가입이다. 적립식이며 확정기여 방식으로 운영된다.

슬로바키아에는 1층과 3층에 추가하여 또 다른 3층이 운영된다. 사용자와 근로자가 공동으로 부담하는 방식이기 때문에 순수한 개인연금은 아니고, 퇴직연금의 요소가 가미되어 있다. 1996년에 도입된 제도로서 개인연금이 동유럽에 확산되는 시점에 도입되었다. 사용자와 근로자가 공동으로 기여하여 운영된다. 세금공제 혜택이 양측 모두에게 있다. 그러나 제도는 있지만 2008년 미국의 금융위기가 세계적으로 확산되면서 참여율이 크게 감소했다(Vagac and Vagacova 2010).

체 코

체코는 1층 사회보험연금, 3층 사회보험 연계 개인연금, 그리고 3층 임의가입 방식의 개인연금을 운영하는 중층구조 국가이다. 한편으로는 스웨덴의 명목확정기여 방식을 차용하고, 다른 한편으로는 칠레 모형을 차용함으로서 두 연금층을 조합하여 체코의 연금제도를 수립하였다(Mladen 2012). 1층 대상은 임금근로자와 자영업자를 포함하는 전체 노동인구이다. 참여율은 거의 100% 수준이다(Holub and Havá 2012).

1층은 부과식 확정급여 방식이고, 3층은 적립식 확정급여 방식이다. 두 연금층은 연계되어 있다. 기여 합계는 28.0%인데 이중에서 사용자는 21.5%를 기여하고 근로자는 6.5%를 기여한다. 1층 기본연금에는 기여 합계 28% 중에서 25%가 할당된다. 기본연금은 명목계좌를 사용하지는 않지만 소비자물가지수와 연동하여 최종적인 연금급여가 결정되도록 하는 기재를 사용한다. 따라서 명목확정기여 방식을 차용하여 활용하고 있다(Holub and Havá 2012).

개인연금에 가입하면 28% 중에서 나머지 3%는 적립연금으로 이전되어 관리한다. 이 경우에 개인은 추가로 2%를 보험료로 납부한다. 따라서 개인연금 기금은 5.0%씩 적립된다(Holub and Havá 2012). 개인연금에 개인이 추가적으로 내는 연금 보험료는 세금 공제가 되는 연금층이다. 1층과 짝을 이루는 개인연금이 강제가입이 아니고 임의가입 방식을 취하고 있기 때문에 개인연금의 확대 적용을 위해 도입된 방안이다. 기본연금과 짝을 이루는 3층 개인연금이 강제가입이 아니라 임의가입 방식을 취하고 있다는 점에서 리투아니아와 유사하다.

체코는 1층과 3층의 연계방식의 연금 이외에는 사실상 보충적 연금이 존재하지 않는다. 1층과 3층을 연계하여 넓은 의미의 기본연금이라고 할 수 있기 때문에 보충적 연금이 없는 구조이다.

크로아티아

크로아티아는 3층 중층연금구조를 가진 국가이다. 1998년에 연금개혁을 실시했다. 명목확정기여연금으로서 1층, 강제가입방식의 3층 개인연금, 그리고 임의가입 방식의 3층 개인연금을 활용하는 중층구조이다. 1층과 강제가입 방식의 개인연금은 연계하여 관리한다(World Bank 2011).

1층과 강제가입 방식의 개인연금을 위한 기여수준은 임금총액의 20%이다. 임금근로자와 자영업자 모두 대상이며, 기여는 근로자와 자영업자가 한다(IOPS 2011). 기여 합계 20% 중에서 15%는 1층 기본연금에 할당되고, 5%는 개인연금에 할당된다.

1층은 부과식 확정급여 방식이다. 기여 합계 20% 중에서 15%로 운영하며 임금근로자와 자영업자 등 전체 노동인구가 대상이다. 명목확정기여에서 활용하는 점수제를 활용하고 있는데 스위스와 유사한 공식을 채택하고 있다(Bodiroga-Vukobrat 2012). 이 관점에서 스웨덴의 명목확정기여 모형을 차용한 연금층이라고 말할 수 있다.

3층은 적립식 확정기여 방식이다. 기여 합계 20% 중에서 5%를 할당받아 개인연금으로 관리한다. 1층의 보충적 급여로서 역할을 하지만 다른 한편에서는 1층의 한 부분이라고 말할 수 있다. 칠레의 개인연금을 차용한 연금층이다.

크로아티아는 임의가입 방식의 개인연금이 도입되어 있다. 1층과 강제가입 방식의 개인연금에 대한 보충적 급여 역할을 하는 연금층이다.

폴란드

폴란드의 연금은 4층 중층구조로 되어 있다. 0층 고정급여 연금, 1층 명목확정기여 방식의 연금, 2층 퇴직연금, 3층 퇴직계좌연금으로 구성된다. 2층과 3층은 임의가입 방식으로 제도도입은 되었지만 보편적으로 적용이 되지 않고, 일부만 가입되어 있다(OECD 2013d).

1층의 국가보험은 명목확정기여 방식으로 운영된다. 폴란드는 명목계좌와 적립식 계좌가 동시에 운영되는 완전 명목확정기여 제도를 활용한다. 12.22%가 개인의 명목계좌에 적립된다. 1단과 2단은 같은 재정에서 분리 운영된다. 1단은 부과식이며 공공관리 방식이다. 1층 2단은 적립식으로 운영된다. 사용자 · 근로자의 기여 합계 19.52% 중 7.30%는 2단으로 운영, 적립식으로 공개연금기금(open pension fund)에 적립하여 별도 계좌로 민관관리 방식으로 운영하지만 정부의 관리감독을 받는다(Guardiancich 2010b).

보충적 연금으로서 퇴직연금과 개인퇴직계좌(individual retirement account)가 운영된다(EU 2012; Guardiancich 2010b). 그러나 참여율이 매우 낮아 보편적으로 활용되지 않고 있다. 임금근로자의 4% 정도가 퇴직연금에 가입한 상태이다.

헝가리

헝가리는 0층 기초연금, 1층 사회보험연금, 3층 퇴직연금, 4층 개인연금의 4층 구조를 운영한다. 2층 명목확정기여 방식이 도입되어 있지만 완전 명목확정기여 방식이 아니라 점수제를 도입하여 활용하고 있다. 헝가리는 동유럽 국가 중에서 중층연금제를 가장 먼저 도입한 국가이기도 하다(Guardiancich 2010a). 0층은 빈곤층을 대상으로 공공부조 성격으로 제공되는 구빈연금이며 연금가입과는 무관하다.

1층은 1단과 2단으로 나누어 운영된다. 1단은 부과식이며 공적관리방식으로 운영되고, 2단은 적립식이며 사적 관리방식으로 운영된다. 1층은 근로자와 사용자가 공동으로 기여하는 방식으로 운영된다. 근로자는 임금의 9.5%를 기여하고, 사용자는 24.0%를 기여한다. 기여율 합계는 33.5%이다. 이중에서 8%는 1층 2단 계좌에 들어가고, 25.5%는 1층 1단 계좌에 들어간다(Guardiancich 2010a).

1층 1단의 명목확정기여는 헝가리 방식의 산법을 활용하고 있다. 보너스 점수를 받는 제도와 점수를 차감하는 제도를 동시에 운영함으로써 재분배요소를 점진적으로 약화시키는 방법이다(de Menil and Sheshinski 2001). 헝가리는 2004년부터 스위스 방식의 물가-임금 연동(mixed price-wage) 점수제를 활용하였으나 왜곡 적용으로 인하여 연급급여가 높아지는 결과가 발생되기도 했고, 연금불안을 조장하기도 했다(Guardiancich 2010a).

사용자가 근로자에게 제공하는 보충적 연금으로서 퇴직연금이 적용범위를 확대해가고 있다. 임의가입으로 운영되지만 현재 임금근로자의 3분의 1 정도에 해당되는 110만 명 정도가 참여하고 있다(IGP 2012).

4. 중앙아시아 · 중남미 · 아프리카에도 확산된다

중앙아시아는 동유럽과 인접해 있고, 구소련의 일원인 국가가 대부분이다. 경제적 여건은 좋지 않지만 연금개혁을 시도하고 있다. 연금제도의 메뉴도 다양하기 때문에 경제적 여건이 좋지 않은 국가에서 활용하기에 용이한 제도 중 하나가 명목확정기여연금으로 인식되었을 수 있다. 중앙아시아에서 명목확정기여연금을 도입한 국가는 3개국으로 파악되었다. 대체로 중앙아시아에서는 이 연금제도의 원형을 유지하는 방식으로 활용하고 있다.

중남미는 개인연금이 보편적으로 확산된 지역이지만 일부 국가에서는 명목확정기여연금의 장점을 활용하는 국가가 있다. 개인연금과 명목확정기여연금은 개인이 연금계좌를 가질 수 있다는 유사점이 있기 때문에 두 제도의 혼용에 큰 문제가 없는 듯하다. 명목확정기여연금을 도입한 중남미 국가에서는 완전 채택보다는 부분 채택을 하는 경우가 대부분이었다.

아프리카에서는 처음으로 이집트에서 명목확정기여연금을 도입하였다. 그 방식이 완전 채택이어서 인근 국가로의 확산 가능성이 주목된다.

〈표 7-3〉 중앙아시아 · 중남미 · 아프리카의 명목확정기여연금의 비교

지역	국가	중층 구조	완전/부분	기본/소득 연계	기여	특이사항
중앙 아시아	아제르바이잔	0, 1, 3	준완전	기본	사용자 · 근로자	강제, 개인연금과 연계
	몽고	0, 1층	준완전	기본	사용자 · 근로자	연계가능, 개인연금 미비
	키르기스스탄	0, 1, 3층	완전	기본	사용자 · 근로자	강제, 개인연금과 연계
중남미	멕시코	0, 1, 2, 3층	부분	기본	사용자 · 근로자 · 정부	강제, 개인연금과 단절
	브라질	0, 1, 2, 3층	부분	기본	사용자 · 근로자	강제, 사회보험과 연계
	우루과이	0, 1, 3층	부분	기본	사용자 · 근로자	강제, 개인연금과 연계
아프리카	이집트	0, 1, 3층	완전	기본	사용자 · 근로자 · 정부	강제, 개인연금과 연계

특히 개인연금과 연계방식을 취함으로써 아프리카 지역에 개인연금의 확산에 어떤 영향을 미칠지에 대해 더욱 주목된다.

아제르바이잔

아제르바이잔은 카스피해 서부 연안을 끼고 있는 국가로 구소련의 일원이었다. 연금구조는 0층 공공부조연금, 1층 명목확정기여연금, 3층 개인연금으로 구성되어 있다. 형식적으로는 명목계좌를 개설하여 평균수명, 가입기간 등을 활용하여 연금급여를 산정하는 방식을 활용하는 것(IOM 2014)으로 되어 있지만 실질적으로는 현재 근로자가 현재 퇴직자의 연금급여를 지급하는 전통적 확정급여 방식을 유지하는 것으로 분석하기도 한다(Falkingham and Vlachantoni 2010).

개인연금은 2001년에 도입되어 있지만 실질적으로는 운영되지 않고 있는 상황이다. 1층과 3층이 연계되어 운영되는 명목확정기여연금의 특성을 고려할 때 아제르바이잔에는 1층 명목확정기여연금만 도입되어 있다고 할 수 있다. 연금재정에 관한 한 사용자 부담이 본인 부담보다 훨씬 높다. 사용자가 22%, 근로자가 3%를 부담하는 방식이다.

키르기스스탄

키르기스스탄의 연금은 0층의 공공부조연금, 1층의 명목확정기여연금, 3층의 강제가입 방식의 개인연금으로 된 3층 구조이다. 1층과 3층은 연계하여 운영한다. 1997년에 명목확정기여연금을 도입했고, 2008년에 개인연금을 도입했다(ILO. 2010).

1층 명목확정기여연금의 가입대상은 임금근로자와 자영업자를 모두 포함한다. 임금근로자의 경우 본인은 임금의 10%를 기여하고 사용자는 17.25%를 기여하며, 기여 합계는 27.25%이다. 자영업자는 월평균 수입의 9.25%를 매월 기여한다. 1층 관리를 위해 명목계좌를 운영한다. 평균수명, 가입기간 등을 활용하여 연금급여를 산정하는 방식을 도입하고 있다(Falkingham and Vlachantoni 2010).

3층의 개인연금은 강제가입 방식이다. 적립식 확정기여 방식으로 관리한다. 명목확정기여연금의 재정을 위해 기여한 총액 27.25% 중에서 2%는 개인연금의 재정으로 전환한다.

2층 퇴직연금은 없다. 1층은 형식은 명목확정기여 방식이지만 내용은 부과식 확정급여 방식으로 운영되기 때문에 연금의 지속가능성에 크게 기여하지 못하고 있고, 개인연금은 아직까지 터가 잡히지 않고 있는 실정이다(Falkingham and Vlachantoni 2010).

몽 고

몽고는 제도적으로는 0, 1, 2, 3층을 갖춘 국가이다. 1994년에 부과식 확정급여 방식의 사회보험을 도입했다. 1999년에 제도도입을 한 후 2000년에 1층 사회보험연금을 명목확정기여 방식으로 전환했다.

임금의 19%가 기여 합계이고, 모두 명목계좌에 적립되며 개인계좌에 적립되어 확정기여 방식으로 운영되는 부분은 사실상 없다(CISS 2005). 다만 형식상으로는 임의가입 방식의 개인계좌가 있으며 이 계좌는 명목계좌와 연계 운영되도록 설계되어 있다. 몽고에는 비록 일부 기업에 국한되기는 하지만 퇴직연금이 도입되어 있다(Donorov 2013).

몽고는 현재 활용되는 연금층만을 기준으로 해서 보면 사실상 0층과 1층의 명목확정기여연금의 국가로 분류된다.

멕시코

멕시코는 암묵적 명목확정기여(implicit NDC) 방식을 활용한다. 임금의 5%를 적립식 확정기여로 운영되는 개인계좌에서 관리한다. 이 5%는 사용자가 기여하는 부분이다. 이 기금은 INFONAVIT로 지칭되는 주택구입기금에서 관리한다. 최소임금 변동율을 기초로 조정되는 방식으로 관리한다. 개인계좌를 가지고 있는 연금가입자는 주택구입에 활용할 수 있고, 퇴직 후에 연금으로 받을 수도 있다(CISS 2005).

브라질

브라질 연금은 공무원에게 제공되는 특수직 연금을 제외하면 1층과 3층으로 구성되어 있다. 1층은 공적연금이고, 3층은 개인연금이다(Bonturi 2002). 전체 사회구성원에게 해당되지는 않지만 농어촌 노동자에게는 기초연금이 제공된다. 기초연금을 받기 위해서 남자는 60세, 여자는 55세 이상이어야 하고, 최소 10년 이상 농어촌 노동자로 종사해야 한다(Bonturi 2002).

1층은 사회보험 방식의 국가연금이다. 1999년에 연금개혁을 실시하면서 명목확정기여 요소를 가미했다(Pinheiro 2004). 명목확정기여 요소에 의하여 근로자의 총 기여수준, 평균수명과 같은 요소가 최종적인 연금급여 수준의 결정에 활용된다.

명목확정기여는 민간기업 근로자에게만 적용하도록 했다. 연금의 민영화보다는 명목확정기여 방식으로의 전환을 선호한 이유는 낮은 전환비용 때문이었다. 연금급여는 인플레이션에 따라 조정되도록 설계했다(Brooks and Weaver 2005).

근로자의 기여수준은 소득수준에 따라 차등 적용된다. 8%에서 10%까지 다양하다. 그러나 사용자의 기여수준은 33.7%이다. 연금에 활용되는 사회보장세 20%에 13.7%가 더 붙는다. 13.7%는 의료, 장애, 산재 등을 대비해 기금으로 조성되어 활용된다(de Holanda Barbosa 2003). 브라질의 기여율은 세계에서 가장 높은 수준이다(Bonturi 2002).

3층은 개인연금이다. 임의가입 방식을 취하고 있으며, 적용대상은 임금근로자, 자영업자 등을 포함한 전체 노동인구이다. 적립식 확정기여 방식으로 운영한다. 개인연금이 원칙이지만 기업이 원하면 퇴직연금 방식으로 활용이 가능하도록 하였다.

우루과이

우루과이는 1996년에 연금개혁을 실시하여 1층과 3층 구조를 확립했다. 명목확정기여 방식으로 운영된다. 우루과이가 명목확정기여연금을 도입하는 데는 IDB의 역할이 컸다(Brooks and Weaver 2005).

1층은 명목확정기여 방식으로 운영된다. 적용대상은 임금근로자와 자영업자뿐만 아니라 농어민과 전업주부까지 포함하고 있다. 군인이나 경찰, 은행직원, 전문가 등을 포함하는 별도의 특수직 연금도 있다(SSA 2011).

3층은 강제가입 방식의 개인연금이다. 일정수준 이상의 소득이 있는 사람은 강제가입 방식이고, 나머지는 임의가입 방식으로 참여할 수 있다. 이들에 대해서는 금융인센티브를 제공함으로써 참여를 유인하고 있다(Queisser 1998). 2009년을 기준으로 할 때 전체 노동인구의 50% 이상이 가입할 정도로 호응도가 높다. 적립식 확정기여 방식으로 운영된다(SSA 2011).

소득수준에 따라 기여율이 다르게 적용된다. 일정소득 수준(2009년 기준 월 19,805페소) 이하일 경우 임금의 15%를 기여한다. 1층만을 택할 경우에는 15%는 1층 공적연금에서 관리한다. 이들의 3층 참여는 임의가입이기 때문에 개인연금에 가입을 원할 경우에는 7.5%는 공적연금에 보내고, 나머지 7.5%는 개인연금에 보내 관리한다. 소득수준이 일정수준 이상일 경우 15%는 1층 공적연금, 나머지 15%는 개인연금 계좌에서 관리한다. 이들의 연금 기여수준은 30%이다. 자영업자도 같은 소득수준 규정이 적용된다. 임금근로자의 경우 사용자가 7.5%를 1층 공적연금의 사회보험료를 납부하는 데 기여한다(SSA 2009).

우루과이는 1996년 연금개혁에서 1층 공적연금에 명목계좌 개설을 중심으로 하는 명목확정기여연금 도입과 같은 연금개혁을 시도했지만 실패했다(San Martino 2007). 그러나 인플레이션에 따른 연금급여 조정과 같은 내부운영지침에서 명목확정기여연금의 요소를 활용하는 방식을 취하고 있다. 또한 동유럽이나 중앙아시아 국가에서 활용하는 1층 공적연금과 3층 개인연금의 연계활용 방식도 명목확정기여연금의 제도에서 차용한 방법이라고 설명할 수 있다.

이집트

이집트는 2012년 연금개혁을 실시하여 부과식 확정기여 방식의 공적연금을 명목확정기여 방식으로 전환했다. 더불어 공적연금과 연계하여 운영하는 적립식 확정기여 방식의 개인연금제도를 도입하였다(Maait, Mohamed, and Gustavo Demarco 2012). 연금은 0층 공공부조 연금, 임금근로자를 대상으로 하는 1층 사회보험, 그리고 3층으로 구성된다.

1층 공적연금은 명목확정기여연금이기 때문에 명목계좌가 개설될 뿐만 아니라, 물가나 평균수명 등을 반영하여 최종 연금급여가 결정되는 자동조절기재도 함께 도입하여 시행하고 있다.

연금기여에 관한 한 사용자와 근로자 그리고 정부가 공동으로 부담한다. 사용자는 19.5%, 근로자는 10%, 정부는 1%를 부담한다. 자영업자는 적용범위에서 제외된다. 여기에서 16%는 명목확정기여 계좌에서 부과식 확정급여 방식으로 관리한다. 개인연금 방식의 보충적 연금에서는 7%가 할당되며 적립식 확정기여 방식으로 관리한다. 30.5% 중에서 4%는 산재 및 의료보험에, 나머지 3.5%는 기초연금 등으로 활용된다(Maait, Mohamed, and Gustavo Demarco 2012).

이집트는 연금개혁 이전에는 부과식 확정급여 사회보험 방식으로 관리하여 가장 비싼 연금제도를 운영하는 국가 중 하나였다. 사용자의 기여수준은 26%, 근로자의 기여수준은 14%, 정부의 기여수준은 1%로서 기여 합계는 임금수준의 41%였다. 연금개혁으로 재정부담을 10% 정도 줄이는 대신에 명목계좌와 확정기여계좌를 구분하여 운영함으로써 개인에게는 인센티브를 제공하는 방식으로 운영되고 있다.

제8장

준비기금 중심의 다양성

1. 준비기금은 제한된 지역에서 활용한다
2. 동남아시아의 준비기금은 각기 다르다
3. 태평양 도서국가 준비기금은 유사성이 많다
4. 아프리카 준비기금, 경제개발 목적이 더 강하다

제8장 준비기금 중심의 다양성

1. 준비기금은 제한된 지역에서 활용한다

준비기금연금은 세계의 20여개 국가에서 활용되는 연금유형이다. 확산 지역은 동남아시아, 태평양 도서국가 그리고 아프리카로 제한적이다. 준비기금도 개인계좌가 주어지기 때문에 일종의 개인연금이며, 본인의 기여금에 따라 연금이 주어지기 때문에 확정기여의 성격이 있다(Dixon 1989). 임금근로자의 경우 사용자와 근로자가 공동으로 기여하는 경우가 있기 때문에 퇴직연금과 같은 의미도 있다. 대체로 영국의 식민지를 경험한 국가에서 준비기금 방식을 활용하고 있다.

준비기금을 연금으로 활용하는 방식은 다양하다. 싱가포르처럼 사회보험과 유사한 방식으로 활용하는 국가가 있는 반면에 홍콩이나 인도처럼 퇴직연금과 유사한 방식으로 활용하는 국가도 있다. 그러나 연금의 성격을 보면 평생 동안 적립한 기금이 퇴직 시에 일시금으로 제공되는 개인연금의 일종으로 볼 수 있다.

준비기금을 도입한 국가 중에서 싱가포르의 경우 준비기금 내에 다양한 층을 둠으로써 실질적으로는 중층구조의 보충적 연금 역할을 할 수 있는 장치를 두고 있다. 세계은행이나 연금전문가로부터 가장 주목을 많이 받는 연금 유형이 싱가포르의 중앙준비기금이다.

말레이시아는 가장 많은 연금층을 활용하는 국가였다. 0층 구빈연금, 1층 준비기금, 2층 퇴직연금, 3층 개인연금이다. 태국은 1층을 준비기금 방식으로 도입하였다는 특징을 가지고 있었다. 적용범위가 넓어 임금근로자를 대상으로 하지만 상시근로자 1명이라도 적용대상이기 때문에 사실상 자영업자까지 포함한다고 볼 수 있다. 2층 퇴직연금과 3층 개인연금은 도입은 되었지만 활용은 미미한 것으로 파악되었다.

말레이시아 다음으로 많은 연금층을 활용하는 국가는 아프리카의 스와질란드였다. 0층 구빈연금, 1층 사회보험, 2층 퇴직연금이다. 태국처럼 1층을 준비비금으로 활용한다는 점이 특징이라고 할 수 있다.

준비기금을 기본연금으로 하는 국가보다는 보충적 연금으로 활용하는 국가가 훨씬 많았다. 예컨데, 싱가포르는 준비기금 단층만을 운영하는 국가로서 준비기금이 기본연금이다. 따라서 민간에서 관리하는 방식이 아니라 공공 영역에서 관리한다. 싱가포르에는 준비기금 이외에는 사적 연금 방식의 보충적 연금은 없다.

준비기금을 기본연금으로 하는 동남아시아 국가는 싱가포르 외에도 말레이시아, 인도, 인도네시아, 홍콩이 있다. 홍콩에는 사회보험 방식의 공적연금이 존재하지 않기 때문에 준비기금이 사실상 기본연금이다. 공무원이나 교사 등 특수직 연금 대상자를 제외한 임금근로자 및 자영업자를 준비기금 대상자로 하고 있어 적용대상 범위가 넓다.

말레이시아와 인도의 경우에는 형식은 기본연금이지만 실질적으로는 기본연금으로서의 역할을 다하지 못하고 있다. 말레이시아의 경우 강제가입이기는 하나 대기업 중심으로 운영되기 때문에 자영업자와 중소기업 근로자가 제외되어 실질적으로는 기본연금의 역할을 수행하지 못하고 있다. 인도 역시 공무원을 대상으로 하는 연금을 제외하고는 준비기금이 거의 유일한 연금이기 때문에 형식적으로 준비기금을 기본연금으로 분류할 수 있지만 실질적으로는 기본연금의 역할을 수행하지 못하고 있다.

아프리카의 남아프리카공화국, 보츠와나, 스와질란드도 준비기금연금을 기본연금으로 채택하고 있다. 남아프리카공화국과 보츠와나는 1층에 해당되는 공적연금으로 독일식 사회보험이나 영국식 국가연금이 없다. 그러나 남아프리카공화국에는 준비기금이 퇴직연금을 대신하는 사적연금의 한 유형에 불과하기 때문에 준비기금이 기본연금이라는 등식은 성립되지 않는다. 보츠와나는 준비기금이 기본연금이라고 말할 수 있다. 양국 모두 임의가입 방식을 취하고 있기 때문에 기본연금으로서 역할 수행이 어렵다.

그러나 스와질란드는 달랐다. 적용대상이 임금근로자에 한정되어 있지만 강제가입 방식을 취하고 있어 기본연금으로 역할을 할 수 있다. 다만 자영업자가 적용대상에서 제외되어 있다는 점이 문제이다. 짐바브웨는 사회보험을 기본연금으로 하고, 준비기금을 보충적 연금으로 하고 있다. 보충적 연금이기 때문에 임의가입 방식을 취하고 있다.

인도네시아와 태국에서는 사회보험이 기본연금의 역할을 수행하고, 준비기금은 보충적 연금의 기능을 하고 있다. 그러나 두 국가는 가입방식을 다르게 하고 있다. 인도네시아는 강제가입이지만 태국은 임의가입 방식이다.

준비기금연금의 경우 모든 도입국에서는 수준의 차이가 있을 뿐 사용자와 근로자가 공동으로 기여하는 방식을 취하고 있다. 그러나 짐바브웨에서는 근로자만 준비기금에 기여하는 방식으로 운영된다.

준비기금연금을 강제가입으로 운영하는 국가도 있고, 임의가입으로 운영하는 국가도 있다. 수적으로 보면 강제가입이 임의가입보다 더 많다. 강제가입을 택한 국가는 아시아에서는 태국을 제외한 말레이시아, 싱가포르, 인도, 인도네시아, 그리고 홍콩이다. 아프리카에서는 4개국(남아공, 보츠와나, 잠비아, 짐바브웨)은 임의가입이고 나머지 국가는 강제가입이다.

강제가입 방식으로 준비기금을 운영하는 국가는 인도네시아를 제외하고는 모두 준비기금을 기본연금으로 택하고 있다. 기본연금으로 택하기 위해서는 해당 연금층은 적어도 강제가입의 원칙을 택하고 있어야 하는데 그렇지 않는 국가도 있다. 남아공과 보츠와나가 여기에 해당되는 국가이다.

준비기금을 도입한 국가 중에서는 연금개혁을 하지 않은 국가가 많다. 동남아시아 국가 중에서는 말레이시아와 브루나이 등 연구대상 국가 중 과반이 연금개혁을 실시한 상태지만, 남태평양 도서국가의 대부분은 연금개혁이 실시되지 않은 상태이다. 아프리카도 연금개혁이 진행되지 않은 국가가 연구대상국가 중 과반이 넘는 수준이다.

2. 동남아시아의 준비기금은 각기 다르다

준비기금을 도입한 동남아시아 국가는 네팔, 말레이시아, 브루나이, 싱가포르, 스리랑카, 인도, 인도네시아, 태국, 홍콩 등 9개국으로 파악되었다. 싱가포르, 말레이시아, 브루나이를 제외하고는 연금개혁이 진행되지 않은 상태이다.

과반이 넘는 네팔, 싱가포르, 스리랑카, 인도, 홍콩의 5개국에서 준비기금을 단층으로 활용하고 있다. 싱가포르는 단층이지만 운영의 묘를 살려 중층 방식으로 운영하고 있다는 점이 두드러진 특징이지만 나머지 국가들은 연금개혁이 요구되는 상황이다. 단층 운영 5개 국가 중에서 네팔, 인도, 홍콩은 빈곤층을 대상으로 하는 기초연금 정도는 마련되어 있다.

동남아시아 9개 연구대상 국가 중에서 말레이시아, 브루나이, 인도네시아, 태국은 공적연금과 민간연금이 조합된 일종의 중층연금을 갖추고 있다. 그러나 싱가포르를 제외한 나머지 4개국은 단층구조여서 연금개혁이 필요한 상태였다.

인도네시아와 태국을 제외한 모든 국가에서 준비기금을 기본연금으로 하고 있다. 양국은 1층 사회보험연금을 기본연금으로 하고, 준비기금을

〈표 8-1〉 동남아시아 국가들의 준비기금 방식의 연금개혁 비교

지역	국가	중층 구조	기본 연금	가입	적용범위	관리	기여
아시아	네팔	0, 2층	기본	강제	공무원, 민간근로자	공공	근로자 10%
	말레이시아	0, 1, 2, 3층	기본	강제	민간근로자 · 자영업자	공공	사용자 12% · 근로자 11%, 자영업자(본인+정부)
	브루나이	0, 1, 2층	기본	강제	공무원, 민간근로자와 자영업자 임의	공공	사용자 5% · 근로자 5%
	싱가포르	단층	기본	강제	전체 노동인구	공공	사용자 · 근로자
	스리랑카	단층	기본	강제/임의	임금근로자 및 일부 자영업자	민간	근로자 8% · 사용자 12%
	인도	0, 2층	기본	강제	임금근로자	공공	사용자 3.67% · 근로자 12%
	인도네시아	1, 2층	보충	강제	임금근로자(강제) 자영업자(임의)	공공	사용자 3.7% · 근로자 2%
	태국	1, 2층	보충	임의	임금근로자	민간	사용자 3% · 근로자 3%
	홍콩	0, 2층	기본	강제	전체 노동인구	민간	사용자 5% · 근로자 5%

보충적 연금으로 활용하고 있다. 인도네시아는 보충적 연금을 강제가입으로 하고 있지만 태국은 임의가입으로 하고 있다.

준비기금의 적용범위가 임금근로자와 자영업자인 국가는 말레이시아, 싱가포르, 홍콩 정도에 불과했다. 나머지 국가 중에서 네팔, 인도, 태국은 임금근로자만을 대상으로 하고 있고, 브루나이, 스리랑카, 인도네시아는 자영업자를 적용범위에 포함시키고 있지만 임의가입 대상에 불과하다. 재정관리는 공공관리 방식이 네팔, 말레이시아, 브루나이, 싱가포르, 인도, 인도네시아 등 6개국이다. 나머지 3개국은 민간관리 방식을 취하고 있다.

기여방식은 다양했다. 네팔은 근로자만 부담하는 방식이다. 사용자와 근로자가 균등부담하는 국가는 브루나이, 태국, 홍콩 등 3개국이다. 정부가 일부를 부담하는 국가는 말레이시아이다. 말레이시아는 자영업자에 한하여 정부가 재정 일부를 부담한다. 싱가포르, 스리랑카, 인도, 인도네시아는 사용자와 근로자가 공동으로 부담하고 있었다.

싱가포르

싱가포르는 중앙준비기금(CPF)을 확립하여 기본연금으로 활용하고 있다. 공공부조 연금은 지극히 제한된 극빈층에게만 제공된다. 기본연금인 중앙준비기금의 참여율이 거의 100% 수준이기 때문에 기본연금의 역할을 거의 완벽하게 수행(Asher and Bali 2012b)하는 것으로 정평이 나 있다.

중앙준비기금의 재정관리 방식은 적립식이며, 연금급여는 확정기여 방식으로 제공된다. 사용자와 근로자가 공동으로 기여하며, 사용자의 기여수준은 임금의 5.5%에서 15% 사이이고, 근로자의 기여수준은 임금의 5%에서 20% 사이이다. 합치면 임금수준의 최저 10.5%에서 30% 사이의 기금이 중앙준비기금에 적립된다는 사실을 알 수 있다. 중앙준비기금의 기여수준이 이처럼 그 변화의 폭이 큰 이유는 연령과 임금수준에 따라 차등적으로 적용하기 때문이다(Asher and Bali 2012b).

중앙준비기금은 개인계좌 방식으로 관리된다. 개인계좌는 세 개의 계좌로 나누어져 있다. 총 기여금의 67%는 보통계좌(ordinary account: OA)로 들어간다. 이 계좌는 주택과 기타 안정적 투자용으로 활용할 수 있는 개인 적립금의 역할을 한다. 19%는 메디세이브 계좌(Medisave account: MA)로 들어간다. 입원과 응급의료보험의 역할을 하는 적립금의 역할을 한다. 나머지 14%는 연금으로 활용되는 특별계좌(special account: SA)로 들어간다.

중앙준비기금에서 퇴직계좌(retirement account: RA)는 가입과 동시에 만들어지는 것은 아니다. 보통계좌(OA)와 특별계좌(SA)를 55세가 되면 사용할 수 있는데 55세에 만들어진다. 퇴직계좌는 은퇴 후 기초생계를 위하여 활용되는 계좌이다.

싱가포르의 중앙준비기금은 최소합계(minimum sum) 제도를 운용하고 있어 기금의 합계가 일정 수준을 초과하면 인출하여 정해진 용도의 범위 내에서 활용할 수 있다. 이 제도의 활용으로 중층연금의 층에서 4층의 기능 수행이 가능하다.

네 팔

네팔의 연금구조는 0층 공공부조연금과 2층 준비기금연금으로 구성된 2층 중층연금이다. 준비기금 연금은 1962년, 0층은 1992년에 도입되었다. 사회보험이 있기는 하지만 공무원을 대상으로 한다(Palacios 2010).

0층은 극빈층 노인에게 제공되는 매우 낮은 수준의 공공부조 연금이다. 준비기금연금은 임금근로자에게만 적용된다는 점에서 2층 퇴직연금에 가깝다. 준비기금연금의 적용대상은 공무원과 임금근로자이다. 그러나 공무원은 강제가입이고, 상시 근로자 10인 이상 사업장의 임금근로자는 임의가입이기 때문에 적용범위가 제한적이다. 자영업자나 기타 근로자는 준비기금 대상이 아니다.

준비기금연금에 대해 사용자는 임금의 10%를 부담하고, 근로자도 10%를 부담한다. 연금급여는 사용자와 근로자의 기여 총액에 8% 이자를 추가하여 퇴직일시금 방식으로 지급한다. 네팔은 연금개혁이 실시되지 않은 국가이다.

브루나이

브루나이는 보편적 기본연금의 0층, 확정기여방식의 1층, 준비기금 방식의 2층으로 구성된 3층 연금을 갖추고 있다(SSA 2010c). 브루나이의 공적연금은 순수한 인구통계를 근거로 한 보편적 기초연금(universal demogrant minimum pension)이 있다. 이 연금은 일종의 기초연금이다.

공무원은 준비기금에 의무적으로 가입하여야 하고, 민간영역 근로자와 자영업자는 임의가입이다. 브루나이 정부에서는 형식적으로 준비기금연금을 기본연금으로 하고 있다. 준비기금은 사용자와 근로자가 5%씩 균등기여한다. 자영업자 기여수준은 임의로 선택이 가능하다.

브루나이의 보충적 연금은 형식적으로 1층연금이다. 공공영역 근로자와 민간영역 근로자가 강제가입 적용대상이고, 자영업자는 임의가입 대상이다. 적용범위가 준비기금 연금보다 넓다. 형식은 보충적 연금이지만 사실상 기본연금이다. 이 연금은 확정기여 방식으로 운영되며 사용자와 근로자가 3.5%씩 균등부담을 한다. 자영업자는 정액제이며 1개월에

17.5브루나이 달러를 기여한다. 정부의 역할은 관리비를 부담하고 적자가 발생하면 책임을 지는 정도이다. 따라서 이름은 보충적 연금이지만 일종의 공적연금이다.

말레이시아

말레이시아는 근로자준비기금(Employee Provident Fund: EPF)이라 칭하는 준비기금연금을 기본연금으로 활용한다. 공공영역에서 관리하는 연금으로서 재정관리 방식은 적립식이며, 연금급여는 확정기여 방식으로 제공된다. 기여는 사용자와 근로자가 공동으로 부담하며, 사용자는 최소 12%를 기여하고 근로자는 11%를 기여하는 방식으로 재원을 관리한다. 자영업자의 경우 본인 부담은 정액제이며 정부가 일부 재정을 부담한다(SSA 2010c).

말레이시아의 근로자준비기금은 강제가입 방식으로 근로자가 1명인 사업장에서도 가입의무가 있다. 그러나 전체 노동인구의 46.1%만 가입(Asher and Bali 2012a)하고 있어 연금 사각지대가 광범위하다.

근로자준비기금은 2개의 계좌를 운영하고 있다. 계좌 1(Account I)은 퇴직연금으로 활용된다. 55세에 일시금으로 받는다. 계좌 2(Account II)는 주택, 대학이 아닌 고등교육기관(tertiary education), 의료용으로 50세에 돌려받는 방식으로 운영된다. 말레이시아에는 정부예산으로 기여금을 납입하는 확정급여 방식의 공무원연금이 있고, 임금의 10%는 군인이 15%는 정부가 기여금을 납입하고 확정기여 방식으로 운영하는 군인연금이 있다. 극빈층에게 제공되는 매우 낮은 수준의 공적부조연금도 있다.

말레이시아에서는 퇴직연금제도가 도입되었지만 보편적으로 활용되지 않고 대기업 근로자 중심으로 활용되고 있는 수준이기 때문에 적용범위가 매우 제한적이다. 2011년에는 칠레 방식의 개인연금제도를 임의가입 모형을 도입하였으나 아직 제도에 대한 평가를 하기에는 시간적 제약이 있다.

말레이시아에는 사회보험제도가 있지만 장애 및 유족 연금에만 해당되는 사회보험연금이다. 사용자와 근로자는 근로자 소득의 0.5%를 균등부담하는 방식으로 재정을 충당한다(SSA 2010c).

스리랑카

스리랑카는 공무원을 대상으로 하는 확정급여 방식의 연금과 민간영역 근로자를 대상으로 하는 준비기금이 있다(Palacios 2010). 극빈층을 위한 공공부조 방식의 연금도 있다. 준비기금연금은 1958년에 도입했다. 적용대상은 임금근로자와 일부 자영업자이다. 준비기금으로 사용자는 12%를 부담하고, 근로자는 8%를 부담한다. 사용자와 근로자 모두 추가기여가 가능하다. 연금은 가입기간 동안의 기여총액에 이자를 합친 금액을 일시금 방식으로 받는다. 스리랑카는 연금개혁이 실시되지 않은 국가로서 단층연금구조이다(SSA 2010).

인 도

인도의 연금제도는 매우 복잡한 구조를 가지고 있다. 공적연금으로 0층에 해당되는 연금과 1층에 해당되는 연금이 있다. 0층은 극빈층에게 제공되는 매우 낮은 공적부조연금이며, 사회보장(social security)연금으로 지칭된다. 1층 대상은 공무원이다. 현재 구제도에서 신제도로 전환 중이다. 구제도는 공무원연금계획(central civil service pension scheme)과 공무원준비기금(civil service provident fund) 방식으로 운영된다. 2004년 도입된 국가연금체계(national pension system: NPS)는 1단 계좌와 2단 계좌로 관리하고 있다.

구제도에서 공무원연금계획(central civil service pension scheme)은 1971년, 공무원준비기금(civil service provident fund)은 1982년에 도입되었다. 둘 다 강제가입 방식이고, 대상은 중앙정부에서 근무하는 공무원이다. 공무원연금계획은 부과식, 확정급여 방식으로 운영된다. 공무원은 기여금을 내지 않고, 대신 사용자가 임금의 8.3%, 정부가 1.16%를 기여한다. 공무원준비기금은 적립식 확정기여 방식으로 설계되었지만 실무에서는 확정급여 방식으로 운영된다. 공무원은 임금의 6%부터 100% 사이에서 선택적으로 기여수준을 정할 수 있다. 준비기금으로부터 퇴직 시에 일시금으로 급여가 지급된다.

신제도는 2004년부터 시작되었고, 대상은 공무원이다. 구제도의 단순화뿐 아니라, 부과식 확정급여에서 적립식 확정기여로의 전환이 중요한 특징이다. 사용자와 근로자가 각각 10%의 기여금을 낸다. 기여금은 개인의 계좌에 적립되며, 확정기여 방식으로 연금급여가 제공된다. 신제도는 두 개의 연금 계좌로 운영된다. 1단 계좌는 퇴직 후 연금급여 제공에 활용되고 2단 계좌는 중간에 탈퇴가 가능한 계좌이다. 1단 계좌는 강제가입 방식이지만 2단 계좌는 임의가입이다. 준비기금연금 방식으로 개혁을 추진한 결과라고 설명할 수 있다.

2층 퇴직연금도 2단으로 나누어져 있다. 1단은 1952년에 도입되었으며, 근로자준비기금으로서 인도에서 가장 오래된 역사를 가지고 있는 연금이다. 2단은 퇴직연금이며 임의가입으로 운영된다.

근로자준비기금은 상시근로자 20인 이상의 사업장에 적용된다. 이것은 다시 세 가지로 구분된다. 근로자연금계획(employees' pension scheme),

근로자준비기금(employees' provident fund), 근로자저축연계보험계획(employees' deposit linked insurance scheme)이다. 근로자연금계획은 퇴직급여 제공을 위해 활용되며 확정급여 방식으로 관리한다. 기여는 사용자(8.3%)와 정부(1.16%)가 공동으로 부담한다. 근로자준비기금은 확정기여 방식으로 관리하다가 퇴직일시금으로 제공된다. 사용자와 근로자가 각각 3.67%를 기여한다. 근로자저축연계보험계획은 사용자가 0.5%를 기여하며 근로자 사망 시 유족에게 제공되는 급여이다.

인도네시아

인도네시아는 1층 사회보험과 2층 준비기금 방식의 퇴직연금구조를 가지고 있다. 1층 사회보험은 전국민을 대상으로 하며 사용자, 근로자, 국가가 공동으로 기여하는 방식으로 관리함으로써 기초연금 수준의 급여를 제공한다. 그러나 참여율이 25% 수준에 그치고 있어 실효성 문제가 쟁점이 되고 있다(Mulliati 2013). 사회보험 기여는 준비기금에 가입되어 있는 근로자의 경우 사용자가 0.3%를 부담하고, 자영업자는 소득의 1%를 부담한다(SSA 2010).

2층 퇴직연금은 준비기금 방식으로 운영된다. 예외적인 경우를 제외하고 퇴직일시금으로 제공되는 특징이 있다. 대상은 10인 이상 상시근로자가 근무하는 사업장의 임금근로자와 자영업자이다. 임금근로자의 경우 사용자가 3.7%, 근로자가 2%를 준비기금 기여금으로 납입한다. 자영업자는 소득의 2%를 기여금으로 제공한다(SSA 2010).

2층에는 비정규직근로자(informal sector worker)를 대상으로 하는 준비기금 방식의 퇴직연금제도가 있지만 활성화되지 않은 상태이다.

태 국

태국의 연금은 1층 사회보험연금과 2층 퇴직연금으로 구성되어 있다. 1층 사회보험은 임금근로자와 자영업자를 대상으로 운영된다. 임금근로자는 강제가입이지만 자영업자는 임의가입이다. 임금근로자의 경우 사용자와 근로자가 각각 임금의 3% 수준의 보험료를 납부하고 정부가 1%를 납부하는 방식이며, 부과식 확정기여 방식으로 운영된다. 자영업자의 경우 소득 비율이 아니라 정액의 연금보험료를 납부한다(SSA 2010).

2층 퇴직연금 계획에는 두 가지가 있다. 하나는 준비기금(provident fund)이고, 다른 하나는 퇴직상호기금(retirement mutual fund)이다. 모두 임의가입이다. 준비기금은 1987년에 도입되었으며, 사용자와 근로자의 협약에 의해 확정급여 방식으로 운영된다. 사용자와 근로자가 공동으로 기여하고, 근로자의 기여수준은 임금의 3~15% 수준이며, 사용자의 기여수준은 근로자의 기여수준보다 낮다. 준비기금은 대기업을 중심으로 도입되어 있다. 태국의 사회보험 가입률은 민간영역 근로자의 22.8%에 불과하고, 준비기금 가입자는 5% 미만으로 사각지대가 매우 크고 광범위하다(Kanjanahoomin 2004).

홍 콩

홍콩의 연금제도는 2층으로 된 구조이다. 0층은 공공부조 방식으로 제공되는 연금으로서 그룹을 65~69세와 70세 이상으로 구분하여 차등적으로 급여를 제공한다. 재정은 전액 정부에서 부담한다. 홍콩에서는 독일식 국가연금이나 영국식 사회보험 방식의 1층 공적연금은 갖추어져 있지 않다.

홍콩의 2층은 1995년에 도입된 준비기금 방식의 퇴직연금이다. 준비기금 연금이 기본연금의 역할을 한다. 근로자와 사용자가 각각 최소 5%의 기여금을 낸다. 기여금 수준은 추가적으로 높일 수 있다. 준비기금의 대상은 자영업자도 포함된다. 자영업자의 경우에도 신고한 소득의 5%를 기여금으로 납부한다. 3층 개인연금이나 4층 보충적 연금은 존재하지 않는다.

3. 태평양 도서국가 준비기금은 유사성이 많다

남태평양 도서국가 중 바누아투, 사모아, 솔로몬제도, 피지, 키리바시, 파푸아뉴기니 등 6개국은 준비기금연금을 기본연금으로 하고 있다. 연금개혁이 실시되지 않아 모두 준비기금을 단층으로 하는 연금구조를 가지고 있고, 제도의 유사점도 많은 것이 특징이다. 다만 사모아 정도가 0층을 도입하여 빈곤층 노후보장에 국가가 개입하고 있다. 나머지 5개 국가는 0층마저 갖추어져 있지 않은 상태이다.

6개 국가 모두 준비기금을 기본연금으로 하고 있다. 기본연금이기 때문에 임금근로자에 대해서는 모두 강제가입 방식이다. 자영업자를 적용범위에 포함시킨 국가는 바누아투, 사모아, 솔로몬제도, 파푸아뉴기니 등 4개국이었고, 자영업자를 적용대상에서 제외한 국가는 피지와 키리바시 2개국이었다. 자영업자에 대해서는 4개국 모두 임의가입 방식이다.

준비기금 관리는 바누아투를 제외하고는 모두 공공관리 방식이다. 재정은 사용자와 근로자 공동 부담이다. 바누아투, 사모아, 솔로몬제도, 피지, 키리바시 등 5개국은 비율은 달라도 사용자와 근로자 균등부담이다.

〈표 8-2〉 남태평양 도서 국가들의 준비기금연금 비교

지역	국가 (도입연도)	중층 구조	기본 연금	가입	적용범위	관리	기여
태평양 도서 국가	바누아투 (1986)	단층	기본	강제/ 임의	임금근로자(강제) 자영업자(임의)	민간	사용자 4% 근로자 4%
	사모아 (1972)	0, 2층	기본	강제/ 임의	임금근로자(강제) 자영업자(임의)	공공	사용자 5% 근로자 5%
	솔로몬제도 (1976)	단층	기본	강제/ 임의	임금근로자(강제) 자영업자(임의)	공공	사용자 5% 근로자 5%
	피지 (1966)	단층	기본	강제	임금근로자	공공	사용자 8% 근로자 8%
	키리바시 (1976)	단층	기본	강제	임금근로자	공공	사용자 7.5% 근로자 7.5%
	파푸아뉴기니 (2000)	단층	기본	강제/ 임의	임금근로자(강제) 자영업자(임의)	공공	사용자 8.4% 근로자 6% 자영업자 6%

파푸아뉴기니는 사용자 부담이 근로자 부담을 상회하고 있다.

바누아투

바누아투는 1986년에 준비기금연금을 도입했다. 임금근로자를 대상으로 하지만 자영업자도 임의가입으로 참여할 수 있다. 사용자와 근로자가 4%씩 부담한다. 원한다면 근로자는 추가로 기여할 수도 있다. 가입기간 동안의 기여 총액에 이자를 합친 금액을 퇴직일시금으로 받는다. 준비기금은 민간에서 관리하지만 정부에서 감독 역할을 수행한다.

사모아

사모아는 1972년 준비기금연금을 도입했다. 또한 0층으로 65세 이상

의 노인에게 제공되는 매우 낮은 수준의 연금도 있다(SSA 2010).

준비기금연금의 적용대상은 공무원을 포함한 민간영역 임금근로자와 자영업자이다. 다만 공무원과 임금근로자는 강제가입 대상인데 반해 자영업자는 임의가입이다. 준비기금으로 사용자와 근로자 각각 임금의 5%를 부담한다. 5%는 최소기준이기 때문에 추가 부담도 가능하다.

연금급여는 기금합계에 이자율을 합친 금액을 퇴직일시금으로 받을 수도 있고, 연금합계 중 75%는 매월 연금 형태로 받고 25%는 일시금으로 받을 수도 있으며, 55세에 일시금으로 받을 수도 있다. 사모아는 연금개혁이 실시되지 않은 국가이다.

솔로몬제도

솔로몬제도는 1976년에 준비기금연금을 도입했다. 임금근로자는 강제가입이고, 자영업자와 12개월 연속으로 준비기금에 가입한 전력이 있는 실업자는 임의가입 대상이다. 사용자는 임금의 7.5%를 부담하고, 근로자는 5%를 부담한다. 가입기간 동안의 기여총액과 이자를 합친 금액을 일시금 형식으로 받는다(SSA 2010).

키리바시

키리바시는 태평양 섬나라 중 하나로 영국 식민지의 일원이었다. 1976년에 준비기금연금을 도입하였다. 자영업자는 적용대상에서 제외된다(SSA 2010).

사용자와 근로자가 각각 임금의 7.5%를 공동으로 준비기금에 기여하여 운영한다. 근로자가 원하면 추가적 기여도 가능하다. 그러나 준비기금연금에 정부의 지원은 없다. 연금급여는 전체 기여 합계액에 이자를 추가하여 제공하는 수준이다. 일시금을 받을 수도 있고, 매월 연금 방식으로 수령할 수도 있다. 키리바시는 사실상 준비기금연금 단층구조로 연금을 운영하는 국가이다. 연금개혁이 아직 진행되지 않고 있다.

준비기금은 국가준비기금위원회(National Provident Fund Board)에서 관리한다. 위원회의 위원은 정부대표, 사용자대표, 근로자대표로 구성된다. 민간관리보다는 공공관리의 성격이 더 강하다.

파푸아뉴기니

파푸아뉴기니는 1980년에 준비기금연금을 도입했다가 2000년에 퇴직연금 방식으로 전환했다. 이름은 퇴직연금이지만 기금관리 방식이 적립금에 일정 지분의 이자를 합쳐 일시금으로 지급한다는 관점에서 여전히 준비기금 방식의 연금이라고 볼 수 있다(SSA 2010).

재정은 임금근로자의 경우 사용자 8.4%, 근로자 6%를 부담한다. 임의가입 대상인 자영업자는 소득의 6%를 기여한다. 재정부담에 정부의 역할은 없다. 다만 감독기능은 행사한다.

피 지

피지는 남태평양의 섬으로 이루어진 국가이다. 영국 식민지로 있다가 1970년에 독립했다. 1966년 임금근로자를 대상으로 하는 준비기금연금을 도입하였다. 자영업자는 임의가입 방식으로 준비기금연금에 참여할 수 있다(SSA 2010).

준비기금연금에 근로자는 임금의 8%, 사용자는 8~30%를 기여한다.

임의가입 적용대상으로서 자영업자의 경우 35%까지 기여할 수 있다. 준비기금연금이 그렇듯이 피지에서도 정부의 지원은 없다.

기금관리는 정부에서 직접 하지 않고, 피지국가준비기금위원회(Fiji National Provident Fund Board)를 조직하여 운영한다. 재무부가 위원장을 지명한다. 준정부기관의 성격을 가진 기관이다(SSA 2010).

연금급여는 전체 기여 합계액에 이자를 추가하여 제공하는 수준이다. 일시금을 받을 수도 있고, 매월 연금 방식으로 수령할 수도 있다. 피지는 사실상 준비기금연금 단층구조로 연금을 운영하는 국가이다.

4. 아프리카 준비기금, 경제개발 목적이 더 강하다

아프리카에서 준비기금 연금을 도입한 국가는 가나, 감비아, 나이제리아, 남아프리카공화국, 보츠와나, 세이셸, 스와질란드, 우간다, 이집트, 잠비아, 짐바브웨, 케냐, 탄자니아 등 13개국 정도였다.

아프리카의 준비기금 도입국가 역시 대체로 영국의 식민지 경험이라는 공통점이 있다. 독립 후 연금제도로 준비기금을 도입하게 되는데 사회안전망을 확충하기 위한 목적보다는 경제개발의 기금 확충을 위한 목적이 더 강하다는 점이 자주 거론된다(Dei 1997; Kpessa 2010). 특히 가나의 경우 젊은 층의 인구 비율이 높기 때문에 사회안전망보다는 경제개발기금 목적이 더 강했던 것으로 평가받고 있다(Gerdes 1971).

준비기금을 활용했던 나이제리아, 이집트, 탄자니아 등 3개국은 준비기금을 포기하고 다른 연금제도로 전환했다. 나이제리아는 2004년에 개인연금으로 전환했고, 이집트는 2012년에 명목확정기여연금으로 전환했다. 탄자니아는 1997년에 사회보험연금으로 전환했다.

준비기금연금을 활용하는 국가 중에서 가나, 감비아, 세이셸, 스와질란드, 잠비아, 짐바브웨, 케냐와 같은 7개 국가는 사회보험연금을 추가 도입하는 방식으로 중층연금제도를 갖추게 된 국가로 분류할 수 있다. 그러나 가나의 경우는 다른 4개 국가와는 달리 사회보험을 먼저 도입한 후 연금개혁의 일환으로 준비기금연금을 도입했다.

남아공, 보츠와나, 우간다와 같은 3개 국가는 준비기금연금을 거의 원형대로 유지하는 국가이다. 남아공과 보츠와나는 0층을 추가함으로써 극빈층을 지원하는 제도를 도입했지만 우간다는 0층마저도 갖추어져 있지 않은 상황이다.

준비기금연금을 기본연금으로 하는 국가는 남아공, 보츠와나, 스와질란드, 우간다, 케냐 등 5개 국가이다. 보충적 연금으로 활용하는 국가는 가나, 감비아, 잠비아, 짐바브웨 등 4개 국가이다.

그러나 세이셸에서는 1층 사회보장기금과 2층 연금기금 모두 준비기금 방식으로 운영되기 때문에 한편으로는 기본연금의 역할을 하고, 다른 한편으로는 보충연금의 역할을 하는 것으로 파악되었다. 그 수준에는 미치지 못하지만 아시아의 싱가포르에서처럼 형식은 단층 준비기금연금이지만 내용은 중층으로 운영하는 것과 유사한 모습을 띠고 있다.

준비기금을 강제가입 방식으로 운영하는 국가는 가나, 감비아, 세이셸, 스와질란드, 우간다, 케냐 등 6개 국가이고, 임의가입으로 운영하는 국가는 남아공, 보츠와나, 잠비아, 짐바브웨 등 4개국이었다.

준비기금을 기본연금으로 하는 국가 중 세이셸, 스와질란드, 우간다, 케냐는 강제가입이지만, 남아공과 보츠와나는 준비기금을 기본연금으로 하고 있음에도 불구하고 임의가입 방식이어서 기본연금의 역할에 큰 허점이 드러나고 있다.

〈표 8-3〉 아프리카 국가들의 준비기금 연금 비교

지역	국가 (도입연도)	중층 구조	기본 연금	가입	적용범위	관리	기여
아프리카	가나 (2004)	1, 2, 3층	보충	강제	임금근로자 · 자영업자	공공	기여 합계 18.5% 중 10%
	감비아 (1981)	1, 2층	보충	강제	임금근로자(강제) · 자영업자(임의)	공공	사용자 15% · 근로자 5%
	나이제리아* (1961)	-	-	-	-	-	-
	남아공 (1956)	0, 2층	기본	임의	임금근로자	민간	사용자 · 근로자
	보츠와나 (1988)	0, 2층	기본	임의	중견 민간근로자	민간	사용자 · 근로자
	세이셸** (1971)	1, 2층	기본/보충	강제	1층 전인구/2층 자영업자만 임의	공공	1층: 사용자 20% · 근로자 2.5%/ 2층: 사용자 1% · 근로자 1% · 정부 1%
	스와질란드 (1974)	0, 1, 2층	기본	강제	임금근로자	공공	사용자 · 근로자
	우간다 (1967)	2층	기본	강제	임금근로자	공공	사용자 10% · 근로자 5%
	이집트* (1955)	-	-	-	-	-	-
	잠비아 (1966)	0, 1, 2층	보충	임의	임의	민간	-
	짐바브웨 (1976)	1, 2층	보충	임의	임금근로자	민간	사용자 · 근로자
	케냐 (1965)	2, 2(임), 3(임)층	기본	강제	임금근로자 · 자영업자	-	사용자 5% · 근로자 5%
	탄자니아* (1964)	1층	-	-	-	-	-

* 나이제리아: 2004년 개인연금 전환; 이집트: 2012년 명목확정기여 전환; 탄자니아: 1997년 사회보험연금 전환.

** 세이셸은 1층, 2층 모두 준비기금 방식으로 운영.

준비기금연금의 적용범위가 임금근로자와 자영업자 모두에게 강제가입 방식을 유지하는 국가는 가나, 세이셸, 케냐 3개국뿐이었다. 임금근로자만을 강제가입으로 하고 자영업자를 임의가입 방식으로 포함시키는 국가는 감비아뿐이었다. 나머지 남아공, 스와질란드, 우간다, 짐바브웨는 임금근로자만 강제가입이고, 자영업자는 적용대상에서 제외시키고 있다.

보츠와나는 임금근로자 중 상시근로자가 일정규모 이상인 기업에 근무하는 근로자에게만 강제가입으로 하고, 자영업자를 적용대상에서 제외하고 있었다. 잠비아는 임금근로자에게도 임의가입 방식을 적용하고 있다.

재정은 모두 사용자와 근로자가 공동으로 부담하는 방식으로 제도가 짜여 있었다. 세이셸의 경우에는 정부가 기여하는 부분이 있었다.

가 나

가나의 연금에 대해서는 퇴직연금에서 논의하였다. 가나는 2004년에 강제가입 방식의 준비기금연금을 도입하였다. 적용대상은 임금근로자와 자영업자이다. 1층 사회보험연금과 연계하여 운영하기 때문에 사회보험연금의 보충적 연금 역할을 한다. 가나에서는 강제가입 퇴직연금으로 표현하기도 하지만 성격은 준비기금연금이다.

감비아

감비아는 공적연금인 1층 사회보험연금과 2층 준비기금 연금을 운영하는 2층 중층구조를 갖추고 있다(Stewart and Yermo 2009). 1층 사회보험연금은 임금의 15%를 사용자만 부담하는 방식으로 재정을 확충한다. 사회보험에 근로자 기여는 없다. 자영업자는 사회보험연금의 적용대상에서 제외된다.

준비기금 방식으로 운영되는 2층의 적용대상은 임금근로자와 자영업자이다. 임금근로자는 강제가입이지만 자영업자는 임의가입이다. 임금근로자의 경우 근로자는 본봉(basic salary)의 5%를 부담하고, 사용자는 15%를 부담한다.

나이제리아

나이제리아는 1961년에 준비기금연금을 도입하여 운영하였으나 2004년에 개인연금제도로 전환하였다. 임금근로자를 대상으로 강제가입 개인연금을 운영한다. 개인연금 재정은 사용자와 근로자가 균등부담하며, 그 수준은 임금의 7.5%이다(SSA 2010).

남아프리카공화국

남아프리카공화국은 연금제도가 미비되어 있다. 0층 공공부조연금, 2층 공무원과 민간영역 근로자를 위한 퇴직연금만 갖추어져 있을 뿐 전국민을 대상으로 하는 1층 공적연금이 갖추어져 있지 않다. 자영업자를 대상으로 하는 3층 개인연금도 미비되어 있다.

2층 공무원을 대상으로 하는 퇴직연금은 1996년에 도입되어 강제가입으로 운영되고 있다(IOPS 2011). 민간영역 근로자를 대상으로 하는 퇴직연금은 연금기금(pension fund), 준비기금(provident fund), 퇴직연금기금(retirement annuity fund) 등 다양한 방식으로 운영된다. 남아공에서 이같은 비공식 연금체계는 1956년에 연금기금법(pension funds act)이 제정되면서 갖추어지기 시작하였다.

연금에 관한 한 요건이 되면 강제가입을 원칙으로 하는 영역과 임의가입이 공존한다. 관리는 국가가 하는 경우도 있고, 민간에서 하는 경우도 있다. 기여는 임금의 9% 수준이며 사용자와 근로자가 균등부담을 한다(OECD 2011). 통일된 방식이 존재하지 않는다.

보츠와나

보츠와나는 0층과 2층이 갖추어진 중층연금제도를 활용하고 있다. 0층은 공공부조 방식으로 제공되는 연금으로서 65세 이상의 모든 노인을 대상으로 한다. 국가의 예산으로 제공되는 구빈연금의 성격을 가지고 있다. 영국식 국가보험이나 독일식 사회보험이 갖추어져 있지 않아 허리가 되는 기본연금이 매우 취약한 상태이다(IOPS 2011).

보츠와나는 2층에 해당되는 퇴직연금이 있지만 일부 근로자에게 한하여 적용된다. 그 유형은 준비기금 방식이다. 1988년에 도입된 연금 및 준비기금법(Pension and Provident Funds Act)에 의해 중견기업 이상의 규모를 가진 기업 근로자만이 대상이기 때문에 중소기업에 근무하는 근로자에게는 해당되지 않는다(Botswana Public Officers Pension Fund 2006).

연금은 확정급여나 확정기여 방식 중 하나를 선택할 수 있으며 연금급여는 퇴직일시금 방식으로 제공된다. 재정은 근로자와 사용자가 공동으로 부담한다. 근로자는 월급의 5%를 기여하고, 사용자는 5~10%를 기여한다. 전체 기여금 수준은 임금의 10~15%이다.

보츠와나의 연금사각지대는 매우 넓다. 구빈연금이 모든 노인에게 지급되기는 하지만 영국식 국가보험이나 독일식 사회보험이 구비되어 있지 않아 기본연금이 없는 상태이다. 보충적 연금이 중견기업 이상의 근로자에게만 해당되기 때문에 중소기업 근로자 및 자영업자 집단이 보충적 연금의 사각지대라고 할 수 있다.

세이셸

세이셸은 1971년에 준비기금연금을 도입했다. 2005년에는 준비기금연금을 고쳐 시칠리 연금기금(pension fund)을 수립하여 운영하고 있다. 그리고 2010년에는 사회보장기금(social security fund)을 도입하여 운영함으로써 1층 사회보장기금, 2층 연금기금의 틀을 갖추었다.

사회보장기금과 연금기금은 모두 준비기금 방식으로 운영된다. 사회보장기금은 기본연금의 역할을 하고 연금기금은 보충적 연금의 역할을 수행한다.

사회보장기금에는 근로자와 사용자가 공동으로 기여하지만 사용자 부담이 훨씬 많다. 근로자는 임금의 2.5%, 사용자는 임금의 20%를 기여한다. 자영업자는 세금제도를 통하여 기여금을 납부한다.

연금기금에는 근로자, 사용자, 정부가 공동으로 기여하며 기여수준은 임금의 1%이다. 자영업자는 본인 부담이 2%이다. 정부의 기여가 사회보장기금보다는 연금기금에만 있다는 점은 주목할 만한 특징이다.

스와질란드

스와질란드 연금은 0층 공공부조연금, 1층 준비기금 방식의 연금, 3층 사적연금으로서 퇴직연금이 있다. 1층 준비기금은 1974년에 도입되었다. 대상은 임금근로자이며, 강제가입 제도이다. 노동인구의 21%가 참여하고 있으며, 준비기금 방식임에도 불구하고 확정급여 방식으로 운영된다 (SSA 2010).

2층은 퇴직연금으로 2005년에 제도가 도입되었다. 1층 준비기금연금의 보충적 연금으로 모든 경제활동인구를 대상으로 하고 있다. 확정급여 방식으로 운영되며, 연금은 정부가 보장하는 방식이다(Observer Reporter). 기여율이 결정되지 않아 실질적으로 시행이 되지 않고 있다.

우간다

우간다는 1967년에 준비기금 연금을 도입하였다. 연금개혁을 하지 않은 국가로 분류된다. 준비기금연금의 적용대상은 임금근로자이고, 자영업자는 적용대상에서 제외된다. 기여수준은 사용자가 임금의 15%, 근로자가 5%를 부담한다. 연금은 기금합계에 이자를 더하여 퇴직일시금으로 제공된다.

이집트

명목확정기여 부분에서 논의한 바와 같이 이집트는 2012년에 연금개혁을 실시하였다. 1955년에 준비기금연금을 도입하여 운영하다가 2012년에 부과식 확정기여 방식의 공적연금을 명목확정기여 방식으로 전환했다. 더불어 공적연금과 연계하여 운영하는 적립식 확정기여 방식의 개인연금제도를 도입하였다(Maait, Mohamed, and Gustavo Demarco 2012). 연금은 0층 공공부조 연금, 임금근로자를 대상으로 하는 1층 사회보험 그리고 3층으로 구성된다.

잠비아

잠비아는 최빈국에 속하는 국가로서 퇴직연금 부분에서 논의하였다. 전인구의 64% 이상이 빈곤층으로 분류되고 있어 연금제도의 틀조차 갖추기 어려운 상황이다.

퇴직연금은 준비기금 방식으로 운영된다. 대체로 확정급여 방식이다. 기여수준이 법으로 확정되어 있지 않다. 근로자 임금의 10~20% 수준에서 결정된다. 규정은 없지만 3분의 2는 사용자가 부담하고 나머지는 근로자가 부담한다. 그러나 현실에서의 기여수준은 5~10%에 불과하다(Lungu 2009).

짐바브웨

짐바브웨의 연금은 2층으로 구성되어 있다. 0층은 미비되어 있지만 1층 사회보험연금과 2층 준비기금 방식의 퇴직연금이 있다.

1층은 사회보험 방식은 연금이다. 공공영역 근로자와 민간영역 근로자를 대상으로 하지만 자영업자는 대상에서 제외된다. 사용자와 근로자 각각 3%씩 기여금을 내기 때문에 합계는 근로자 임금의 6% 수준이 사회보험료로 납부된다. 노동인구의 약 30%가 사회보험연금에 가입되어 있다(SSA 2010c; Mywage.org 2014).

2층 퇴직연금은 준비기금 방식으로 운영된다. 근로자가 6% 수준의 기여금을 납부하는 방식으로 운영되며, 임의가입 방식이다.

케 냐

케냐의 연금은 2층 준비기금연금을 기본연금으로 하고 있다. 기업이 금융시장에서 활용하는 2층 퇴직연금, 3층 개인연금과 같은 비공식 연금을 갖추고 있지만 법에 의해 구속받는 연금은 준비기금연금이 전부이다. 0층 구빈연금은 미비되어 있다.

준비기금연금은 5인 이상 근로자가 있는 사업장에 의무적으로 적용되는 연금이다. 340만 명이 참여 대상이지만 실제로는 100만 명을 약간 상회하는 정도의 근로자만 참여하고 있다. 이 제도는 1965년에 법제화되었다. 준비기금 방식으로만 운영되다가 1997년 국가사회보장기금(National Social Security Fund: NSSF)에 의해 준비기금 방식으로 운영되는 확정기여 방식의 연금으로 전환되었다(Raichura 2008). 상용 근로자가 5인 미만인 경우나 자영업자도 가입할 수 있다.

2층 퇴직연금은 퇴직관리를 하는 사업장에 한하여 적용되는 임의가입 연금이다. 5인 이상 사업장 근로자 중에서 16% 정도만 퇴직연금에 참여하고 있다. 확정급여 방식과 확정기여 방식 중 하나를 선택할 수 있다. 근로자의 10.4%는 확정급여 방식을 선택하고 있고, 나머지 89.6%는 확정기여 방식을 선택하고 있다. 기여수준이 정해져 있지는 않다. 시장조사 결과 근로자의 기여수준은 임금의 5% 정도이고, 사용자의 기여수준은 5~10% 정도이다. 소득대체율 60~75%를 목표로 삼고 있다(Raichura 2008).

3층은 개인연금이다. 개인 단위로 임의가입 방식으로 참여가 가능하다. 참여에 특별한 제한은 없다. 대체로 임금근로자를 대상으로 하지만 개인이 회사를 통하여 가입할 수도 있다. 개인연금에 기여한 수준에 대해서는 세금혜택을 받을 수 있다.

탄자니아

1964년에 준비기금연금을 도입하여 운영하다가 1997년에 사회보험연금 방식으로 전환했다. 사회보험연금은 근로자와 사용자가 각각 임금의 10%씩 균등부담하여 운영한다. 자영업자도 강제가입 대상이며 기여수준은 신고소득의 20%이다(SSA 2010).

제9장

세계의 연금지도

1. 세계의 연금지도는 다르다
2. 연금의 오지도 많다
3. 중남미 연금개혁, 요란함에 비해 성과는 낮다
4. 동유럽 · 중앙아시아, 연금개혁의 실험실이 된다
5. 태평양 도서국가, 연금의 미개척로 남아 있다
6. 아랍문화권, 공적연금을 유지하고 있다

제 9 장 세계의 연금지도

1. 세계의 연금지도는 다르다

연금의 역사는 1880년대 독일의 사회보험연금에서부터 시작되었다(Quadagno 1988). 독일 이후 유럽만 연금제도 도입에 몰입하지는 않았다. 중남미, 아시아, 아프리카를 포함한 세계 각국도 연금제도를 앞 다투어 도입함으로써 국민의 노후생계와 안위에 대한 최종 책임자는 국가라는 인식을 각인시켰다.

사회보험연금은 그 후 100년간 전 세계로 전파되면서 정치사상의 출현에도 지대한 영향을 미쳤다. 복지국가 이념의 탄생이 그것이다. 이념이 제도를 낳은 것이 아니라 제도의 선택이 이념을 만드는 계기가 된 것도 사회보험연금이라고 정리할 수 있다.

사회보험연금은 100년의 역사가 흐른 1980년대에 새로운 도전에 직면하게 되었다(McGill et al. 2010). 그러나 제도의 모순에서 발생된 도전이 아니었다. 사회환경의 변화가 새로운 도전을 만들어냈을 뿐이다. 인구의 고령화로 전통적 사회보험 방식으로는 늘어나는 노인인구의 생계를 책임지기가 용이하지 않은 환경변화 때문이었다. 그 후 사회보험연금은 새로운 모습으로 변신을 시도했다. 그 변신의 대명사가 중층연금이었다.

연금의 변신은 남미 대륙에서 가장 먼저 시작했다. 사회보험연금을 포기하고 개인연금을 도입한 칠레가 도화선이 되었다. 칠레 방식은 국가가 국민의 노후보장에 손을 떼는 방식이어서 다소 급진성을 띄고 있었다. 칠레에 이어 남미에서는 볼리비아가 사회보험연금을 포기하고 개인연금을 기본연금으로 삼았다. 중미에서도 멕시코와 도미니카공화국이 뒤를 이었다. 중남미에서 개인연금으로의 연금개혁 물결은 100년을 이어온 복지국가의 포기라는 말로 비판을 받기도 했다.

그러나 중남미의 나머지 국가들은 개인연금을 도입했음에도 사회보험연금을 완전히 포기하지는 않고 사회보험연금과의 공존의 길을 모색했다. 페루와 콜롬비아는 연금 가입자가 사회보험연금과 개인연금 중 하나를 선택하는 방식을 취했고, 코스타리카와 파나마는 사회보험연금에 개인연금을 추가하여 중층연금을 도입하는 방식을 취했다.

개인연금을 도입한 대부분의 국가에서 개인연금의 도입으로 사회보험연금이 사라지지는 않았다. 개인연금은 사회보험연금을 받쳐주는 역할을 수행하기 시작했다. 사회보험연금의 뿌리는 그만큼 견고하며, 국가가 사회구성원의 노후생계에 대해 책임을 지는 복지국가의 기본 이념을 일부나마 포기하기가 용이하지 않았다는 의미로도 해석된다.

개인연금이 사회보험과의 공존이라는 제도적 탄력성을 갖추게 되자 중미를 거쳐 동유럽으로 급속히 퍼져나갔다. 그리고 구소련의 일원이었던 중앙아시아 국가로도 전파되었다. 동유럽과 중앙아시아에서의 개인연금은 대체로 1층 공적연금의 보완방식이었다. 또한 이 지역에서의 공적연금은 순수한 사회보험 방식보다는 대체로 명목확정기여연금이었다. 발트 3국 이외에도 폴란드 및 헝가리 등을 그 사례로 제시할 수 있다.

서유럽은 거의 예외 없이 사회보험연금이 기본연금이었다. 그러나 전통적 사회보험만을 고집하지는 않았다. 한편으로는 임금 피크제와 유사한 연금 피크제 같은 점수제를 도입하여 사회보험연금에 대한 발전적 개선방안을 마련하기도 했고, 다른 한편으로는 명목확정기여연금을 개발하는 등 독특한 연금유형을 창안하는 길을 걷고 있었다.

서유럽은 또한 남미에서 개발된 개인연금을 외면하지도 않았다. 기본연금으로서 사회보험이나 명목확정기여연금에 새로운 연금층을 쌓아나가는 방식으로 개인연금을 활용하기도 했다. 스위스에서 시작한 퇴직연금도 마찬가지였다. 개인연금과 함께 새로운 연금층으로 활용하면서 중층연금이라는 새로운 제도적 틀을 다듬는 데 앞장을 서기도 했다.

아시아 역시 기본연금으로 사회보험연금이 강세였다. 중층연금을 도입한 국가가 적지는 않았지만 보충적 연금으로 개인연금보다는 퇴직연금이 더 많이 확산되어 있었다. 아시아에서는 준비기금연금을 기본연금으로 삼고 있는 나라도 많았다. 대체로 영국의 식민지를 경험한 국가에서 활용하고 있었다.

준비기금을 기본연금으로 삼고 있는 대부분의 국가에서는 연금개혁이 아직 실시되지 않고 있었다. 남태평양 섬나라에 속하는 국가들은 준비기금연금 하나만 갖추어져 있었고, 보충적 연금의 의미를 가진 연금층은 거의 없었다. 사회보험연금도 도입되지 않아 노후보장이 방치된 상태로 있는 국가가 대부분이었다.

아프리카의 상황도 아시아와 크게 다르지 않았다. 북아프리카 지역을 제외하고 사회보험을 기본연금으로 하는 국가는 극소수였고, 대부분은 준비기금연금을 기본연금으로 삼고 있었다. 퇴직연금이나 개인연금과 같은 보충적 연금도 도입되지 않아 중층연금이 확산되지 않고 있었다. 준비기금연금을 기본연금으로 삼고 있는 아프리카 국가의 대부분은 연금개혁이 절실히 필요한 상황이었다.

중동과 북아프리카 지역은 아프리카 지역과는 다른 모습을 하고 있었다. 사회보험이 기본연금이었고, 이집트를 제외하고는 연금개혁도 실시되지 않고 있었다. 또한 쿠웨이트가 1층 사회보험연금을 기초연금과 보충적 연금으로 분리하여 운영하고 있다는 것 이외에 퇴직연금이나 개인연금이 도입되지 않은 상태였다. 연금개혁의 오지 상태로 남아 있었다.

2. 연금의 오지도 많다

연금개혁은 세계적 현상은 아니었다. 지역에 따라 차이가 있었다. 유럽과 북미 지역은 인구구조의 변화에 맞추어 연금개혁을 실시해 왔고, 연금의 지속가능성 기반이 마련되었다고 할 수 있을 정도로 성공적이었다. 그러나 동유럽과 중남미, 아시아 일부 지역은 연금개혁이 진행되고 있지만 지속가능성 수준에는 이르지 못하고 있었다. 태평양 도서국가와 중동 및 북아프리카 지역에서의 연금개혁은 먼 미래의 이야기라고 할 정도로 연금개혁과는 거리가 멀었다. 연금개혁의 오지였다.

중남미 지역은 요란하게 연금개혁을 실시하였지만 결과는 기대 이하였다. 개인연금이라는 연금모형이 혁신적이어서 다른 대륙에 전파는 이루어졌지만 전파지역에 비해 성공을 거둔 국가의 비율은 높지 않았다. 일부 국가는 개인연금을 도입하여 사회구성원의 노후보장을 훼손하지 않고 연금재정을 안정화시키는 데 성공했지만 그 물결이 미치지 못한 국가가 의외로 많았다.

연금개혁이 실시되지 않은 국가는 지역별로 집중적으로 분포되어 있었다. 중남미와 동유럽의 연금개혁 미실시 국가의 비율은 비슷하게 나타났다. 동남아시아와 아프리카도 절반 정도가 연금개혁이 실시되지 않은 상태였다. 그러나 남태평양 도서국가와 중동 및 북아프리가 지역에서는 연금개혁을 실시한 국가를 찾아보기가 어려울 정도로 매우 취약한 수준이었다.

연금개혁 수준이 미흡한 국가와 연금개혁에 활용되는 연금유형은 어느 정도 상관성이 나타나고 있었다. 연금유형으로 보면 개인연금을 도입하려는 지역이나 준비기금을 활용하는 지역의 연금개혁 수준이 낮았다. 중남미와 동유럽 지역은 개인연금 도입국가가 밀집해 있는 지역이고, 동남아시아와 남태평양 도서국가, 아프리카는 준비기금이 널리 퍼져 있는 지역이다. 중동 및 북아프리카 지역은 아직 사회보험 중심의 국가들이다.

사회보험에 퇴직연금을 보충적으로 활용하는 국가와 명목확정기여연금을 기본연금으로 활용하는 국가 중에서 중층구조로 연금개혁을 하지 않은 국가는 없었다. 연금개혁을 실시하지 않은 국가는 개인연금으로 전환한 국가군과 준비기금을 기본연금으로 하는 국가군에 밀집되어 있었다. 특히 중동과 북아프리가 지역은 사회보험연금을 기본연금으로 하는 지역으로서 새로운 연금층 도입이 시도되지도 않은 상태였다.

3. 중남미 연금개혁, 요란함에 비해 성과는 낮다

남미는 칠레산 개인연금이 확산된 지역이다. 개인연금이 최초로 도입되어 정착한 대륙이라고 할 수 있다. 1990년대 초반부터 중남미 전역에 걸쳐 개인연금이 확산되었음에도 불구하고 연금개혁 미실시 국가는 7개 국가로 파악되었다. 개인연금의 물결이 휩쓸었지만 정착하지 못하고 스쳐 지나간 국가도 상당수였다는 의미이다.

개인연금 도입을 중심으로 하는 개혁의 목소리는 요란했지만 성과는 목소리만큼 크지 않았다. 남미의 연구대상 국가는 10개국이었는데 이중에서 3개국이 연금개혁을 실시하지 못하고 있었고, 중미의 연구대상 국가 11개국 중에서 4개국이 연금개혁을 실시하지 못한 상태였다.

남미에서 연금개혁이 실시되지 않은 3개국은 베네수엘라, 파라과이, 트리니다드토바고인데 모두 개인연금이 도입되지 않은 상태였다. 그러나 이 세 국가는 모두 1층 사회보험연금은 갖추어진 상태에 있었다. 베네수엘라의 경우 퇴직연금이 있기는 하지만 법적 구속력을 가지고 있지 않은 비공식 퇴직연금이어서 2층 퇴직연금으로 분류할 수 없는 수준이었다.

남미 3개국의 65세 이상 노인인구 비율은 높은 편은 아니었다. 파라과이와 베네수엘라는 고령화 사회 진입 이전 단계로서 그 비율은 각각 6%와 5% 수준이었다. 트리니다드토바고만 노인인구의 비율이 9%로 고령화 사회에 진입한 상태였다(World Bank 2013). 세 국가 모두 노인인구가 증가하는 추세이기 때문에 연금개혁을 하지 않고 방치해 둘 경우에 결코 연금의 안전지대라고 말하기는 어렵다.

중미는 사정이 달랐다. 아이티와 쿠바는 개인연금 미도입 상태였지만 니카라과와 온두라스는 개인연금을 도입하였으나 현재 시행되지 않고 있는 상태였다. 니카라과는 개인연금을 도입하였으나 문자 그대로 시행되지 않은 상태였고, 온두라스는 도입을 시도했으나 제도 도입 자체가 미루어진 상태였다.

중미의 노인인구 비율은 쿠바를 제외하고는 비슷한 수준이었다. 쿠바는 13%로 고령화 사회를 지나 고령 사회의 문턱에 있는 상태였지만 연금은 1층 사회보험뿐이었다. 노인인구 비율이 아이티는 5%, 온두라스는 4%, 니카라과 5%로서 아직 인구의 고령화가 심각한 상태는 아니지만

〈표 9-1〉 중남미 연금개혁 미실시 국가의 특성

지역	국가	중층구조	대체/선택*	개인연금 적용대상	기여
남미	베네수엘라	1, 2층	미도입	-	-
	파라과이	0, 1층	미도입	-	-
	트리니다드토바고	0, 1층	미도입	-	-
중미	니카라과	1, 3층	도입/미시행	-	-
	온두라스	1, 3층	도입/실패	-	-
	아이티	0층	미도입	-	-
	쿠바	0, 1층	미도입	-	-

여전히 고령인구의 비율이 증가(World Bank 2013)하고 있기 때문에 연금 안전지대는 아니다.

니카라과와 온두라스는 개혁을 시도하고 있지만 아이티는 변변한 공적연금조차도 갖추어져 있지 않은 상태였다. 아이티는 1인당 국민소득이 1,000달러도 되지 않는 최빈국(World Bank 2013) 중 하나로서 개인연금과 같은 보충적 연금보다는 사회안전망의 일환으로서의 공적연금 도입이 시급한 상태라고 말할 수 있다.

4. 동유럽 · 중앙아시아, 연금개혁의 실험실이 된다

동유럽의 연금개혁은 비교적 안정적으로 정착되고 있었다. 서유럽과는 달리 개혁 모형은 개인연금과 명목확정기여연금이었다. 이중에서 개인연금을 도입한 동유럽의 연구대상 국가는 8개국이었다. 중앙아시아 국가 역시 8개국이었다. 동유럽의 몬테네그로, 몰도바, 벨라루스, 우크라이나 등 4개국과 중앙아시아의 조지아와 투르크메니스탄 등 2개국이 연금개혁을 실시하지 않은 상태였다.

동유럽과 중앙아시아에서 명목확정기여연금을 기본연금으로 하여 연금개혁을 시도한 국가는 13개 국가인데 모두 연금개혁에 어느 정도 성공을 거두었다. 13개 국가 중 동유럽이 10개국(라트비아, 리투아니아, 에스토니아, 러시아, 세르비아, 슬로바키아, 체코, 크로아티아, 폴란드, 헝가리)이고, 중앙아시아가 3개국(몽고, 아제르바이잔, 키르기스스탄)이다.

동유럽의 연금개혁 미실시 국가는 개인연금 도입과 밀접한 관계를 가지고 있다. 미실시 국가는 몬테네그로, 몰도바, 벨라루스, 우크라이나이다. 몰도바와 벨라루스는 제도 도입 자체가 이루어지지 않은 상태이다. 그러나 몬테네그로와 우크라이나는 제도 도입은 하였지만 시행이 연기된 상태이다.

연금개혁 미실시 동유럽 4개국은 인구구조에서 중남미 국가와는 다르다. 모두 65세 이상의 인구가 10%가 넘은 고령화 사회의 단계이고, 그중 벨라루스와 우크라이나의 노인인구는 각각 14%와 15%로 이미 고령 사회에 진입한 상태이다. 몬테네그로의 노인인구 비율은 13%, 몰도바는 11%이다(World Bank 2013). 이 두 국가 역시 고령 사회의 문턱에 있다. 인구구조를 보면 연금개혁이 시급한 상태인데도 불구하고 아직 그 수준에 이르지 못한 국가로 남아 있다.

중앙아시아에서는 조지아와 투르크메니스탄이 사실상 연금개혁을 실시하지 못한 국가이다. 그러나 양국의 연금개혁 미실시 성격은 약간 차이가 있다. 조지아는 도입이 되었지만 활성화가 되지 않아 실시 효과가 나타나지 않은 상태이고, 투르크메니스탄에서는 도입 자체가 되지 않은 상태이다.

인구구조의 측면에서 조지아와 투르크메니스탄은 매우 다르다. 조지아

〈표 9-2〉 동유럽 · 중앙아시아 개인연금 중심지역의 연금개혁 미실시 국가

지역	국가	중층구조	대체/ 선택*	개인연금 적용대상	기여
동유럽	몬테네그로*	1, 3, 3층	보완/ 시행연기	강제/임의 두 가지 도입	
	몰도바**	0, 1층	-	-	-
	벨라루스**	0, 1층	-	-	-
	우크라이나**	0, 1, 3층	보완/ 시행연기	임금근로자 · 자영업자 강제	사용자 33.2%, 근로자 2~5% (자영업자 최저임금 33.2%) 중 일부로 개인연금 운영 예정
중앙 아시아 (구소련)	조지아	0, 1, 3층	보완/ 비활성화	-	사회보험연금도 개인기여만 있고 정부기여는 없음
	투르크메니스탄	0, 1층	-	-	-

* 세르비아, 크로아티아와 함께 구 유고의 일원이었던 국가.
** 구소련의 일원이었던 동유럽 국가.

의 노인인구 비율은 14%로 고령 사회에 진입한 상태지만 투르크메니스탄의 노인인구는 4%에 불과해 고령화 사회 단계에도 이르지 않은 상태이다(World Bank 2013). 연금개혁 수요에서 큰 차이가 있다고 할 수 있다. 따라서 조지아는 연금개혁을 시도하고 있지만 투르크메니스탄은 아직 연금개혁에 대해 큰 관심을 보이고 있지 않다.

5. 태평양 도서국가, 연금의 미개척로 남아 있다

국가 차원의 연금이 도입되지 않은 지역도 있다. 대표적인 지역이 태평양 도서국가들이다. 동남아시아와 아프리카의 많은 국가도 같은 형편

이다. 태평양 도서국가를 포함한 이 국가들에서는 공적연금보다는 준비기금이 널리 확산되어 있다. 대체로 영국의 식민지 경험이 있는 국가라는 특징이 있다. 분석 결과 전 세계에서 연금개혁이 가장 느리게 진행되는 지역이다. 연금개혁의 오지라고 할 수 있을 정도로 연금의 적용범위가 좁고, 개혁 수준도 낮다.

동남아시아 경우 연구대상 9개 국가 중에서 4개국이 연금개혁을 실시하지 않은 상태이다. 연금개혁이 진행되지 않은 국가는 네팔, 스리랑카, 인도, 홍콩이다. 스리랑카처럼 단층으로 준비기금만 있고 빈곤층을 위한 구빈연금이 갖추어져 있지 않은 국가도 있지만 나머지 3개국은 구빈연금 정도는 갖추고 있다.

네팔은 1인당 국민소득이 1,000달러도 안 되는 최빈국으로 노인인구의 비중도 5% 수준이다. 연금개혁을 서둘러야 하는 인구구조도 아니고, 경제적 여건도 갖추어져 있다고 보기 어렵다. 인도도 1인당 국민소득은 1,500달러 수준이고 노인인구의 비율이 5% 수준이어서 사회경제적 여건이 성숙되었다고 보기는 어렵다. 그러나 인구가 12억 명이라는 점을 감안하면 연금개혁을 미룰 수 없는 상황이다.

스리랑카는 노인인구의 비중이 8%로 고령화 사회 단계이다. 비록 1인당 국민소득이 3,000달러 수준이라고 하더라도 연금개혁을 미룰 수 있는 상황은 아니다. 그럼에도 불구하고 임금근로자에게만 강제가입으로 관리하는 준비기금만 운영되고 있다. 적정수준의 연금 제공이 문제가 되는 국가로 분류할 수 있다.

홍콩은 1인당 국민소득이 3만 6,000달러가 넘고, 65세 이상의 노인인구 비율이 14%를 넘겨 고령 사회에 진입했음에도 불구하고 연금개혁은 느리게 진행되고 있다. 강제가입 방식이기는 하지만 준비기금만으로 적정수준의 연금을 제공할 수 없으며 지속가능하지도 않다는 문제가 제기되고 있다.

태평양 도서국가 중에서 연구대상 국가는 6개국(바누아투, 사모아, 솔로몬제도, 피지, 키리바시, 파푸아뉴기니)이었는데 모두 연금개혁이 실시되지 않은 상태이다. 이처럼 연금개혁이 하나도 진행되지 않은 지역은 없었다. 또한 사모아만 구빈연금이 있을 뿐 나머지 국가는 구빈연금조차도 갖추어져 있지 않다. 태평양 도서국가는 연금의 오지라고 칭할 수 있을 정도로 노후대책이 미흡한 상태이다.

태평양 도서국가 6개국은 노인인구의 비중이 낮다. 솔로몬제도와 파푸아뉴기니는 3%, 바누아투와 키리바시는 4%, 사모아와 피지는 5% 수준이다. 1인당 국민소득도 낮은 편이다. 키리바시와 솔로몬제도는 각각 1,736달러와 1,835달러이다. 파푸아뉴기니는 상대적으로 약간 높은 2,184달러이고, 사모아와 바누아투는 각각 3,620달러 및 3,183달러이다. 피지는 그중에서 가장 높은 4,476달러이다. 인구와 1인당 국민소득이라는 관점에서 보면 연금개혁 수요가 낮은 국가군이라고 분류할 수 있다.

아프리카의 경우 준비기금을 운영하는 13개 연구대상 국가 중에서 남아공, 보츠와나, 우간다, 탄자니아 등 4개국이 연금개혁을 실시하지 않은 상태이다. 실시했다고 하더라도 구조개혁이라기보다는 부분개혁이 대부분이었으며, 사회보험에 준비기금을 얹는 정도의 수준에 머물고 있다.

연금개혁이 진행되지 않은 아프리카 4개국의 노인인구 비중은 낮았다. 우간다가 가장 낮은 2% 수준이고, 탄자니아가 3%, 보츠와나가 4%, 남아프리카공화국이 상대적으로 높은 5%이다. 인구구조로 보면 연금개혁이 시급히 요구되는 지점은 아닌 것으로 판단된다.

1인당 국민소득을 보면 남아프리카공화국과 보츠와나가 7,508달러와 7,238달러로 비교적 높은 수준이고, 우간다와 탄자니아는 547달러와 609달러로 최빈국 수준이다. 소득수준이 상대적으로 높은 남아프리카공

〈표 9-3〉 동남아시아 · 태평양 도서국가 · 아프리카 지역의 연금개혁 미실시 국가

지역	국가	중층 구조	기본 연금	가입	적용범위	관리	기여
동남 아시아	네팔	0, 2층	기본	강제	공무원, 민간근로자	공공	근로자 10%
	스리랑카	단층	기본	강제/임의	임금근로자 및 일부 자영업자	민간	근로자 8% 사용자 12%
	인도	0, 2층	기본	강제	임금근로자	공공	사용자 3.67% 근로자 12%
	홍콩	0, 2층	기본	강제	전체 노동인구	민간	사용자 5% 근로자 5%
태평양 도서 국가	바누아투	단층	기본	강제/임의	임금근로자(강제) 자영업자(임의)	민간	사용자 4% 근로자 4%
	사모아	0, 2층	기본	강제/임의	임금근로자(강제) 자영업자(임의	공공	사용자 5% 근로자 5%
	솔로몬제도	단층	기본	강제/임의	임금근로자(강제) 자영업자(임의)	공공	사용자 5% 근로자 5%
	피지	단층	기본	강제	임금근로자	공공	사용자 8% 근로자 8%
	키리바시	단층	기본	강제	임금근로자	공공	사용자 7.5% 근로자 7.5%
	파푸아뉴기니	단층	기본	강제/임의	임금근로자(강제) 자영업자(임의)	공공	사용자 8.4% 근로자 6% 자영업자 6%
아프리카	남아공	0, 2층	기본	임의	임금근로자	민간	사용자 · 근로자
	보츠와나	0, 2층	기본	임의	중견 민간근로자	민간	사용자 · 근로자
	우간다	2층	기본	강제	임금근로자	공공	사용자 10% 근로자 5%
	탄자니아*	1층	-	-	-	-	-

* 탄자니아: 1997년 사회보험연금 전환.

화국과 보츠와나는 연금개혁을 할 수 있는 경제적 여건이 되지만 우간다와 탄자니아의 국민소득 수준은 여기에 미치지 못하고 있다.

6. 아랍문화권, 공적연금을 유지하고 있다

중동과 북아프리카 지역은 아랍문화권이다. 나라는 달라도 언어와 문화가 같기 때문에 제도적으로도 유사점이 많다. 중동 및 북아프리카에서는 이집트를 제외한 대부분의 국가에서 공적연금으로서 사회보험 제도를 유지하고 있다. 이 지역에서는 사회보험의 도입도 다른 대륙에 비해 늦었지만 연금개혁이 실시될 조짐조차 잘 보이지 않고 있다.

다만 쿠웨이트에서 1층 사회보험연금을 기초연금과 사회보험연금으로 분리하여 운영하는 방식으로 연금개혁을 실시한 것이 전부이다. 그때가 1992년이었다. 1단은 기초연금이고, 2단은 보충적 연금의 기능을 하도록 설계되었다. 사적연금이 보충적 연금으로 도입된 것은 아니지만 2층연금이 적립식 확정기여 방식으로 운영된다는 점에 의미를 부여할 수 있는 연금개혁이다.

중동지역에서는 1953년에 이란이 가장 먼저 사회보험을 도입했다. 시리아가 1959년에 뒤를 이었다. 1960년대에는 레바논(1963)과 사우디아라비아(1969)가 도입했고, 1970년대에는 바레인(1976), 쿠웨이트(1976), 요르단(1978)이 뒤를 이었다. 예멘은 1980년, 오만은 1991년에 사회보험을 도입했다. 대체로 다른 대륙에 비해 도입 시기가 늦은 편이지만 인구구조의 변화에 대비한 연금개혁이 진행되지 않고 있다.

사회보험의 적용대상도 전국민인 국가는 바레인, 이란, 쿠웨이트가 전부이다. 레바논, 시리아, 예멘은 임금근로자만을 대상으로 하고 있어서 자영업자의 노후보장은 사각지대에 놓여 있었다. 사우디아라비아와 요르단은 자영업자가 사회보험연금에 가입할 수는 있지만 임의가입 수준에 머물러 있다. 사회보험연금에 새로운 연금층을 얹는 보충적 연금은 고사하고 자영업자가 연금대상에서 제외되어 있는 것이 현실이다.

사회보험의 기여방식은 다양했다. 레바논의 경우 근로자는 기여하지 않고 사용자만 기여하는 방식을 택하고 있다. 오만, 이란, 쿠웨이트는 정부가 일정 지분을 기여하고 있다. 쿠웨이트의 경우 1층 1단 기초연금에 대해서는 정부가 기여하지만 1층 보충적 연금에 대해서는 기여하지 않는다. 나머지 국가들은 임금근로자의 경우 근로자와 사용자가 공동으로 부담하고 자영업자는 스스로 부담하는 방식을 취하고 있다. 사용자와 근로자의 부담비율을 보면 사우디아라비아, 시리아, 예멘은 양자 균등부담 원칙을 준수하고 있고, 나머지 국가들은 사용자가 더 많이 부담하는 방식을 선택하고 있다.

중동국가의 경우 1인당 국민소득을 놓고 보면 천차만별이지만 노인인구의 비중을 보면 레바논만 9%로 고령화 사회에 진입한 상태였고, 나머지 국가들은 2~5%로 상대적으로 낮은 수준이었다. 소득수준이 가장 높은 국가는 쿠웨이트로 5만 1,497달러로서 매우 높았고, 예멘은 1,494달러로서 매우 낮았다. 레바논만 제외하고 인구구조를 보면 연금개혁 수요가 높지 않은 것으로 파악된다.

북아프리카는 중동지역보다 사회보험연금을 먼저 도입했다. 1949년 알제리를 시작으로 1950년대에는 리비아(1957)와 모로코(1959)가 뒤를 이었다. 1960년에는 튀니지가 사회보험연금을 채택했고, 1974년 수단에서 마지막으로 도입하였다. 그러나 아직까지 중층연금 방식으로 연금개혁을 시도한 국가는 찾아보기 어려웠다.

북아프리카 국가 중 사회보험 적용대상으로 리비아와 수단만 임금근로자 및 자영업자를 포함하고 있다. 모로코, 알제리, 튀니지는 임금근로자만 강제가입 대상자일 뿐 자영업자는 임의가입으로도 가입할 수 있는 길을 열어놓지 않고 있다. 북아프리카 각국은 사회보험연금의 도입 시기는 빠른데도 불구하고 연금 사각지대가 중동지역보다도 더 크다는 사실을 발견할 수 있었다.

사회보험연금의 재정은 임금근로자의 경우 근로자와 사용자가 공동으로 부담하는 원칙이 깔려 있다. 그러나 리비아는 정부가 일부를 부담하

〈표 9-4〉 중동 및 북아프리카 지역의 연금제도 비교

<table>
<tr><th>지역</th><th>국가(도입연도)</th><th>연금층</th><th colspan="2">형식</th><th>적용대상</th><th>1인당 국민소득</th><th>노인인구</th></tr>
<tr><td rowspan="10">중동</td><td>레바논(1963)</td><td>1층</td><td colspan="2">사회보험</td><td>임금근로자(강제)</td><td>9,705</td><td>9</td></tr>
<tr><td>바레인(1976)</td><td>1층</td><td colspan="2">사회보험</td><td>임금근로자(강제)
자영업자(강제)</td><td>22,467</td><td>2</td></tr>
<tr><td>사우디아라비아(1969)</td><td>1층</td><td colspan="2">사회보험</td><td>임금근로자(강제)
자영업자(임의)</td><td>25,136</td><td>3</td></tr>
<tr><td>시리아(1959)</td><td>1층</td><td colspan="2">사회보험</td><td>임금근로자(강제)</td><td>3,289</td><td>4</td></tr>
<tr><td>예멘(1980)</td><td>1층</td><td colspan="2">사회보험</td><td>공공영역 근로자
민간영역 근로자</td><td>1,494</td><td>3</td></tr>
<tr><td>오만(1991)</td><td>1층</td><td colspan="2">사회보험</td><td>임금근로자</td><td>23,133</td><td>3</td></tr>
<tr><td>요르단(1978)</td><td>1층</td><td colspan="2">사회보험</td><td>임금근로자(강제)
자영업자(임의)</td><td>4,909</td><td>3</td></tr>
<tr><td>이란(1953)</td><td>1층</td><td colspan="2">사회보험</td><td>임금근로자(강제)
자영업자(강제)</td><td>6,816</td><td>5</td></tr>
<tr><td rowspan="2">쿠웨이트(1976)</td><td rowspan="2">1층</td><td rowspan="2">사회보험</td><td>1단</td><td>임금근로자(강제)
자영업자(강제)</td><td rowspan="2">51,497</td><td rowspan="2">2</td></tr>
<tr><td>2단</td><td>임금근로자(강제)
자영업자(미시행)</td></tr>
<tr><td rowspan="5">북아프리카</td><td>리비아(1957)</td><td>1층</td><td colspan="2">사회보험</td><td>전국민(임금근로자, 자영업자 포함)</td><td>10,456</td><td>5</td></tr>
<tr><td>모로코(1959)</td><td>1층</td><td colspan="2">사회보험</td><td>임금근로자(강제)</td><td>2,902</td><td>5</td></tr>
<tr><td>수단(1974)</td><td>1층</td><td colspan="2">사회보험</td><td>임금근로자(강제)
자영업자(강제)</td><td>1,580</td><td>3</td></tr>
<tr><td>알제리(1949)</td><td>1층</td><td colspan="2">사회보험</td><td>임금근로자(강제)</td><td>5,348</td><td>5</td></tr>
<tr><td>튀니지(1960)</td><td>1층</td><td colspan="2">사회보험</td><td>임금근로자(강제)</td><td>4,237</td><td>7</td></tr>
</table>

는 방식을 취하고 있다. 북아프리카 모든 국가에서 사용자 부담이 근로자 부담의 두 배 정도이다.

북아프리카 지역의 국가들은 중동지역 국가들에 비해 1인당 국민소득의 차이가 크지 않다. 알제리와 튀니지가 5,438달러와 4,237달러로 상대적으로 높은 수준이고, 모로코가 2,902달러로 낮은 편이다. 수단은 1,580달러로 소득수준이 가장 낮은 국가이다. 그러나 인구구조를 보면 튀니지 7%를 제외하고 고령화 사회의 전단계인 3~5% 수준이다. 인구구조로 볼 때 연금에 대한 수요가 높지 않은 것으로 파악된다.

제10장

결 론

제10장 결 론

연금은 현재의 정책이 아니라 미래의 정책이다. 연금의 대상인구도 현재의 노인이 아니라 미래의 노인이다. 연금은 미래의 정책이기 때문에 내용이 변해도 바로 체감하지 못한다. 훗날 정년을 맞아야 피부로 느낄 수 있다. 연금정책은 미래 인구 구조의 변화를 바탕으로 설계되는 정책이기 때문에 예측이 빗나가면 근간이 흔들릴 수도 있다.

예기치 못할 정도로 노인인구의 증가 속도가 빨라지자 세계 각국이 연금개혁을 서두르고 있다. 노인인구의 증가로 연금의 수요는 늘어나는데 국가의 재정은 한계에 도달했기 때문이다. 연금개혁은 이 같은 인구구조의 변화에서부터 출발했다. 연금개혁의 선봉에 선 국가는 연금의 민영화에 시동을 건 남미의 칠레였다. 연금개혁 모형은 개인연금이었다. 개인연금은 중남미를 휩쓸고 동유럽까지 건너갔지만 더 이상 크게 확산되지는 않았다.

노인인구의 증가에 대응하는 유럽의 방식은 달랐다. 칠레처럼 공적연금을 버리지 않았고, 일부 학자(Hinrichs 2010)들의 염려처럼 복지국가는 위축되지 않았다. 대신에 스위스처럼 공적연금에 퇴직연금을 추가하는 방식의 개혁을 시도했다. 스웨덴처럼 공적연금의 관리방식을 바꾸는 방식으로 개혁을 시도하는 국가도 있었다. 공적연금을 명목확정기여 방식이라는 틀로 관리함으로써 연금의 보장성과 지속가능성을 동시에 달성했다.

세계 각국은 칠레 모형을 답습하지는 않았다. 이 모형에 따라 개혁을 시도한 국가는 중남미, 동유럽 및 중앙아시아에 국한되어 있었다. 아시아나 아프리카에서 개인연금 모형은 상대적으로 생소한 연금층으로 남아 있다. 아시아에서는 오히려 퇴직연금을 보충적 연금으로 도입하는 국가가 많다.

연구결과 이처럼 세계의 연금지도는 매우 달랐다. 대륙별로 색깔이 다르고, 국가별로도 달랐다. 서유럽과 북유럽의 연금지도는 지속가능성과 보장성이 확보되어 있어 그 색깔은 초록색이었다. 아프리카는 비록 고령화 수준이 심각하지는 않지만 연금개혁에 관한 한 빨강색이었다. 아시아 역시 경고 수준이었다. 연금개혁을 서둘러 진행한 중남미 지역은 결코 초록색은 아니었다. 경계 수준인 노랑색이었다.

대륙별로 채택한 연금제도도 달랐다. 연금제도가 안정적으로 정착된 서유럽과 북유럽에서는 사회보험연금이 단단하게 뿌리를 내리고 있었다. 그 바탕하에서 퇴직연금도 도입하였고, 명목확정기여연금으로 전환을 시도하였다. 그리고 연금의 보장성과 지속가능성이라는 두 마리 토끼를 잡는 데 성공적이었다.

중남미는 연금의 지속가능성을 위해 노력한 결과 개인연금이라는 연금제도를 고안하는 데 성공했지만 여전히 불안한 상태이다. 사회주의체제에서 자본주의체제로 전환한 동유럽 국가에서도 명목확정기여연금과 개인연금이 뒤섞여 있지만 아직 불안한 상태라는 점에서는 남미와 유사한 상황이다.

아시아는 국가의 수도 많고 지역도 넓지만 연금제도는 불안한 상태였다. 연금의 보장성과 지속가능성이 모두 안정적이라고 말하기 어려운 상태였다. 특히 태평양 도서국가의 경우는 다양한 연금제도가 소개되지 않은 상태로 남아 있었다. 아프리카 역시 마찬가지였다.

연금에도 모범지역과 오지가 있었다. 모범지역은 유럽이었고, 오지는 태평양 도서국가 및 동남아시아, 중동과 북아프리카 그리고 아프리카 본토에 분포되어 있었다. 유럽, 특히 사회보험연금에 퇴직연금을 활용하는 국가군이나 명목확정기여연금을 기본연금으로 하는 국가는 연금개혁이 완성된 상태였다. 연금구조도 모두 기본연금에 보충적 연금이 갖추어진 중층구조였다.

세계에서 일등국은 연금을 가지고 국민에게 장난을 치지 않는 나라였다. 성실하게 국민의 삶을 걱정하고 삶의 마지막까지 책임을 지려는 모습을 보였다. 그 기준선이 소득대체율 80%였다. 공적연금만으로는 어렵다는 사실을 인정하고 사적연금으로 보충적 급여를 만들어주기 위해 혼신의 힘을 다하는 모습을 보여주고 있었다.

그것이 선진국의 모습이었다. 독일, 오스트리아, 프랑스, 스웨덴 등과 같은 국가가 그랬다. 특정 연금구조가 답이 아니었다. 사회보험연금에 퇴직연금을 추가한 국가도 있고, 명목확정기여연금에 퇴직연금을 추가한 국가도 있었다. 그 나라에 맞는 연금제도 개발로 국민에게 생존권과 생활연속성을 보장하려는 정책당국의 태도가 연금 선진국의 가장 중요한 요인이었다.

연금은 국가의 국민에 대한 의무이다. 국민의 생존권 보장을 위한 약속이 연금제도이다. 연금 선진국의 기준은 소득대체율이 대체로 80%였다. 80%를 공적연금으로 보장할 수 없기 때문에 보충적 연금을 도입함으로써 그 수준을 보장하려고 노력하고 있었다. 이것이 연금 선진국에서 시행하는 기본선이었다.

연금 미비국은 아시아와 아프리카를 중심으로 분포되어 있었다. 형식적으로는 중층연금 방식으로 개혁을 하고 있었으나 사회구성원 전체를 대상으로 하는 보편주의 원칙을 적용하지 않고 있었다. 공무원 및 공공분야 종사자를 중심으로 하거나, 중견기업 이상의 근로자를 대상으로 하는 경우가 대부분이었다. 이 지역에서는 제도상으로도 연금의 빈부격차가 심하게 나타나고 있었다.

과거 사회보장의 주체는 국가였으나, 이제는 그 주체가 다변화되고 있다. 국가에서 기업과 개인이 공동으로 책임을 지는 구도로 바뀌고 있다. 이것이 중층구조이다. 중층구조를 도입하더라도 국가의 책임이 바로 서야 다른 연금주체가 따라갈 수 있다. 국가의 책임은 국민연금이나 기초연금과 같은 공적연금을 바로잡는 일에만 한정되어 있지 않다. 퇴직연금과 개인연금 같은 사적연금을 제도적으로 정비하는 일에도 책임을 회피할 수 없다.

연금은 고령 사회를 살아가는 개인의 문제만이 아니다. 기업의 문제이기도 하다. 특히 세계를 무대로 상거래를 하거나 세계 각국에 지사나 공장을 두고 있는 다국적 기업은 세계 각국의 연금제도를 알아야 한다. 연금에 대한 기업의 책임이 증대되고 있고 연금은 기업의 비용이기 때문이다. 해당국의 세금제도만 이해하고 들어갔다가 세금 이상으로 연금에 대한 책임도 져야 하는 상황이 발생하면 낭패를 볼 수밖에 없기 때문이다. 기업도 세계의 연금지도에 대한 해박한 지식이 요구된다.

부 록 1 개인연금 중심의 중층연금 국가

칠레의 연금제도

<table>
<tr><th>중층 구조</th><th colspan="2">설명</th><th>가입</th><th>재정</th><th>중심 역할</th></tr>
<tr><td>0층</td><td colspan="2">자산조사를 기초로 빈곤층에게 제공하는 것을 원칙으로 하지만 기본연금인 개인연금으로부터 연금급여를 받아도 생계비가 부족한 노인도 수급 가능</td><td>-</td><td>국가</td><td rowspan="2">국가</td></tr>
<tr><td>1층</td><td colspan="2">영국식 국가보험, 혹은 독일식 사회보험 제도 폐지</td><td>-</td><td>n/a</td></tr>
<tr><td>2층</td><td colspan="2">퇴직연금제도 미비</td><td>-</td><td>-</td><td>-</td></tr>
<tr><td rowspan="2">3층</td><td>임금 근로자</td><td>개인연금을 기본연금으로 강제가입방식으로 운영</td><td>강제 가입</td><td>개인</td><td>개인</td></tr>
<tr><td>자영업자</td><td>임의가입 방식으로 운영하였으나, 2008년 이후 준강제 방식으로 전환</td><td>준강제 가입</td><td>개인</td><td>개인</td></tr>
<tr><td>4층</td><td colspan="2">개인연금을 보충적 연금으로 임의가입 방식으로 운영, 정부로부터 승인받은 금융상품에 한에 가입</td><td>임의 가입</td><td>개인</td><td>개인</td></tr>
</table>

아르헨티나의 연금제도: 사회보험연금에서 개인연금 중심, 1994-2008년

<table>
<tr><th>중층 구조</th><th colspan="3">설명</th><th>가입</th><th>재정</th><th>중심 역할</th></tr>
<tr><td>0층</td><td colspan="3">빈곤층 노인 대상으로 공공부조 연금 제공</td><td>-</td><td>-</td><td>-</td></tr>
<tr><td rowspan="2">1층</td><td colspan="3">부과식, 기여기간에 따른 고정급여 제공 연금, 0층 역할</td><td>강제</td><td>-</td><td rowspan="2">국가</td></tr>
<tr><td colspan="3">부과식, 기여기간과 소득연계 급여 제공</td><td>강제</td><td>-</td></tr>
<tr><td>2층</td><td colspan="3">퇴직연금 미비</td><td>-</td><td>-</td><td>-</td></tr>
<tr><td rowspan="2">3층</td><td>1단</td><td>공적연금 확정기여</td><td>사회보험연금으로 급여제공 방식을 개혁 이전의 확정급여에서 확정기여로 전환</td><td>임의</td><td>-</td><td>-</td></tr>
<tr><td>2단</td><td>적립식의 개인연금</td><td>기본연금·적립식으로 재정관리, 개인별 계좌를 부여하여 확정기여 방식의 급여 제공</td><td>강제</td><td>-</td><td>-</td></tr>
</table>

아르헨티나의 연금제도: 개인연금에서 사회보험 중심 연금, 2008년-현재

중층구조	설명	가입	재정	중심역할
0층	빈곤층 노인 대상으로 공공부조 연금 제공	-	-	-
1층	3층 2단을 사회보험연금 방식으로 전환, 적용대상에 임금근로자와 자영업자 포함	강제	사용자 10.17%/12.71% · 근로자 11%	국가
2층	-	-	-	-
3층	개인연금을 보충적 연금으로 정리, 가입자가 적어 명맥만 유지하는 수준	임의	-	-
4층	-	-	-	-

파라과이의 연금구조

중층구조	설명	가입	재정	중심역할
0층	빈곤층 대상 공공부조 방식의 연금	무갹출	국가재정	국가
1층	부과식 확정급여 방식의 사회보험연금	공무원 및 공기업 근로자	근로자 9%, 사용자 14%, 정부 1.5%	국가 · 개인
2층	-	-	-	-
2층	-	-	-	-
4층	-	-	-	-

페루의 연금구조

중층구조	설명	가입	재정	중심역할
0층	최소기초연금 보장	-	-	국가
1층	부과식 확정급여 방식의 사회보험연금	선택	13% 개인	국가 · 개인
2층	적립식 확정기여 방식의 개인연금	선택	10% 개인	개인
2층	-	-	-	-
4층	-	-	-	-

콜롬비아의 연금구조

중층 구조	설명	가입	재정	중심 역할
0층	최소기초연금 보장	-	-	국가
1층	부과식 확정급여 방식의 사회보험연금	선택	임금근로자(사용자 11.625%·근로자 3.875%), 자영업자(15.5%)	국가 개인
2층	적립식 확정기여 방식의 개인연금	선택		
3층	-	-	-	-
4층	-	-	-	-

에콰도르의 연금구조

중층 구조	설명	가입	재정	중심 역할
0층	공공부조연금 도입	-	정부	국가
1층	부과식 확정급여 방식으로 운영, 기여수준은 공공영역 근로자와 민간영역 근로자 차등 적용, 자영업자는 본인 부담 9.74%	강제	공공영역(근로자 8.64%, 사용자 1.10%), 합계 9.74%	-
			민간영역(근로자 6.64%, 사용자 3.10%)	-
2층	-	-	-	-
3층	적립식 확정기여 방식의 개인연금, 보충적 연금으로서 기능-	임의	-	-
4층	-	-	-	-

볼리비아의 연금구조

중층 구조	설명	가입	재정	중심 역할
0층	60세 이상의 노인에게 제공되는 보편적 기초연금제도 운영	-	국가	국가
1층	부과식 확정급여 방식의 사회보험연금	폐지	-	-
3층	적립식 확정기여 방식의 개인연금	강제	개인 부담(소득의 10%)	-
2층	-	-	-	-
4층	-	-	-	-

베네수엘라의 연금구조

중층구조	설명	가입	재정	중심역할
0층	-	-	-	-
1층	부과식 확정급여 방식의 사회보험연금	강제	사용자 4.75%, 근로자 2%, 정부 1.5%	-
2층	법적 구속력이 없는 퇴직금 제도	임의	-	-
3층	-	-	-	-
4층	-	-	-	-

트리니다드토바고의 연금구조

중층구조	설명	가입	재정	중심역할
0층	극빈층을 위한 공공부조 방식의 무갹출 연금	-	-	-
1층	사회보험연금, 부과식 확정기여 방식으로 운영	강제	사용자 6.4%, 근로자 3.2%	-
2층	-	-	-	-
3층	-	-	-	-
4층	-	-	-	-

과테말라의 연금구조

중층구조	설명	가입	재정	중심역할
0층	-	-	-	-
1층	부과식 확정급여 방식의 사회보험연금	강제	사용자 4.75%, 근로자 2%, 정부 1.5%	-
2층	-	-	-	-
3층	제도에 법적 구속력은 없지만 세제혜택을 제공함으로써 도입 유인	임의	기업・개인	기업 개인
4층	-	-	-	-

니카라과의 연금구조

중층구조	설명	가입	재정	중심역할
0층	내전 희생자 대상 무갹출 연금, 빈곤층도 대상에 포함	-	정부	국가
1층	부과식 확정급여 방식의 사회보험연금	강제	임금근로자(본인 4%, 사용자 6%), 자영업자 19%	-
2층	-	-	-	-
3층	2001년 적립식 확정기여 방식의 개인연금제도 도입, 사회보험연금의 대체방식으로 도입했으나 제도 시행 무기연기	강제	-	-
4층	-	-	-	-

도미니카 공화국의 연금구조

중층구조	설명	가입	재정	중심역할
0층	장애인, 빈곤층, 실직자 그리고 자영업자이면서 소득수준이 법정최소임금에 미치지 못하는 구성원	-	정부	국가
1층	부과식 확정급여 방식의 사회보험연금은 개인연금으로 대체	-	-	-
2층	-	-	-	-
3층	적립식 확정기여 방식의 개인연금, 민간영역 근로자에게만 적용, 자영업자는 대상에서 제외	강제	본인 2.87%, 사용자 7.1%, 합계 9.97%	-
4층	-	-	-	-

엘살바도르의 연금구조

중층구조	설명	가입	재정	중심역할
0층	기간 미달인 가입자 및 미가입자 대상 확정최소연금	-	-	-

중층구조	설명	가입	재정	중심역할
1층	1998년 부과식 확정급여 방식의 사회보험연금은 개인연금으로 대체	-	-	-
2층	-	-	-	-
3층	적립식 확정기여 방식의 개인연금, 민간영역 근로자에게만 적용, 자영업자는 강제가입 대상에서 제외되나 임의가입 대상에는 포함	강제	본인 6.25%, 사용자 4.05%. 합계 10.3%	-
4층	-	-	-	-

온두라스의 연금구조

중층구조	설명	가입	재정	중심역할
0층	-	-	-	-
1층	부과식 확정급여 방식의 사회보험연금은 개인연금 운영	-	근로자 1%, 사용자 2%, 정부 0.5%	국가
2층	-	-	-	-
3층	2005년 강제가입 및 임의가입 개인연금 도입을 시도했으나 실패, 현재는 제도 미비	-	-	-
4층	-	-	-	-

자메이카의 연금구조

중층구조	설명	가입	재정	중심역할
0층	-	-	-	-
1층	부과식 확정급여 방식의 사회보험연금, 기본연금으로서 기능 수행	강제	사용자 2.5%, 근로자 2.5%	국가
2층	확정급여나 확정기여로도 운영할 수 있는 퇴직연금	임의	사용자 부담 원칙 대체로 5% 기여	-
3층	확정기여 방식으로 운영, 2층 대상이 아닌 자영업자나 임금금로자를 중심으로 운영	임의	본인 부담, 최대 20%까지 기여가능	-
4층	-	-	-	-

파나마의 연금구조

중층구조	설명	가입	재정	중심역할
0층	기초연금 제공	-	정부	국가
1층	부과식 확정급여로 운영되는 사회보험연금, 소득수준과 무관하게 전체 가입대상자 적용	강제	근로자 9.25%, 사용자 4.25%, 합계 13.5%; 자영업자는 본인 13.5%	-
2층	공무원을 대상으로 하는 특수직 연금으로서 퇴직연금 운영	강제	-	-
3층	개인연금, 일정소득수준 이상의 근로자에게 적용, 적립식 확정급여 방식으로 관리, 1층에 포함시키고 있지만 성격은	강제	근로자 8.16%, 사용자 4.25%, 합계 12.41%; 자영업자는 본인 12.41%	개인
	확정기여 방식으로 운영, 기업 단위에서 퇴직연금이나 개인 단위에서 개인연금 방식으로 도입 가능	임의	기업과 개인, 또는 개인	-
4층	-	-	-	-

코스타리카의 연금구조

중층구조	설명	가입	재정	중심역할
0층	빈곤층 및 저소득층 위한 무갹출 연금	-	국가	국가
1층	부과식 확정급여 방식의 사회보험연금	강제	근로자(사용자 4.92%, 근로자 2.67%, 정부 0.41%); 자영업자(본인 7.59%, 정부 0.41%)	-
2층	제도 미비	-	-	-
3층	적립식 확정기여 방식의 개인연금, 임금 근로자에게 적용, 자영업자는 가입대상에서 제외	강제	사용자 3.25%, 근로자 1%	기업 개인
3층	적립식 확정기여 방식의 개인연금, 자영업자 가입대상에 포함 가능	임의	사용자·근로자 공동부담, 또는 근로자 부담	개인
4층	제도 미비	-	-	-

멕시코의 연금제도

중층 구조	설명	가입	재정	중심 역할
0층	기초생계보장 연금, 개인연금급여로 생계보장 어려운 계층 대상	-	국가	국가
1층	사회보험 방식의 공적연금－폐지	-	-	
2층	제도 미비	-	-	-
3층	적립식 개인연금 1997년 도입, 암묵적 명목확정기여 방식으로 운영	강제	국가 0.225%, 사용자 5.150%, 근로자 1.125%, 합계 6.50%	국가 기업 개인
3층	임의가입 방식의 개인연금 도입, 자영업자에게 적용되나, 향후 강제가입 방식으로 전환 예정	임의	-	개인

쿠바의 연금제도

중층 구조	설명	가입	재정	중심역할
0층	공공부조 방식의 무갹출 연금	-	-	-
1층	사회보험 방식의 공적연금	강제	사용자 14%, 자영업자는 10% 또는 12%	국가·기업·개인
2층	-	-	-	-
3층	-	-	-	-

아이티의 연금제도

중층 구조	설명	가입	재정	중심역할
0층	공공부조 방식의 무갹출 연금	-	-	-
1층	사회보험 방식의 공적연금	강제	사용자 14%, 자영업자는 10% 또는 12%	국가·기업·개인
2층	-	-	-	-
3층	-	-	-	-

불가리아의 연금구조

중층구조	설명	가입	재정	중심역할
0층	최소연금제 도입 및 활용	-	-	국가
1층	부과식 확정급여로 운영되는 공적연금	강제	사용자 6.1%, 근로자 4.9%, 자영업자 본인 11%	국가 기업 개인
3층	적립식 확정기여 방식으로 운영되는 개인연금, 강제가입으로 공적연금의 보충적 연금	강제	사용자 2.8%, 근로자 2.2%, 자영업자 본인 5%	기업 개인
3층	1990년 중반경에 도입, 적립식 확정기여 방식으로 운영, 15세 이상 시민이면 참여 가능, 기여수준도 자유롭게 결정하나 소득의 10%수준에서 세금공제	임의	기여수준 자유롭게 결정	개인
4층	제도 미비	-	-	-

알바니아의 연금구조

중층구조	설명	가입	재정	중심역할
0층	-	-	-	국가
1층	공적연금으로서 사회보험연금 부과식 확정급여 방식으로 운영	강제	사용자 12.8%, 근로자 8.8%, 합계 21.6%; 자영업자는 최저임금의 23%	국가 기업 개인
2층	임의가입 방식의 퇴직연금, 적립식 확정기여 방식으로 운영	임의	사용자와 근로자의 협의에 의해 결정	기업 개인
3층	임의가입 방식의 개인연금, 적립식 확정기여 방식으로 운영, 강제가입 방식의 개인연금은 시행연기	임의	개인연금 참여자가 결정	개인
4층	-	-	-	-

우크라이나의 연금구조

중층구조	설명	가입	재정	중심역할
0층	공공부조연금, 평균임금의 20% 수준에서 제공	-	-	-

1층 국가연금	부과식 확정급여 방식으로 운영, 기여 합계 모두 활용되지 않고 일부는 개인연금으로 전환, 나머지는 연금뿐 아니라 의료보험 등의 기금으로 활용	강제	사용자 33.2%, 근로자 2~5%; 자영업자는 최저임금의 33.2%	국가 기업 개인
3층 개인연금	적립식 확정기여 방식으로 운영, 기여 합계에서 일부를 기금으로 전환 그러나 시행 연기로 미집행	강제		
3층	임의가입 방식의 개인연금으로 활용	임의	사용자·근로자	기업 개인
4층	제도 미비	-	-	-

슬로베니아의 연금구조

중층구조	설명	가입	재정	중심역할
0층	공공부조 연금으로 제공	-	-	-
1층	부과식 확정급여로 운영, 소득연계 연금	강제	사용자 8.85%, 근로자 15.5%	국가
2층	퇴직연금, 민간영역 근로자는 임의가입, 공공영역 근로자는 강제가입	임의 비활성	공동부담 계획	-
3층	임의가입 방식의 개인연금	임의 비활성	근로자	개인
4층	제도 미비	-	-	-

벨라루스의 연금구조

중층구조	설명	가입	재정	중심역할
0층	장애노인 등 기초생계가 어려운 계층을 위한 연금	-	-	-
1층	임금근로자와 자영업자 모두를 대상으로 하는 사회보험연금, 연금보험료는 산재위험율에 따라 차등적으로 적용	강제	사용자 5~28%, 근로자 1%; 자영업자 신고소득의 29%	국가 기업 개인
2층	-	-	-	-
3층	-	-	-	-
4층	-	-	-	-

몰도바의 연금구조

중층구조	설명	가입	재정	중심역할
0층	고령을 대상으로 사회연금 제공	-	-	-
1층	부과식 확정급여 방식의 사회보험	강제	근로자 6%, 사용자(산업 23%, 농업 22%)	국가 · 기업 · 개인
2층	-	-	-	-
3층	-	-	-	-
4층	-	-	-	-

마케도니아의 연금구조

<table>
<tr><th>중층구조</th><th>설명</th><th>가입</th><th colspan="2">재정</th><th>중심역할</th></tr>
<tr><td>0층</td><td>사회보험 미가입자 대상 연금지급</td><td>-</td><td colspan="2">-</td><td>-</td></tr>
<tr><td>1층</td><td>부과식 확정급여 방식의 사회보험, 노령 · 장애 · 유족, 최소연금으로 활용</td><td>강제</td><td>21.2% 중 13.78%</td><td rowspan="2">임금근로자 (사용자 21.2%), 자영업자(본인 21.2%)</td><td>국가 기업 개인</td></tr>
<tr><td>3층</td><td>개인연금, 적립식 확정기여, 개인계좌에서 관리</td><td>강제</td><td>21.2% 중 7.42%</td><td>개인</td></tr>
<tr><td>2층</td><td>퇴직연금, 적립식 확정기여</td><td>임의</td><td colspan="2">-</td><td>-</td></tr>
<tr><td>4층</td><td>-</td><td>-</td><td colspan="2">-</td><td>-</td></tr>
</table>

몬테네그로의 연금구조

중층구조	설명	가입	재정	중심역할
0층	-	-	-	-
1층	부과식 확정급여로 운영하는 사회보험 방식의 공적연금	강제	근로자 15%, 사용자 5.5%, 합계 20.5%	국가 기업 개인
3층	적립식 확정기여로 운영되는 개인연금, 시행 지연	강제	-	-
3층	적립식 확정기여로 운영되는 개인연금, 미시행	임의	개인 선택 사항	
4층	-	-	-	-

아르메니아의 연금구조

중층구조	설명	가입	재정	중심역할
0층	사회적 연금, 무갹출 방식으로 연금 지급	-	-	-
1층	기여금을 근거로 운영, 소득에 따라 차등급여가 아닌 고정급여에 보너스 급여를 제공함으로써 소득연계 장치 활용	강제	근로자 3%, 사용자 5~15%; 자영업자 5~15%	국가 기업 개인
3층	적립식 개인연금으로 2014년부터 시행	강제	근로자 10%, 국가 5%	국가 개인
3층	적립식 개인연금으로 2011년부터 시행	임의	-	-
4층	-	-	-	-

우즈베키스탄의 연금구조

중층구조	설명	가입	재정	중심역할
0층	1층과 3층의 대상이 아닌 그룹에게 기초연금 제공	-	-	-
1층	부과식 확정급여 방식으로 운영, 사용자·근로자·정부가 공동기여	강제	사용자 23.5%, 근로자 2.5% 그리고 정부	국가
3층	강제가입 개인연금, 개인이 기여	강제	개인 임금의 1%	개인
3층	임의가입 개인연금, 개인이 기여, 그러나 비활성화 상태	임의	개인의 선택	개인
4층	-	-	-	-

조지아의 연금구조

중층구조	설명	가입	재정	중심역할
0층	정부예산으로 지원되는 공공부조 방식의 기초연금	-	정부	국가
1층	부과식 확정급여 방식으로 운영, 소득연계 연금급여 제공, 근로자와 자영업자만 기여	강제	과세소득의 25%	국가
2층	제도도입, 그러나 비활성화	임의	-	-
3층	제도도입, 그러나 비활성화	임의	-	-
4층	-	-	-	-

카자흐스탄의 연금구조

중층구조	설명	가입	재정	중심역할
0층	공공부조	-	정부	국가
1층	국가연금으로 급여 제공, 1998년 개인연금으로 대체	-	사용자 18%, 자영업자 18%	국가
3층	강제가입 개인연금, 개인이 기여	강제	개인 10%	개인
3층	임의가입 개인연금, 개인이 기여, 기여수준은 선택 가능	임의	개인의 선택	개인
4층	-	-	-	-

투르크메니스탄의 연금구조

중층구조	설명	가입	재정	중심역할
0층	공공부조	-	정부	국가
1층	사회보험연금, 사용자와 근로자 공동부담, 자영업자도 적용대상에 포함	강제	사용자 20%, 근로자 1%; 자영업자 1%	-
3층	-	-	-	-
3층	-	-	-	-
4층	-	-	-	-

나이제리아의 연금구조

중층구조	설명	가입	재정	중심역할
0층	-	-	-	-
1층	-	-	-	-
3층	적립식 확정기여제도, 민간에서 관리하는 사적연금, 사용자와 근로자가 공동부담	강제	사용자·근로자 7.5%씩 균등부담	기업 개인
3층	-	-	-	-
4층	-	-	-	-

부 록 2 퇴직연금 중심의 중층연금 국가

스위스의 연금제도

중층구조	설명		가입	재정	중심역할
0층	연금급여 대상자가 아닌 계층을 위한 연금		-	-	국가
1층	사회보험 방식으로 운영되지만 급여는 최저생계비 보장 수준이고, 최저수준의 연금급여의 두 배까지라는 연금급여의 상한선 제도 도입		강제	사용자 · 근로자 각각 연금 4.2%, 장애연금 0.7%; 자영업자 연금 7.8%, 장애연금 1.4%	국가 기업 개인
2층	임금근로자	연금급여는 확정급여나 확정기여 혹은 두 방식의 조합 가능, 급여의 하한선과 급여의 관대화 예방을 위한 점수제 도입	강제	소득총액의 7~18%에서 근로자와 사용자 균등부담	기업 개인
	자영업자	상동	임의	임의선택	자영업자
3층	개인 스스로 보험회사를 선택하여 가입할 수 있는 사적연금		임의	개인	개인
4층	-		-	-	-

네덜란드의 연금구조

중층구조	설명	가입	재정	중심역할
0층	자산조사를 근거로 한 공공부조 연금 지원	-	정부	국가
1층	부과식 확정급여 방식으로 운영, 재정은 모든 납세자에게 소득에 따라 차등적으로 부과하는 사회보장세로 충당, 고정연금으로 지급	강제	임금근로자(근로자 13% · 사용자 5.7%), 자영업자 19%	국가
2층	퇴직연금으로 적립식 확정기여 방식으로 운영, 정률의 기여금을 근로자가 부담, 추가연금(배우자연금, 고아연금, 장애연금)에 해당되는 부분은 사용자 부담 가능, 물가지표와 임금지표에 따라 퇴직급여 매년 조정	강제	근로자 2%(지불유예임금으로 이해)	기업 개인

3층	개인연금, 임금근로자는 회사를 통하여 개인 연금 관리 가능, 자영업자는 1층 국가연금에 연결하여 관리 가능	임의	선택	-
4층	-	-	-	-

독일의 연금제도

<table>
<tr><th>중층 구조</th><th colspan="2">설명</th><th>가입</th><th>재정</th><th>중심 역할</th></tr>
<tr><td>0층</td><td colspan="2">공공부조</td><td>-</td><td>-</td><td>국가</td></tr>
<tr><td rowspan="2">1층</td><td>고정연금</td><td>빈곤층이나 생계비가 부족한 연금 수급자를 대상으로 일정 수준의 고정 연금 제공</td><td rowspan="2">강제</td><td rowspan="2">사용자 9.95%, 근로자 9.95%, 자영업자 19.9%</td><td rowspan="2">국가</td></tr>
<tr><td>사회보험연금</td><td>소득재분배 기능을 갖추고 있고 생활 연속성을 위한 연금으로서 기능 수행</td></tr>
<tr><td>2층</td><td colspan="2">퇴직연금으로 사용자가 근로자에게 제공하는 연금, 1974년 도입, 사용자가 재정 부담하였으나 1999년 연금개혁법 제정으로 공동부담으로 전환</td><td>임의</td><td>근로자 4%(지불유예임금)</td><td>기업</td></tr>
<tr><td>3층</td><td colspan="2">개인 스스로 보험회사를 선택하여 가입할 수 있는 사적연금, 국가의 보호를 받는 연금으로서 보장성 구비</td><td>임의</td><td>개인</td><td>개인</td></tr>
<tr><td>4층</td><td colspan="2">-</td><td>-</td><td>-</td><td>-</td></tr>
</table>

미국의 연금구조

중층 구조	설명	가입	재정	중심 역할
0층	자산조사에 근거한 공공부조 방식의 연금	-	-	국가
1층	사회보장세를 기초로 운영되는 공적연금, 소득재분배기능을 갖춘 연금체계로 OASDI의 한 부분으로 운영, 근로자와 사용자 공동부담, 확정급여 방식으로 운영	강제	사용자 6.20%, 근로자 6.20%; 자영업자 12.4%	국가 기업 개인
2층	401(k)로 알려진 퇴직연금, 확정급여로 운영, 사용자의 추가기여 방식을 빌어 임의가입 확정기여 방식의 보충적 퇴직연금계획에 참여도 가능	임의	사용자 · 근로자 공동부담, 추가 가입 가능	기업 개인
3층	자영업자나 퇴직연금 대상이 아닌 근로자를 위한 보충적 연금으로 민간영역 근로자 25% 정도 참여	임의	-	-
4층	-	-	-	-

벨기에의 연금제도

중층구조	설명	가입	재정	중심역할
0층	자산조사에 근거한 고정연금 제공	-	-	국가
1층	부과식 확정급여 방식의 국가연금, 완전연금 조건이 미달될 경우 최소보장연금 제공	강제	근로자 13.07%, 사용자 24.77%, 기여 합계 37.84%	국가 기업 개인
2층	퇴직연금, 적립식 확정기여 방식의 사적연금, 노사합의에 의해 구체적 내용 결정	임의	근로자 1~2%, 사용자 4~5%	-
3층	개인연금, 은행과 계약관계에 의해 가입 가능, 세금공제로 인센티브 부여	임의	계약에 의해 결정	-
4층	-	-	-	-

영국의 연금제도

<table>
<tr><th>중층구조</th><th colspan="2">설명</th><th>가입</th><th>재정</th><th>중심역할</th></tr>
<tr><td>0층</td><td colspan="2">자산조사에 근거한 공공부조 연금</td><td>-</td><td>정부</td><td>국가</td></tr>
<tr><td rowspan="2">1층</td><td>기초국가연금</td><td>국가연금에 가입된 노인에게 기초 생계비로 제공, 고정급여이기 때문에 매년 물가 반영하여 조정</td><td rowspan="2">강제</td><td rowspan="2">사용자 12.8% · 근로자 11%; 자영업자 8%(저소득층 정액, 고소득층 1% 추가)</td><td rowspan="2">국가 기업 개인</td></tr>
<tr><td>제2국가연금</td><td>소득이 최저임금수준(LET) 이상이 되어야 하고, 소득연계연금으로서 보충적 연금 일종으로 분류</td></tr>
<tr><td rowspan="2">2층</td><td>확정급여연금</td><td>근로자의 마지막 임금을 기준으로 연금급여 제공</td><td rowspan="2">준 강제</td><td rowspan="2">사용자 1%, 근로자 2%, 국가 1%; 2018년 기여 합계 12%까지 인상 예정</td><td rowspan="2">국가 기업 개인</td></tr>
<tr><td>확정기여연금</td><td>기여금, 이자율, 평균수명을 고려하여 급여 제공</td></tr>
<tr><td rowspan="3">3층</td><td>주주연금</td><td>1999년 법제정, 2001년 제도 시행, 5명 이상 근로자가 있는 사업장에 적용, 중간소득 및 저소득층 위한 보충적 연금</td><td>강제</td><td>사용자 · 근로자</td><td>-</td></tr>
<tr><td>단체연금</td><td>사용자가 근로자를 그룹으로 모아 가입하여 활용하는 개인연금</td><td>-</td><td>-</td><td>-</td></tr>
<tr><td>투자개인연금</td><td>개인이 연금기금으로 투자 방법을 결정할 수 있는 개인연금 유형</td><td>-</td><td>-</td><td>-</td></tr>
<tr><td>4층</td><td colspan="2">-</td><td>-</td><td>-</td><td>-</td></tr>
</table>

스페인 연금구조

중층 구조	설명	가입	재정	중심 역할
0층	사회보험연금으로부터 연금급여가 없는 계층을 대상으로 하는 기초연금	-	-	국가
1층	임금근로자 대상 부과식 확정급여 연금으로 기본연금, 재분배기능이 강한 사회보험연금, 자영업자 · 농민 · 어민 · 광부 등을 위한 연금계획은 별도 관리	강제	사용자 23.6%, 근로자 4.7%, 기여 합계 28.3%	국가 기업 개인
2층	적립식으로 운영되며 급여 스케줄은 확정급여, 확정기여, 혹은 두 방식의 혼합 중 하나 선택 가능	임의	사용자가 기여	기업 개인
3층	금융시장에서 계약관계에 의해 참여 가능 연금	임의	개인	개인
4층	-	-	-	-

아이슬란드의 연금구조

중층 구조	설명	가입	재정	중심 역할
0층	1층 공적연금에서 기초연금이 기초연금 기능 수행	-	-	-
1층	소득세를 근거로 지원되는 공적연금, 평균임금의 15% 수준의 기초연금과 보충적 연금이 없을 경우 보충적 연금으로서 평균임금의 79%까지 보장, 0층과 1층 기능 수행	-	소득세의 약6%로 재정 충당	국가 기업 개인
2층	강제가입 방식의 퇴직연금, 임금근로자 및 자영업자 대상, 확정급여와 확정기여를 동시에 활용하지만 확정급여를 최소연금까지 적용하다가 그 후는 확정기여 방식으로 전환	강제	기여 합계 최소 12%(근로자 4%, 사용자 8%)	기업 개인
3층	임의가입 방식의 개인연금, 임금근로자 및 자영업자 대상, 확정기여 방식으로 운영	임의	사용자와 근로자 공동부담 원칙	개인
4층	-	-	-	-

아일랜드의 연금구조

중층구조	설명	가입	재정	중심역할
0층	무갹출 고정연금, 기여하지 않았거나 기초고정연금 수급 자격 미달자, 예산에서 재원조달	-	예산	국가
1층	기초고정연금, 적용대상은 일정소득 수준 이상의 임금근로자와 자영업자, 소득계층을 나누어 고소득자가 고율의 기여를 하게 하는 재분배 성격의 연금, 부과식 확정기여로 관리	강제	임금근로자(근로자 4%, 사용자 8.5% 또는 10.75%); 자영업자 3% 또는 5%	국가 기업 개인
2층	퇴직연금, 임금근로자가 적용대상이며 공공 영역 근로자는 별도의 계획에 따라 참여, 민간근로자는 적립식 확정기여 혹은 확정급여 중 선택 가능, 확정급여 선택 시 재분배 규칙에 순응 필수, 공공근로자는 부과식 확정급여 방식으로 운영, 임금근로자 50% 정도가 참여	임의	5~10%(확정기여), 연 60분의 1 (확정급여)	기업 개인
3층	개인퇴직저축계좌(PRSA)와 퇴직연금계약(RAC) 두 종류로 운영, 적용대상은 자영업자, 세제 혜택 방식의 활용으로 가입 유인, 기여수준은 연령별 차등제 적용	임의	30세 이하 최저 15%, 50세 이상 최고 30%까지 차등	개인
4층	-	-	-	-

프랑스의 연금구조

<table>
<tr><th>중층구조</th><th colspan="3">설명</th><th>가입</th><th>재정</th><th>중심역할</th></tr>
<tr><td>0층</td><td colspan="3">공공부조 연금(minimum vieillesse)</td><td>-</td><td>-</td><td>-</td></tr>
<tr><td rowspan="4">1층</td><td rowspan="4">1단 기본연금, 2단 보충연금 운영</td><td>민간근로자</td><td>노동인구의 65%, 1단은 사회보장상한선 이하 근로자에게 확정급여 방식으로 연금 제공, 2단은 확정급여 점수제이며 보충적으로 급여 제공</td><td rowspan="4">강제</td><td rowspan="4">사용자 8.3% · 근로자 6.65%-</td><td rowspan="4">국가
기업
개인</td></tr>
<tr><td>공공 · 준공공 근로자</td><td>노동인구 20%, 1단과 2단 모두 민간근로자보다 후한 급여 제공</td></tr>
<tr><td>농어업 근로자</td><td>노동인구의 3%, 농어민 계획에 따라 별도로 운영</td></tr>
<tr><td>비임금 근로자 · 자영업자</td><td>노동인구의 12%, 비임금 근로자 및 자영업자는 민간 근로자보다 박한 연금계획으로 운영</td></tr>
</table>

2층	임금근로자의 보충적 연금을 위한 퇴직연금, 국가 연금과 합친 소득대체율을 70~80%로 유지하기 위한 보충적 연금, 명목확정기여의 점수제 활용	강제	사용자·근로자 공동부담	기업 개인
	임의가입 퇴직연금으로서 근로자만 기여하며 소득 공제용으로 활용, 한도가 엄격히 제한, 2006년에 도입	임의	근로자	
3층	연소득의 10% 정도를 투자할 수 있는 연금으로 2004년에 도입	임의	개인 부담	개인
4층	제도 미비	-	-	-

핀란드의 연금구조

중층구조	설명	가입	재정	중심역할
0층	자산조사에 근거한 보편적 연금, 기초생계보장을 위한 연금	-	정부	국가
1층	소득연계연금, 거주기간에 따라 급여 차등 지급, 국가공무원·지방공무원·민간영역 임금근로자·자영업자 모두를 대상으로 하는 기본연금, 사용자 부담분이 근로자보다 높게 책정	강제	사용자 17.1%, 근로자 4.5%; 자영업자 21.2%	국가
2층	임금근로자의 보충적 연금을 위한 퇴직연금	임의	공동부담	기업
3층	자영업자의 보충적 연금을 위한 개인연금	임의	개인 부담	개인
4층	제도 미비	-	-	-

뉴질랜드의 연금구조

중층구조	설명	가입	재정	중심역할
0층	1층에서 역할 수행	-	-	-
1층	국가예산으로 운영하는 보편적 국가연금, 65세 이상 노인에게 연금 제공, 0층 기능 동시 수행	-	예산	국가
2층	키위저축연금으로 통칭, 사용자 최소기여제 도입, 근로자는 기여수준 선택 가능	강제	사용자 3%, 근로자 3·4·8% 선택	기업 개인
3층	개인연금, 키위저축연금과는 별도로 운영	임의	근로자	개인
4층	-	-	-	-

호주의 연금구조

중층 구조	설명	가입	재정	중심 역할
0층	1층에서 0층 기능 동시 수행	-	-	국가
1층	일반회계예산에서 운영, 부과식 확정급여 방식으로 운영, 자산조사에 근거하여 연금급여 지급	-	예산	
2층	강제가입 퇴직연금, 사용자 최소기여제 도입, 사용자 부담으로 운영	강제	사용자 12%	기업 개인
	임의가입 퇴직연금, 사용자나 근로자가 추가적으로 기여 가능	임의	사용자·근로자	
3층	개인연금	임의	임의	개인
4층	-	-	-	-

대만의 연금구조

중층 구조	설명	가입	재정	중심 역할
0층	국가예산에서 지원, 65세 노인의 70%가 수혜, 평균임금의 7% 수준의 급여 지급	-	-	국가
1층	출범 당시는 6.5% 기여수준이었으나 2년마다 증액하여 12%가 목표, 자영업자도 적용대상에 포함. 임금근로자의 경우 사용자 부담 없음	강제	6.5%(가입자 60% 또는 3.9%, 정부 40% 또는 2.6%)	국가 개인
2층	노동보험: 퇴직일시금으로 지급되나 연금방식으로 수급도 가능, 정부가 일부 기여, 적용대상은 임금근로자와 자영업자 포함	강제	6.5%(사용자 70% 또는 4.55%, 근로자 20% 또는 1.3%, 정부 10% 또는 0.65%); 자영업자 3.9%·정부 2.6%	국가 기업 개인
	구형노동연금기금: 확정급여 방식으로 운영	-	사용자 2~15%	기업 개인
	신형노동연금기금: 사용자가 근로자의 계좌에 입금하는 방식으로 관리, 자영업자는 해당 없음	임의	사용자 6%, 근로자 6%	기업 개인
3층	-	-	-	-
4층	-	-	-	-

이스라엘의 연금구조

중층구조	설명	가입	재정	중심역할
0층	1층의 고정급여 방식의 연금이 0층 역할 동시 수행	-	-	-
1층	임금근로자 및 자영업자 등 전국민 대상, 부과식 확정급여 방식으로 운영하며 고정급여 제공, 연금 보험료는 소득계층별로 차등적으로 적용, 평균임근의 30% 선에서 연금급여 지급	강제	임금근로자, 자영업자, 기타소득자의 소득별 차등	국가 개인
2층	노사협상 방식에 의한 구형연금기금 방식의 퇴직연금, 노사협상에 의거하지 않는 신형연금기금 방식의 연금, 소득그룹별로 기여금 차등 적용; 신형일반연금기금이나 준비기금 및 생명보험의 경우 개인연금의 성격이 강한 연금으로 분류 가능	강제	사용자·근로자 공동부담, 소득별 차등 적용	기업 개인
3층	-	-	-	-
4층	-	-	-	-

일본의 연금구조

중층구조	설명	가입	재정	중심역할
0층	1층 대상 중 기여금 면제 계층에게 0층의 효과	-	-	-
1층	전국민 대상의 공적연금, 0층 고정연금의 성격도 존재, 기여금은 5등급 차등 적용하기 때문에 소득재분배도 가능	강제	3분의 2 근로자, 3분의 1 예산	국가 개인
2층	소득연계연금, 부과식 확정급여 방식으로 운영, 사용자와 근로자 공동부담, 출산휴가 중 여성에게는 기여 면제	강제	사용자 8.675% 근로자 8.675%	기업 개인
3층	부과식 확정기여 방식으로 운영되는 임의가입 방식의 개인연금 혹은 보충적 퇴직연금	임의	사용자 지원 방식으로 운영	기업 개인
4층	-	-	-	-

중국의 연금구조

중층구조	설명		가입	재정	중심역할
0층	-		-	-	-
1층	1단	부과식 확정급여 방식으로 관리	강제	사용자 20%	국가 기업 개인
	2단	적립식 확정기여 계획이며 개인계좌로 관리	강제	근로자 8%	
2층	사용자 부담 방식의 퇴직연금으로서 지방정부가 관리하는 방식에서 민간관리방식으로 전환 추진 중		임의	사용자	기업
3층	다양한 개인연금으로 구성, 비활성화		임의	-	-
4층	-		-	-	-

필리핀의 연금구조

중층구조	설명	가입	재정	중심역할
0층	공공부조연금, 하위 20% 노인을 대상으로 급여 제공, 급여수준이 낮아 기초생계 유지에 미흡	-	-	-
1층	사회보험연금으로 노동인구의 75%가 현재 참여, 민간영역 근로자를 위한 사회보장 체계이자 공공영역 근로자를 위한 보장체계 역할 수행	강제	사용자 7.07% 근로자 3.33% 기여 합계 10.40%	국가 기업 개인
2층	부과식 확정기여 방식으로 운영, PAG-IBIG 기금으로 지칭, 민간영역 근로자의 보충적 연금으로 역할 수행	강제	-	기업 개인
3층	보충적 연금으로 활용 가능, 민간보험회사를 통해 선택적으로 참여 가능	임의	-	-
4층	-	-	-	-

한국의 연금구조

중층구조	설명	가입	재정	중심역할
0층	자산조사에 근거한 기초노령연금으로 65세 이상 노인의 70%에게 제공	-	정부	국가
1층	부과식 확정급여 방식으로 운영되며 임금근	강제	임금근로자(사용자	국가

	로자와 자영업자를 포함하여 전국민을 대상으로 하는 기본연금		4.5%·근로자 4.5%), 자영업자 9%	기업 개인
2층	퇴직연금, 사용자 부담이 원칙이지만 근로자 추가부담도 가능, 단 확정급여 방식을 택하면 근로자 추가부담 금지, 사용자는 매년 1개월분의 임금을 적립하는 방식으로 적립하여 퇴직연금으로 활용	임의	사용자 부담 원칙, 추가부담 가능	기업 개인
3층	-	-	-	-
4층	-	-	-	-

가나의 연금구조

중층 구조	설명	가입	재정	중심 역할
0층	-	-	-	-
1층	사회보험연금, 강제가입 방식으로 관리, 공공영역 근로자와 민간영역 근로자 모두 적용대상에 포함, 2층 퇴직연금과 연계하여 운영, 자영업자는 임의가입 가능	강제, 기여 합계 18.5% 중 13.5%로 운영	사용자 13%, 근로자 5.5%, 기여 합계 18.5%	국가 기업 개인
2층	퇴직연금으로 강제가입, 적용대상은 1층과 동일, 1층 사회보험연금과 연계하여 운영, 준비기금연금	강제, 기여 합계 18.5% 중 5%로 운영		기업 개인
3층	준비기금 방식은 퇴직 및 사망 관련 연금으로 활용, 개인연금은 계약 조건에 따라 관리	임의	-	-
4층	-	-	-	-

남미비아의 연금구조

중층 구조	설명	가입	재정	중심 역할
0층	사회보험연금으로 60세 이상 주민에게 고정급여 제공, 0층의 성격	-	정부	국가
1층	-	-	-	-
2층	적립식 확정기여 방식으로 운영, 제한된 범위 내에서 확정급여 방식도 가능, 확정기여는 준비기금 방식으로 운영, 퇴직일시금이나 연금으로 수급	임의	기여 합계 16%, 사용자·근로자 합의로 분담 결정	기업 개인
3층	개인연금의 성격을 가진 연금층, 개인이 기여	임의	-	-
4층	-	-	-	-

잠비아의 연금구조

중층 구조	설명	가입	재정	중심 역할
0층	국제기구에서 제공되는 구빈 목적의 사회복지연금	-	국제기구	국제 기구
1층	사회보험연금, 제한적 범위의 근로자에게만 적용, 급여수준이 낮아 보충적 연금의 역할만 수행, 임금근로자는 강제가입, 자영업자는 임의가입 가능	강제	임금근로자(사용자 5% · 근로자 5%), 자영업자 10%	국가 기업 개인
2층	퇴직연금은 확정급여 방식으로 운영, 기여수준은 5~10%로 사용자와 근로자가 분담, 준비기금으로 운영	임의	사용자 · 근로자 기여 합계 5~10%	기업 개인
3층	-	-	-	-
4층	-	-	-	-

부 록 3 명목확정기여연금 중심의 중층연금 국가

스웨덴의 연금구조

<table>
<tr><th colspan="2">중층구조</th><th>설명</th><th>가입</th><th>재정</th><th>중심 역할</th></tr>
<tr><td colspan="2">0층</td><td>1층 0단이 0층 기능 수행</td><td>-</td><td>정부</td><td>국가</td></tr>
<tr><td rowspan="3">1층</td><td>0단</td><td>고정급여 방식의 연금</td><td>-</td><td>정부</td><td>-</td></tr>
<tr><td>1단</td><td>소득연계 방식의 NDC 연금</td><td rowspan="2">강제</td><td rowspan="2">사용자 10.21%, 근로자 7%; 자영업자 7%</td><td rowspan="2">국가</td></tr>
<tr><td>2단</td><td>프리미엄 연금</td></tr>
<tr><td colspan="2">2층</td><td>퇴직연금의 성격을 가진 보충적 연금으로 노사 합의에 의해 운영되며 노동인구의 약 90%가 참여</td><td>강제 및 준강제</td><td>개인 또는 개인과 기업</td><td>개인</td></tr>
<tr><td colspan="2">3층</td><td>자영업자 대상 보충적 연금, 임의가입 중심</td><td>임의</td><td>개인</td><td>개인</td></tr>
<tr><td colspan="2">4층</td><td>-</td><td>-</td><td>-</td><td>-</td></tr>
</table>

그리스의 연금구조

<table>
<tr><th colspan="2">중층구조</th><th>설명</th><th>가입</th><th>재정</th><th>중심 역할</th></tr>
<tr><td colspan="2">0층</td><td>자산조사를 근거로 한 기초연금</td><td>-</td><td>국가</td><td>국가</td></tr>
<tr><td rowspan="2">1층</td><td>기본계획</td><td>부과식 확정급여로 운영되지만 명목확정기여 요소 가미, 10개 직업군으로 나누어 복잡하게 관리</td><td>강제</td><td rowspan="2">임금근로자(사용자 13.33%, 근로자 6.67%); 자영업자 13.33%</td><td rowspan="2">국가
기업
개인</td></tr>
<tr><td>보조계획</td><td>10개 직업군별로 특성에 맞는 보조계획을 부과식 확정급여 방식으로 운영</td><td>강제</td></tr>
<tr><td colspan="2">2층</td><td>임의가입 방식의 퇴직연금, 2002년에 도입되었으나 제한적으로 활용, 확정기여 방식으로 운영</td><td>임의</td><td>사용자 · 근로자</td><td>-</td></tr>
<tr><td colspan="2">3층</td><td>임의가입 방식의 퇴직연금, 2002년 도입되었으나 제한적으로 활용, 확정기여</td><td>임의</td><td>개인</td><td>-</td></tr>
</table>

	방식으로 운영			
4층	-	-	-	-

노르웨이의 연금구조

중층구조		설명	가입	재정	중심역할
0층		최소국가연금	-	국가	국가
1층	기본연금	연금수급 자격이 있는 노인에게 가입기간에 따라 차등적으로 지급되는 연금	강제	사용자 14.1%, 근로자 7.8%; 자영업자 11%	국가
	특별연금	국가연금 외에는 보충적 연금급여가 없는 노인에게 제공되는 보충적 급여			
	부양가족연금	배우자 및 미성년 자녀 등 부양가족이 있는 노인에게 지급되는 보충적 급여			
2층	의무퇴직연금	사용자가 근로자 임금의 2% 수준을 기여, 근로자는 추가적으로 기여가능	강제	사용자	-
	노사합의 퇴직연금	62세에 조기퇴직해도 연금급여를 받을 수 있는 퇴직연금		-	-
3층		확정기여 방식의 개인연금으로 보험회사를 통하여 누구나 가입가능한 연금	임의	개인	개인
4층		-	-	-	-

오스트리아의 연금구조

중층구조	설명	가입	재정	중심역할
0층	가입기간이 짧아 연금지급 대상이 아니거나 자산조사로 선별한 빈곤층 대상 고정연금	-	국가	국가
1층	임금근로자 · 자영업자 · 농어민 등이 대상, 부과식으로 재정관리, 명목확정기여 방식으로 운영, 임금근로자 외 그룹은 개인 부담	강제	사용자 · 근로자, 또는 개인	국가 기업 개인
2층	부과식으로 재정관리, 사용자 기여 원칙이나 원하면 근로자도 기여도 가능, 2000년 강제 가입으로 전환	임의 → 강제	사용자 기여원칙, 근로자도 가능	기업 개인
3층	개인이 보험회사를 통하여 활용 가능	임의	-	개인
4층	-	-	-	-

이탈리아의 연금구조

<table>
<tr><th colspan="2">중층
구조</th><th>설명</th><th>가입</th><th>재정</th><th>중심
역할</th></tr>
<tr><td colspan="2">0층</td><td>빈곤층에게 공공부조 방식의 연금지급</td><td>-</td><td>국가</td><td>국가</td></tr>
<tr><td rowspan="2">1층</td><td>1단</td><td>자산조사에 의하여 제공되는 고정연금(flat rate pension)으로 연금을 받을 수 있는 최소기간을 채우지 못한 사람을 위한 부과식의 연금으로 영국식의 국가보험으로 분류</td><td>강제</td><td>국가</td><td rowspan="2">국가
기업
개인</td></tr>
<tr><td>2단</td><td>임금근로자와 자영업자를 모두 대상으로 하는 확정급여 방식으로 연금급여 제공, 명목확정기여 방식으로 운영, 상징적 계좌를 두는 방식으로 NDC 운영, 다만 확정기여 방식으로 전환하지 못하고 확정급여를 유지</td><td>강제</td><td>사용자 23.81%,
근로자 9.19%</td></tr>
<tr><td colspan="2">2층</td><td>퇴직연금으로서 임금근로자와 자영업자가 모두 대상, 임금근로자는 확정기여, 자영업자는 확정급여 방식으로 연금 제공, 기금은 공공영역에서 관리하는 방식과 민간영역에서 관리하는 방식으로 나누어져 있으나 전자 방식의 참여율이 우위를 차지, 근로자는 사용자로부터 받는 퇴직금을 퇴직연금으로 전환 가능</td><td>임의</td><td>개인 또는
개인과 기업</td><td>기업
개인</td></tr>
<tr><td colspan="2">3층</td><td>개인연금으로서 개인의 선택에 따라 참여여부 결정, 사용자로부터 받는 퇴직금을 개인연금으로 전환 가능</td><td>임의</td><td>개인</td><td>개인</td></tr>
<tr><td colspan="2">4층</td><td>제도 미비</td><td>-</td><td>-</td><td>-</td></tr>
</table>

덴마크의 연금구조

<table>
<tr><th colspan="2">중층
구조</th><th>설명</th><th>가입</th><th>재정</th><th>중심
역할</th></tr>
<tr><td colspan="2">0층</td><td>빈곤층에게 공공부조 방식의 연금지급</td><td>-</td><td>국가</td><td>국가</td></tr>
<tr><td rowspan="3">1층</td><td rowspan="2">1단</td><td>거주기간에 근거한 고정연금(flat rate pension)으로 40년이 부족하면 차감하는 방식으로 부과식, 일종의 영국식</td><td>강제</td><td>-</td><td>-</td></tr>
<tr><td>보충적 연금으로 근로소득 수준과 1층 2단의 연금으로부터 받는 연금급여 수준에 연계한 연금, 영국식에 명목확정기여 요소를 가미</td><td>강제</td><td>-</td><td>-</td></tr>
<tr><td>2단</td><td>사용자와 근로자가 공동으로 부담하여 운영하는 연금으로 적립식으로 운영, 공적연금으로 분류되지만 임금근로자를 위한 퇴직연금과 유사</td><td>강제</td><td>사용자 2/3,
근로자 1/3</td><td>-</td></tr>
</table>

2층	사적연금으로서 퇴직연금이지만 노사합의에 의해 구체적 사항이 결정	준강제	사용자 2/3, 근로자 1/3	기업과 근로자
3층	개인연금으로서 사적연금 연금으로 운영되지만 가입률이 높아 가입자는 100만 명 수준	임의	-	-
4층	제도 미비	-	-	-

포르투갈의 연금구조

중층구조	설명	가입	재정	중심역할
0층	소득수준이 최저임금에 미치지 못하는 구성원을 대상으로 제공되는 연금, 70세 이상 노인에게는 추가 연금 지급, 정부에게 재정 지원	-	정부 예산	국가
1층	기본연금, 부과식 확정급여 강제가입 방법으로 운영, 임금근로자는 사용자와 근로자 공동 기여, 자영업자는 본인 부담 기여수준은 소득의 25.4%	강제	사용자 23.75%, 근로자 11%; 자영업자 25.4%	국가 기업 개인
2층	사용자 기여 방식으로 운영, 임금수준의 최고 15%까지 가능, 가입자 80%는 확정급여 방식 선택, 기금관리는 보험회사 또는 회사에서 관리 가능하지만 90% 이상이 보험회사 관리를 선택	임의	사용자 최대 15%	기업 개인
3층	보험회사의 연금기금이나 투자기금 방식으로 운영	임의	계약	개인
4층	-	-	-	-

라트비아의 연금구조

<table>
<tr><th colspan="2">중층구조</th><th>설명</th><th>가입</th><th colspan="2">재정</th><th>중심역할</th></tr>
<tr><td colspan="2">0층</td><td>-</td><td>-</td><td colspan="2">-</td><td>-</td></tr>
<tr><td>1층</td><td>명목확정기여계좌</td><td>명목확정기여 방식으로 운영, 1996년 도입, 명목계좌 운영, 해당 연령층의 평균수명에 근거하여 연금급여 수준 결정, 임금근로자와 자영업자 모두 대상, 최소가입기간 10년, 상시 근로자가 아니거나 현재 무직이어도 임의가입 가능</td><td>강제</td><td>총 33% 중 16%</td><td rowspan="2">사용자 24%, 근로자 9%, 기여 합계 33%</td><td>국가</td></tr>
<tr><td>3층</td><td>개인연금계좌</td><td>강제가입 방식의 개인연금으로 칠레 모형과 유사, 확정급여</td><td>강제</td><td>총 33% 중 4%</td><td>국가 기업 회사</td></tr>
</table>

2층	퇴직연금과 유사한 연금으로 임의가입 방식으로 운영, 일부 대기업만 가입	임의	근로자, 혹은 사용자·근로자	-
4층	제도 미비	-	-	-

리투아니아의 연금구조

중층구조		설명	가입	재정	중심역할
0층		-	-	-	-
1층	기본연금	고정연금으로 사실상 0층 기능 수행	강제	사용자 21.2%, 근로자 2.5%, 합계 23.7%	국가
	소득연계연금	소득연계로 제공되는 연금으로 명목확정기여에서 활용하는 급여수준 조정제도 도입			
3층	개인연금	임의가입 방식의 개인연금, 재정은 공적연금 23.7%에서 일부 전환되기 때문에 공적연금과 연계하여 운영	임의	1층 공적연금과 연계 적용	국가 기업 개인
2층 또는 3층		공적연금과 연계하지 않은 개인연금, 퇴직연금은 아니나 사용자와 근로자 공동기여	임의	사용자·근로자	개인
		2006년 퇴직연금제도 도입, 시행은 되지 않은 상태	임의	사용자·근로자	기업 개인
4층		제도 미비	-	-	-

에스토니아의 연금구조

중층구조		설명	가입	재정	중심역할
0층		기본연금이 사실상 0층 기능 수행	-	-	-
1층	기본연금	고정연금으로 사실상 0층의 기능 수행, 매년 고정연금 수준 조정	강제	사용자 20%	국가 사용자 개인
	소득연계연금	소득연계로 제공되는 연금으로 명목확정기여에서 활용하는 점수제 반영, 조기정년 감점, 정년 연기는 가산점 반영			
3층	개인연금	근로자와 사용자가 공동으로 부담하여 운영되는 강제가입 방식의 연금, 사용자분 4%는 공적연금 20%에서 가져오기 때문에	강제	근로자 2%, 사용자 4%	-

		사실상 공적연금과 연계하여 운영			
3층		임의가입 방식의 개인연금, 세금공제가 가능, 보충적 연금으로서 기능 수행	임의	근로자, 제한은 없으나 15%까지 세금공제	-
2층		제도 미비, 금지조항은 없지만 세제혜택이 없으므로 사실상 2층 도입 금지효과	-	-	-
4층		제도 미비	-	-	-

러시아의 연금구조

중층구조		설명	가입	재정		중심 역할
0층		1층 1단이 0층 역할 수행	-	-		-
1층	기초 연금	고정연금으로 사실상 0층의 기능 수행, 매년 고정연금 수준 조정	강제	6%	사용자 26%	-
	소득 연계 연금	명목확정기여 방식으로 관리, 명목계좌에 소정의 기여금을 관리하고 자동조정방식으로 퇴직 후 급여 제공	강제	7~ 14%		
2층	퇴직 연금	소득연계연금과 연계하여 관리, 사회보장세로 사용자가 기여한 26% 중에서 일부를 퇴직연금으로 관리	강제	7%		-
2층		확정기여나 확정급여 중 선택 가능, 확정기여 방식이 더 보편적으로 활용	임의	개인 · 기업		개인 기업
3층		일부 정부지원이 있는 개인연금제도 도입	임의	개인 · 정부		개인
4층		제도 미비	-	-		-

루마니아의 연금구조

중층 구조	설명	가입	재정		중심 역할
0층	-	-	-		-
1층	명목확정기여 방식, 부과식 확정급여로 운영하다가 점수제에 기초하여 최종 연금급여 확정	강제	-	사용자 19.50%,	국가

3층	공적연금 기금으로 조성된 29% 중에서 2008년에는 2%를 할당받아 관리, 점진적으로 6%까지 증액조정, 확정기여 방식으로 운영	강제	2%에서 6%로 증액	근로자 9.50%, 합계 29%	국가 개인
3층	임의가입 방식의 개인연금제도 운영	임의	-		-
4층	제도 미비	-	-		-

세르비아의 연금구조

중층구조	설명	가입	재정	중심역할
0층	전년도 평균연봉의 27% 수준을 최저연금으로 제공	-	사용자 근로자 균등기여, 각각 11%	-
1층	부과식 확정기여 방식으로 운영, 명목확정기여의 생계비용을 근거로 하는 점수제 활용	강제		국가 기업 개인
2층	제도도입 후 시행 지연	-	-	-
3층	2006년 임의가입 방식으로 개인연금 도입	임의	개인	개인
4층	제도 미비	-	-	-

슬로바키아의 연금구조

중층구조	설명	가입	재정		중심역할
0층	-	-	-		-
1층	부과식 확정급여로 운영, 공적연금 기금으로 조성된 18% 중 9%로 운영	강제	9%	사용자 14%, 근로자 4%, 합계 18%	국가
3층	공적연금 기금으로 조성된 18% 중 4%로 운영	강제	4%		국가 개인
3층	임의가입 방식의 개인연금제도 운영	임의	사용자 · 근로자		-
4층	제도 미비	-	-		-

체코의 연금구조

<table>
<tr><th colspan="2">중층구조</th><th>설명</th><th>가입</th><th>재정</th><th>중심
역할</th></tr>
<tr><td colspan="2">0층</td><td>-</td><td>-</td><td>-</td><td>-</td></tr>
<tr><td>1층</td><td>기본
연금</td><td>연금보험료 28% 중 25%를 기금으로 운영, 부과식이며 확정급여 방식으로 운영</td><td>강제</td><td rowspan="2">사용자 21.5%, 근로자 6.5%, 합계 28%</td><td rowspan="2">국가
기업
개인</td></tr>
<tr><td>3층</td><td>적립
연금</td><td>연금보험료 28% 중 3%를 기금으로 운영, 가입 원하는 개인은 추가로 2% 기여금 납부 필요, 적립식이며 확정기여 방식으로 운영, 2013년부터 시행</td><td>임의</td></tr>
<tr><td colspan="2">3층</td><td>제도 미비</td><td>-</td><td>-</td><td>-</td></tr>
<tr><td colspan="2">4층</td><td>제도 미비</td><td>-</td><td>-</td><td>-</td></tr>
</table>

크로아티아의 연금구조

<table>
<tr><th colspan="2">중층구조</th><th>설명</th><th>가입</th><th>재정</th><th>중심
역할</th></tr>
<tr><td colspan="2">0층</td><td>-</td><td>-</td><td>-</td><td>-</td></tr>
<tr><td>1층</td><td>기본
연금</td><td>부과식 확정급여 방식, 기여 합계 20% 중 15%로 운영, 임금근로자와 자영업자 등 전체 노동인구 대상</td><td>강제</td><td rowspan="2">근로자 및 자영업자 소득의 20%</td><td rowspan="2">국가
개인</td></tr>
<tr><td>3층</td><td>개인
연금</td><td>적립식 확정기여 방식, 기여 합계 중 5%를 할당 받아 개인연금으로 관리</td><td>강제</td></tr>
<tr><td colspan="2">3층</td><td>임의가입 개인연금으로 운영, 적용대상은 전체 노동인구</td><td>임의</td><td>개인</td><td>개인</td></tr>
<tr><td colspan="2">4층</td><td>제도 미비</td><td>-</td><td>-</td><td>-</td></tr>
</table>

폴란드의 연금구조

<table>
<tr><th colspan="2">중층
구조</th><th>설명</th><th>가입</th><th>재정</th><th>중심
역할</th></tr>
<tr><td colspan="2">0층</td><td>빈곤층을 대상으로 공공부조 성격으로 제공되는 구빈연금, 연금가입과 무관</td><td>-</td><td>정부 예산</td><td>국가</td></tr>
<tr><td>1층</td><td>0단</td><td>최소보장연금, 연금급여 합계가 일정 수준 이하일 때 제공되는 연금, 0층 기초연금과 유사한 점이 있으나 연금가입자 대상이라는 점에서 차이 존재</td><td>-</td><td>정부 예산</td><td>국가</td></tr>
</table>

	1단	기본연금으로 NCD 방식으로 운영, 부과식이며 공적연금 사용자와 근로자의 기여 합계 중 12.22%가 명목계좌에서 관리	강제	사용자 · 근로자 각각 9.76%, 합계 19.52%	국가 기업 개인
	2단	사용자 · 근로자의 기여 합계 19.52% 중 7.30%는 2단으로 운영, 적립식으로 공개연금기금에 적립하여 별도 계좌로 민관관리 방식으로 운영, 정부의 관리 감독			
2층		퇴직연금 운영	임의	근로자	개인
3층		개인연금 운영	임의	개인	개인
4층		제도 미비	-	-	-

헝가리의 연금구조

중층구조		설명	가입	재정	중심역할
0층		빈곤층을 대상으로 공공부조 성격으로 제공되는 구빈연금, 연금가입과 무관	-	정부 예산	국가
1층	1단	부과식 공적관리 방식으로 운영되는 기본연금, 기여금 합계의 25%는 공적관리 방식으로 운영	강제	사용자 24%, 근로자 9.5%, 합계 33.5%	-
	2단	적립식 사적관리 방식으로 운영되는 연금, 기여금 합계 8%는 사적관리 계좌에서 운영			
2층		퇴직연금 운영	임의	근로자	개인
3층		개인연금 운영	임의	개인	개인
4층		제도 미비	-	-	-

아제르바이잔의 연금구조

중층구조		설명	가입	재정	중심역할
0층		공공부조연금	-	-	-
1층	명목확정기여	명목계좌를 개설하여 평균수명, 가입기간 등을 활용하여 연금급여를 산정하는 방식을 활용	강제	사용자 22%, 근로자 3%	국가 기업 개인
3층	개인연금	제도적으로 개설은 되어 있지만 실질적으로는 미시행	강제		
2층		제도 미비	-	-	-
4층		제도 미비	-	-	-

키르기스스탄의 연금구조

중층구조		설명	가입	재정	중심역할
0층		공공부조연금	-	-	-
1층	명목확정기여	명목계좌 방식으로 관리, 가입기간 및 평균수명 등을 활용하여 최종 연금급여를 산정, 기여 합계 중 25.25%가 전환되나 의료보험・산재보험・모자보호 등의 사업도 실시	강제	사용자 17.25%, 근로자 10%; 자영업자 9.25%	국가 기업 개인
3층	개인연금	기여 합계 중 2%를 활용하여 관리, 적립식 확정기여 방식으로 관리	강제		
2층		제도 미비	-	-	-
4층		제도 미비	-	-	-

몽고의 연금구조

중층구조		설명	가입	재정	중심역할
0층		평균임금의 20% 수준의 최소연금 제공	-	-	-
1층	명목확정기여	명목계좌 방식으로 관리, 기여 합계 19% 모두 명목계좌에서 관리, 1994년 도입	강제	19%	국가 기업 개인
3층	개인연금	명목계좌와 연계하여 관리하는 개인계좌 제도 미비, 1999년 도입	강제		
3층		개인연금제 도입	임의	-	-
2층		퇴직연금제 일부 민간기업에서 도입	-	-	-
4층		제도 미비	-	-	-

브라질의 연금구조

중층구조	설명	가입	재정	중심역할
0층	최저임금과 유사한 수준의 고정급여 농어촌 지역의 노동자에게 지급, 자격은 최저 10년간 농어촌 노동자로 종사해야 하고 남자는 60세이고 여자는 55세	-	-	-
1층	부과식 확정급여에 명목확정기여 방식 가미, 사용자와 근로자 공동기여, 근로자는 차등기여가 원칙이며 사용자는 임금의 33.7% 기여, 그 중 20%가 사회보장 연금으로	강제	사용자와 근로자 기여	-

	활용		합계 28~30%	
2층	퇴직연금제도 미비	-	-	-
3층	임의가입 방식의 개인연금, 적립식 확정기여 방식으로 운영, 선택 사항으로서 퇴직연금으로 채택도 가능	임의	-	-
4층	-	-	-	-

우루과이의 연금구조

중층 구조	설명	가입	재정	중심 역할
0층	빈곤노인과 장애노인에게 공공부조 방식의 연금	-	국가	국가
1층	부과식 확정급여 방식으로 운영하지만 명목확정기여 요소를 가미하여 운영, 임금근로자 및 자영업자를 포함한 전체 노동인구 대상, 부과식 확정급여로 관리	강제	임금근로자는 사용자·근로자, 자영업자는 본인	-
2층	퇴직연금제도 미비	-	-	-
3층	일정소득수준 이상, 30% 기여한 후 15%는 공적연금 나머지 15%는 개인계좌에서 적립식 확정기여로 관리	강제	30%	-
3층	일정소득수준 이하, 15% 기여한 후 7.5%는 공적연금 나머지 7.5%는 개인계좌에서 적립식 확정기여로 관리	임의	15%	-
4층	-	-	-	-

이집트의 연금구조

중층 구조	설명	가입	재정	중심 역할
0층	빈곤노인과 장애노인에게 공공부조 방식의 연금	-	국가	국가
1층	명목확정기여, 기여금 30.5% 중 16%를 부과식 확정급여 방식으로 관리	강제	사용자 19.5% 근로자 10.0%, 정부 1%, 합계 30.5%	-
3층	기여금 30.5% 중 7%를 적립식 확정기여 방식으로 관리	강제		-
2층	퇴직연금 제도 미비	-	-	-
4층	-	-	-	-

부 록 4 준비기금 중심의 국가

싱가포르의 연금제도

중층 구조	설명	가입	재정	중심 역할
0층	극빈층에게 제공되는 매우 낮은 공적부조연금	-	정부 예산	국가
1층	중앙준비기금(CPF)을 확립하여 기본연금으로 활용, 특별계좌, 메디세이브계좌 및 보통계좌로 나누어 관리, 특별계좌는 연금에 활용, 55세가 지나면서 퇴직계좌가 만들어지고 이 계좌는 정년 후 기초생계 유지용으로 활용, 최소합계제도 운영으로 중층연금의 4층 효과 연출	강제	사용자와 근로자 공동부담	기업 근로자

네팔의 연금제도

중층 구조	설명	가입	재정	중심 역할
0층	극빈층에게 제공되는 매우 낮은 공적부조연금	-	정부예산	국가
2층	준비기금연금, 공무원은 강제가입이나 민간근로자는 임의가입, 자영업자는 적용대상에서 제외	강제/임의	사용자 10%, 근로자 10%	기업 개인

브루나이의 연금제도

중층 구조	설명		가입	재정	중심 역할
0층	극빈층에게 제공되는 매우 낮은 보편적 연금		-	정부예산	국가
2층	준비기금	준비기금연금, 공무원은 강제가입이나 민간근로자와 자영업자는 임의가입	강제/임의	근로자 5%, 사용자 5%	기업 개인
1층	보충적 연금	보충적 연금, 공공 및 민간 영역 근로자 대상 강제가입, 자영업자는 임의가입, 추법정 3.5%에 추가기여 가능, 적자 발생시 정부가 책임, 확정기여방식으로 운영	강제/임의	근로자 3.5%, 사용자 3.5%, 자영업자 B$ 17.5	국가 기업 개인

말레이시아의 연금제도

중층 구조	설명	가입	재정	중심 역할
0층	극빈층에게 제공되는 매우 낮은 공적부조연금	-	정부예산	국가
1층	근로자준비기금을 확립하여 기본연금으로 활용, 공적관리 방식으로 연금재정 관리, 적립식 확정기여 방식으로 운영, 계좌 I은 퇴직연금으로 활용하고 계좌 II는 의료·교육 등으로 활용	강제	기업 최소 12%, 근로자 11%; 자영업자(정액제+정부 부담)	국가 기업 개인
2층	퇴직연금제도가 도입되었지만 보편적으로 적용되지 않고 대기업 근로자 중심으로 활용	임의	-	-
3층	개인연금제도 2012년에 도입	임의	-	-
4층	제도 미비	-	-	-

인도의 연금제도

<table>
<tr><th>중층 구조</th><th colspan="2">설명</th><th>가입</th><th>재정</th><th>중심 역할</th></tr>
<tr><td>0층</td><td colspan="2">극빈층에게 제공되는 매우 낮은 공적부조연금으로 사회보장(social security)연금으로 지칭, 공적연금(public pension)의 한 축으로서 기능 수행</td><td>-</td><td>정부예산</td><td>국가</td></tr>
<tr><td rowspan="4">1층</td><td rowspan="2">구제도</td><td>공무원연금계획: 중앙정부 공무원이 대상, 부과식 확정급여 방식으로 운영</td><td>강제</td><td>사용자 8.3%, 정부 1.16%</td><td>국가</td></tr>
<tr><td>공무원준비기금: 공무원이 기여금 납입하고 퇴직 시 일시금으로 수령, 적립식 확정기여로 설계했지만 부과식 확정급여로 운영</td><td>강제</td><td>공무원 6% 이상</td><td>국가 개인</td></tr>
<tr><td rowspan="2">신제도</td><td>1단 계좌: 퇴직 후 연금급여 제공 계좌</td><td>강제</td><td rowspan="2">사용자 10%, 근로자 10%</td><td rowspan="2">-</td></tr>
<tr><td>2단 계좌: 다양한 목적으로 사용 가능, 중간 탈퇴도 가능</td><td>임의</td></tr>
<tr><td rowspan="4">2층</td><td rowspan="3">근로자 준비기금</td><td>근로자연금계획: 확정급여 방식으로 연금급여 제공</td><td rowspan="3">강제</td><td>사용자 8.3%, 정부 1.16%</td><td>국가 기업</td></tr>
<tr><td>근로자준비기금: 확정기여 방식으로 퇴직 시 퇴직일시금으로 제공</td><td>사용자·근로자 각각 3.67%</td><td>개인 기업 공동</td></tr>
<tr><td>근로자저축연계보험계획: 근로자 사망 시 유족에게 제공</td><td>사용자 0.5%</td><td>기업</td></tr>
<tr><td>퇴직연금</td><td>보충적 급여 기능 수행</td><td>임의</td><td>-</td><td>-</td></tr>
<tr><td>3층</td><td colspan="2">-</td><td>-</td><td>-</td><td>-</td></tr>
<tr><td>4층</td><td colspan="2">-</td><td>-</td><td>-</td><td>-</td></tr>
</table>

인도네시아의 연금제도

중층 구조	설명	가입	재정	중심 역할
0층	-	-	-	
1층	전국민 대상 사회보험(건강, 산재, 노령저축, 연금, 사망급여 포함) 2004년 도입	전국민	사용자 0.3%, 근로자 0%, 국가 공동 부담	국가
2층	10인 이상 근로자 사업장에 준비기금 방식의 퇴직연금(사용자, 근로자 공동부담), 자영업자의 경우 근로자에 해당되는 2%만 기여	강제	사용자 3.7%, 근로자 2%	기업 근로자
	비정규직 근로자 대상 준비기금 방식의 퇴직연금	임의	-	-
3층	-	-	-	-
4층	-	-	-	-

태국의 연금제도

중층 구조	설명	가입	재정	중심 역할
0층	제도 미비	-	-	국가
1층	임금근로자 및 자영업자를 대상으로 하는 사회보험연금, 임금근로자는 강제가입이고 자영업자는 임의가입, 자영업자는 정액의 기여금 납부	강제, 자영업자는 임의	사용자 3%, 근로자 3%, 정부 1%	국가
2층	준비기금, 1987년 도입, 사용자와 근로자의 협약에 의해 확정급여 방식으로 운영, 근로자의 기여수준은 3%에서 15% 사이에서 결정, 사용자는 근로자보다 낮게 기여수준 결정, 대기업 중심 도입	임의	근로자 3~15%, 사용자 낮게 기여	기업 개인
	퇴직상호기금, 2001년에 도입, 준비기금에 가입되어 있지 않은 근로자 혹은 준비기금에 가입되어 있더라도 추가적으로 가입을 원하는 근로자 대상	임의	-	기업 개인
3층	제도 미비	-	-	-
4층	제도 미비	-	-	-

홍콩의 연금제도

중층 구조	설명	가입	재정	중심 역할
0층	65~69세의 노인 대상의 정액연금	공공부조 방식	전액 정부 부담	국가
	70세 이상 노인 대상의 정액연금			
1층	제도 미비	-	-	-
2층	준비기금 방식의 퇴직연금 운영, 임금근로자와 자영업자를 모두 대상으로 실시, 임금근로자의 경우 사용자와 근로자가 각각 최저 5% 기여, 자영업자의 경우 최소 5% 기여	강제	사용자 근로자 각각 5%	-
3층	제도 미비	-	-	-
4층	제도 미비	-	-	-

사모아의 연금제도

중층 구조	설명	가입	재정	중심 역할
0층	극빈층에게 제공되는 매우 낮은 공적부조연금	-	정부 예산	국가
2층	준비기금연금, 공무원과 민간영역 임금근로자는 강제가입, 자영업자는 임의가입으로 준비기금에 참여 가능	강제/임의	사용자 5%, 근로자 5%	기업 개인

감비아의 연금구조

중층 구조	설명	가입	재정	중심 역할
0층	-	-	-	-
1층	사회보험연금, 임금의 15%를 사용자만 기여하고, 근로자 기여는 없음, 자영업자는 적용대상 제외	강제	사용자 15%	기업
2층	준비기금 연금, 본봉의 5% 근로자 기여, 본봉의 10% 사용자 기여, 자영업자는 임의가입만 기능	강제/임의	사용자 10%, 근로자 5%	-
3층	제도 미비	-	-	-
4층	제도 미비	-	-	-

남아프리카공화국의 연금제도

중층 구조	설명	가입	재정	중심 역할
0층	60세 이상 노인에게 공적부조연금 제공	-	국가	국가
1층	-	-	-	-
2층	공무원을 대상으로 하는 퇴직연금, 1996년 도입	강제	국가·공무원	국가
	민간영역 근로자를 대상으로 하는 퇴직연금 운영, 퇴직연금은 연금기금, 준비기금 등 다양한 방식으로 운영	준강제 및 임의	공동부담 원칙	국가 혹은 민간
3층	-	-	-	-
4층	-	-	-	-

보츠와나의 연금제도

중층 구조	설명	가입	재정	중심 역할
0층	65세 이상 모든 노인에게 기초연금 지급	-	국가	국가
1층	-	-	-	-
2층	준비기금 방식의 퇴직연금제도 확립, 중견기업 이상의 근로자가 대상, 퇴직일시금으로 제공	임의	기업 5~10%, 근로자 5%	기업과 근로자
3층	-	-	-	-
4층	-	-	-	-

세이셸의 연금제도

중층 구조	설명	가입	재정	중심 역할
0층	-	-	-	-
1층	사회보장기금, 전인구를 대상으로 실시, 기본연금, 정부는 사용자로서 기여, 기본연금	강제	근로자 2.5%·사용자 20%	-
2층	연금기금, 임금근로자는 강제, 자영업자는 임의가입, 확정기여로 운영, 보충적 연금	강제/임의	근로자 1%, 사용자 1%, 정부 1%; 자영업자 본인 2%	-
3층	-	-	-	-
4층	-	-	-	-

스와질란드의 연금제도

중층구조	설명	가입	재정	중심역할
0층	공공부조연금으로서 자산조사를 근거로 60세 이상 노인에게 제공	-	-	국가
1층	준비기금 방식으로 운영되는 연금으로 강제가입, 임금근로자 대상이며 노동인구의 21% 참여, 확정급여 방식으로 운영	강제	사용자 근로자 각각 5%	기업 개인 국가
2층	2005년 제도도입 모든 경제활동인구 대상, 확정급여 방식으로 운영되며, 정부가 연금보장	임의	-	개인 국가
3층	제도 미비	-	-	-
4층	제도 미비	-	-	-

짐바브웨의 연금제도

중층구조	설명	가입	재정	중심역할
0층	구빈 프로그램은 있지만 노인 대상의 체계적인 구빈연금제도 미비	-	-	-
1층	사회보험 방식의 연금, 공공영역과 민간영역 임금근로자 대상, 자영업자는 제외, 노동인구의 30% 참여	강제	사용자 근로자 각각 3%	국가
2층	1996년 민간영역에서 관리하는 준비기금 방식의 퇴직연금 도입	임의	근로자 6% 수준	개인 국가
3층	제도 미비	-	-	-
4층	제도 미비	-	-	-

케냐의 연금구조

중층구조	설명	가입	재정	중심역할
0층	-	-	-	-
2층	5인이상 사업장에 의무 적용, 자영업자나 5인 미만 사업장은 임의가입 가능, 준비기금 방식으로만 운영	강제	사용자 근로자 각각 5%	기업 개인

2층	임의가입 퇴직연금, 법적 구속력이 없는 비공식 연금, 금융시장을 통하여 가입 결정	임의	기업 개인	-
3층	임의가입 개인연금, 법적 구속력이 없는 비공식 연금, 참여 유인을 위해 세금혜택 도입	임의	개인	개인
4층	-	-	-	-

제1장 참고문헌

고용노동부. (2013). 퇴직연금 도입현황('13년 9월).

국민연금관리공단. (2013a). 2012 국민연금통계연보.

국민연금관리공단. (2013b). 노령연금 예산연금월액표.

윤석명. (2013). 두루누리 사회보험 지원사업을 아십니까. 동아일보 7월 18일.

통계청. (2012a). 장래인구추계.

통계청. (2012b). e-지방지표: 고령인구비율(시 · 군 · 구).

통계청. (2013). 가계동향조사: 소득분배지표(1990~2013).

허만형. (2013). 기초노령연금은 조삼모사 대상이 아니다. 서울신문, 1월 16일.

Anderson, Martin. (2006). Pension Reform in Norway and Sweden. Retreived from on December 15, 2013 from www.forsakringsforeningen.se/files/2006403.pdf.

Holzmann Robert, and Richard P. Hinz. (2005). Old-Age Income Support in the Twenty-first Century: An International Perspective on Pension Systems and Reform, Washington, D.C, World Bank.

Holzmann, R., Hinz, R. P., and Dorfman, M. (2008) Pension Systems and Reform Conceptual Framework, Washington, D.C.: The World Bank.

Hur, Mann Hyung. (2010). A comparative study of the relationship between pension plans and individual savings in Asian countries from an institutional point of view. International Journal of Social Welfare, 19(4), 379-389.

IMF. (2013). World Economic Outlook Database-October 2013, International Monetary Fund. Retrieved on 9 October 2013.

Kim, Seong Sook. (2012). The Republic of Korea. In Donghyun Park (ed). Pension Systems in East and Southeast Asia: Promoting Fairness and Sustainability. Asian Development Bank.

Kritzer, Barbara. (2005). Individual Accounts in Other Countries. Social Security Bulletin, 66(1), 31-37.

Nektarios, M. (2000). Financing Public Pensions in Greece. SPOUDAI, 50(3-4), 125-139. Reterieved on December 15, 2013 from http://digilib.lib.unipi.gr/spoudai/bitstream/spoudai/188/1/t50_n3-4_125to139.pdf.

OECD. (2011). OECD Factbook 2011: Economic, Environment and Social Statistics. Paris: OECD.

Rogers, Everett M. (1995). Diffusion of Innovations, (5th ed). New York: Free Press.

Trading Economics. (2013). Greece Government debt-to-GDP. Retrieved on October 22, 2012 from http://www.tradingeconomics.com/greece/government-debt-to-gdp.

UN. (2002). World Population Ageing: 1950-2050.

Weyland, Kurt. (2005). 'The Theories of Policy Diffusion: Lessons from Latin American Pension Reforms.' WorldPolitics, 57(2): 262-295.

World Bank. (1994). Averting the Old Age Crisis: Policies to Protect the Old and Promote Growth. World Bank Policy Research Report. New York, Oxford University Press.

제2장 참고문헌

고용노동부. (2013). 퇴직연금 도입현황('13년 9월).

Antia, Florencia, and Lanzara, Arnardo Provasi. (2010). Multi-Pillared Social Insurance Systems: The Post-Reform Picture in Chile, Uruguay and Brizil. International Social Security Review, 64(1): 53-71.

Barr, Nicholas. (2006). Pensions: Overview of the Issues. Oxford Review of Economic Policy, 22(1), 1-14.

Blahous, Charles P. (2000). Reforming Social Security: For Ourselves and Our Posterity. Washington, DC, Praeger Publishers.

Casey, Barnard H. (2004). Pension Reform in the Baltic States: Convergence with "Europe" or with "the World"? International Social Security Review, 57(1): 19-45.

Charlton A, McKinnon R, & Konopielko L. (1998). Pension Reform, Privatization and Restructuring in the Transition: Unfinished Business or Inappropriate. Europe-Asia Studies 50(8): 1413-1446.

de Mesa AA. Baravo D. Behrman JR, Michell OS, & Todd PE. (2008). The Chilean Pension Turns 25: A Lessons from the Social Protection Survey. In: Kay SJ, Tapen S, eds. Lessons from Pension Reform in the Americas, 23-58. Oxford University Press.

Fujiwara, Kiyoaki. (2002). Traditional Severance Pay Plans & New Defined Contribution Plans in Japan. Keidanren. Retrieved on January 8, 2014 from http://www.uslabormarket.sakura.ne.jp/essays/020422%20traditionalseverance.pdf.

Guardiancich, Igor. (2011). Pan-European pension funds: Current situation and future prospects. International Social Security Review. 64(1): 15-36.

Hering, Martin. (2006). The Politics of Structural Pension Reform in Western Europe: Does the EU Matter? This paper was presented at the 15th International Conference of the Council for European Studies. March 29~April 2, 2006. Chicago, IL, USA.

Holzmann Robert, & Hinz, Richard P. (2005). Old-Age Income Support in the Twenty-first Century: An International Perspective on Pension Systems and Reform, Washington, DC, World Bank.

Hur, Mann Hyung. (2010). A comparative study of the relationship between pension plans and individual savings in Asian countries from an institutional point of view. International Journal of Social Welfare, 19(3): 379-389.

Joaquin Vial Ruiz-Tagle, Francisca Castro. (2001). The Chilean Pension System, OECD Ageing Working Papers. Paris: OECD.

Kritzer, Barbara. (2008). Chile's Next Generation Pension Reform. Social Security Bulletin, 68(2): 69-84.

Nivakoski, Sanna and Alan Barrett. (2012). Supplementary Pensions and the Income of Ireland's Retirees. Ireland, Dublin: The Irish Longitudinal Study on Ageing.

Orszag, Peter R. & Stiglitz, Joseph E. (2001). Rethinking Social Security: Ten Myths about Social Security Systems. In: Holzman R, Joseph Stiglitz J, eds. New Ideas about Old Age Security, 17-56. Washington, DC, World Bank.

Palmer, Edward. (2002). Swedish Pension Reform: How Did it Evolve, and What Does it Mean for the Future? In Social Security Pension Reform in Europe, edited by Martin Feldstein and Horst Siebert. Chicago: University of Chicago Press.

Queisser M, and D. Vittas. (2000). The Swiss Multi-Pillar Pension System: Triumph of Common Sense? Policy Research Working Paper. Washington, D.C, World Bank.

Schwarz, Anita M. (2006). Pension System Reforms. Washington, D.C.: World Bank.
Usuki, Masaharu. (2003). Recent Changes to Retirement Benefits in Japan, and Relevant Public Policy Issues. NLI Research Institute.
Wilcox, DW. (2006). Reforming the Defined-Benefit Pension System in the United States. Brookings Paper on Economic Activity Washington, DC: Brookings Institute.
World Bank. (1994). Averting the Old Age Crisis: Policies to Protect the Old and Promote Growth. World Bank Policy Research Report. New York, Oxford University Press.

제3장 참고문헌

Ebbinghaus, Bernhard. (2007). Governance of Supplementary Pensions in Europe: Cross-national Variations in Participation and Social Inequality. Mannheim Centre for European Social Research.
Holzmann Robert, & Hinz, Richard P. (2005). Old-Age Income Support in the Twenty-first Century: An International Perspective on Pension Systems and Reform, Washington, D.C, World Bank.
Holzmann, R., Hinz, R. P., and Dorfman, M. (2008) Pension Systems and Reform Conceptual Framework, Washington, D.C.: The World Bank.
Hur, Mann Hyung. (2010). A comparative study of the relationship between pension plans and individual savings in Asian countries from an institutional point of view. International Journal of Social Welfare, 19(3): 379-389.
Natali, David. (2009). Public/Private Mix in Pensions in Europe: The Role of State, Market and Social Partners in Supplementary

Pensions. Brussels, Belgium: European Trade Union Institute.

Nivakoski, Sanna and Alan Barrett. (2012). Supplementary Pensions and the Income of Ireland's Retirees. Ireland, Dublin: The Irish Longitudinal Study on Ageing.

Willmore, Larry. (2001). Three Pillars of Pensions: Is There a Need for Mandatory Contributions?" in OECD Private Pensions Conference 2000 (Private Pension Series No. 3, Paris, 2001), pp. 385-397.

World Bank. (1994). Averting the Old Age Crisis: Policies to Protect the Old and Promote Growth. World Bank Policy Research Report. New York, Oxford University Press.

제4장 참고문헌

Anderson, Karen M. (2008). The Politics of Multipillar Pension Restructuring in Denmark, the Netherlands and Switzerland. WZB Discussion Paper. Social Science Research Center Berlin.

Asher, Mukul G. and Azad Singh Bali. (2012a). Malaysia. In Donghyun Park (ed). Pension Systems in East and Southeast Asia: Promoting Fairness and Sustainability. Asian Development Bank.

Asher, Mukul G. and Azad Singh Bali. (2012b). Singapore. In Donghyun Park (ed). Pension Systems in East and Southeast Asia: Promoting Fairness and Sustainability. Asian Development Bank.

Backer, Thomas E. (2005). Forum: The Life and Work of Everett Rogers—Some Personal Reflections: Introduction. Journal of Health Communication, 10(4), 285-288.

Buchanan, James. (1968). Social Insurance in a Growing Economy: A Proposal for Radical Reform. National Tax Journal, 21(4),

386-395.

Butler, Eamonn. (2011). Chile's pensions system: a model for the world. Christian Science Monitor, April 26.

CISS (Inter-American Conference on Social Security). (2005). An Overview of Notional Defined Pension Plans. Working Paper CISS/WP/05112.

Feldstein, Martin. (1976). The Social Security Fund and National Capital Accumulation. In Funding Pensions: Issues and Implications for Financial Markets. Conference Series No. 6. Boston: Federal Reserve Bank of Boston, 32-64.

Mhango, Mtendeweka. (2013). The Emergence of a Comprehensive Regulatory Framework for Pension Death Benefits in Botswana. Statute Law Review, 34(2), 152-174.

Pension Archive Trust. (2014). Early Occupational Pension Scheme. Retrieved on January 24 from http://www.pensionsarchieve.org.uk/77/.

Queisser, Monika, & Vittas, Dimitri. (2000). The Swiss Multi-Pillar Pension System: Triumph of Common Sense? Washington, D.C. World Bank.

Rogers, Everett M. (1995). Diffusion of Innovations. New York: Free Press.

Seekings, Jeremy. (2007). Deserving Individuals and Groups: Justifying the Shape of South Africa's Welfare State. CSSR Working Paper No. 193. Center for Social Science Research. http://www.commerce.uct.ac.za/Research_Units/CSSR/Working%20Papers/papers/wp193_JS.pdf.

Weyland, Kurt. (2005). The Theories of Policy Diffusion: Lessons from Latin American Pension Reforms. World Politics, 57(2): 262-295.

Williamson, John B. (2004). Assessing the National Defined Contribution Model. An Issue Brief. Center for Retirement Research at Boston College. 24(October), 1-8.

제5장 참고문헌

Baldacci, Emanuele, Angelo Marano, and Todd Mattina. (2010). Bulgaria: Reforming the Pension System. International Monetary Fund.

Bartlett, will, and Merita Xhumari. (2007). Social Security Policy and Pension Reforms in the Balkans. European Journal of Social Security. 9(4), 1-31.

Calvo, Esteban, Bertrnaou, Fabio M., Bertranou, Evelina. (2010). Are Old-age Pension System Reforms Moving Away from Individual Retirement Accounts in Latin America? Journal of Social Policy, 39(2), 223-234.

Chubrik, Alexander, Kiryl Haiduk, Igor Pelipas, Gleb Shymanovich, and Irina Tochitskaya. (2009). Social Protection and Social Inclusion in Belarus. European Communities.

Dolenc, Primož. (2011). The Pension System in Slovenia in Light of Current International Macroeconomic Changes and Trends. South East European Journal of Economics and Business, 6(1), 13-21.

Guardiancich, Igor. (2010c). Slovenia: Current Pension System: First Assessment of Reform Outcomes and Output. European Social Observatory.

Franzoni,, Juliana Martínez, Carmen Largaespada-Fredersdorff, Karim Ulloa, and Koen Voorend. (2010). The Political and Social Economy of Care in Nicaragua: Familialism of Care Under and

Exclusionary Social Policy Regime. Gender and Development Programme Paper Number 8. UN Reseach Institute for Social Development.

Hinz, Richard P., Asta Aviniene, and Anna-Marie Vilamovska. (2005). The New Pension in Kazakhstan: Challenges in Making the Transition. Washington, D.C.: World Bank.

IOPS. (2011). Contury Profile: Costa Rica.

IOPS. (2009). Contury Profile: Macedona.

Maait, Mohamed, and Gustavo Demarco. (2012). Egypt's New Social Insurance System: An NDC Reform in an Emerging Economy. In Robert Holzmann, Edward Palmer, and David Robalino, (eds). Nonfinancial Defined Contribution Pension Schemes in a Changing Pension World. Washington, E.D.: World Bank.

Mesa-Lago. (2007). Social Security in Latin America: Pension and Health Care Reforms in the Last Quarter Century. Latin Americaan Research Review, 42(2), 181-201.

Mesa-Lago. (2009). Re-reform of Latin American Private Pension Systems: Argentinian and Chilean Models and Lesons. The Geneva Papers, 34, 602-617.

Neykov, Ivan and Petko Salchev. (2012). Bulgaria: Annual National Report 2012: Pension, Health Care and Long-term Care. ASISP (Analytic Support on the Socio-Economic Impact of Social Protection Reforms).

OECD. (2008). Pension Country Profile: Mexico. In OECD Private Pensions Outlook 2008. Paris: OECD.

OECD. (2009). IOPS Country Profiles: Ukraine, December 2009.

OEDE/IDB/The World Bank. (2014). Pensions at a Glance: Latin America and the Caribbean. OECD Publishing. http://dx.doi.org/10.178/pension_glance-2014-en.

OECD/IDB/The World Bank. (2014b). "Paraguay", in Pensions at a Glance: Latin America and the Caribbean, OECD Publishing. http://dx.doi.org/10.1787/9789264224964-39-en.

Olivera, Javier. (2009). A Re-Reform of the Peruvian Pension System: Welfare, Inequality and Financial Consequences. Catholic University of Leuven. Retrieved from http://www.ecineq.org/ecineq_ba/papers/olivera.pdf.

Pfau, Wade Donald, and Alisher Khasanbaev. (2009). The Funded Pension Scheme in Uzbekistan: Analysis. Sophia International Review, 31, 75-92.

Poteraj, Jaroslaw. (2011). Pension System in Argentina. Review of Economics & Finance, 81-95. Academic Research Centre of Canada.

PWC. (2013). Belarus Social Security: Country Profile 2012. http://www.pwc.by/en_BY/by/publications/pdf/belarus-social-security-country-profile-2013.pdf.

Šonje, Velimir. (2011). Pension Systems and Pension Reforms: Case of Croatia with a Review of Reforms in 13 Emerging European Countries. USAID.

SSA. (2010a). SSPTW: Asia and the Pacific, 2010: Georgia http://www.ssa.gov/policy/docs/progdesc/ssptw/2010-2011/asia/uzbekistan.pdf.

SSA. (2010b). SSPTW: Asia and the Pacific, 2010: Uzbekistan. http://www.ssa.gov/policy/docs/progdesc/ssptw/2010-2011/asia/uzbekistan.pdf.

Stinga, Areti, Raimonda Duka, and Kiti Stinga. (2011). The Albanian Pension System: The Need for Reform. Euro Economica, 29(3), 97-108.

Susanna, Karapetyan, Manasyan Heghine, Mirzakhanyan Astghik, Norekian Misak, and Harutyunyan Nune. (2011). Armenia: Social Protection and Social Inclusion. Eurasia Partnership Foundation.

http://www.crrc.am/hosting/file/_static_content/projects/social_protection_inclusion/Armenia_Social_Protection_and_Social_Inclusion_Full_Country_Report_2011.pdf.

SwissLife. (2013). Venezuela. Employee Benefits Reference Manual 2013. Swiss Life Network.

Titelman, Daniel, Cecilia Vera, and Esteban Peréz Caldentey. (2009). Pension System Reform in Latin America and Potential Implications for the Chinese Case. The IDEAs Working Paper Series.

USAID. (2012). Multi-Pillar Pension System: Implementation Challenges and the Internatikonal Practice.

Wilmington Company. (2013a). Pension Funds Online: Latvia. Retrieved on January 30 fromhttp://www.pensionfundsonline.co.uk/content/country-profiles/slovenia/86.

Yeritsyan, Nerses. (2011). Old Age Multi-Pillar Pension Reform in Armenia. Paris: OECD. http://www.oecd.org/site/iops/research/48990525.pdf.

제6장 참고문헌

Aquino, Emilio B. (2002). Private Pension Schemes in the Philippines: Regulatory Practices. This paper was prepared for the Conference on Private Pensions in Asia, jointly organized by the Korean Financial Supervisory Service, Korean Ministry of Labor, Korean Labor Institute (KLI), the International Network of Pension Regulators and Supervisors (INPRS) and the Organization for Economic Co-operation and Development (OECD) on October 24-25, 2002 in Seoul, Korea.

Blaich, Rüudiger. (2010). Occupational Pension in Germany: Time for Action. AEGON Global Pension.

Chen, Damiaan H. J., and Roel M. W. J. Beetsma. (2013). Mantatory Participation in Occupational Pension Schemes in the Netherlands and Other Countries. http://www.mn.nl/pls/portal/docs/PAGE/MN_CORPORATE_2011/CONTENT_MN/PDF_BIJLAGEN/ARTIKELEN/MANDATORY%20PARTICIPATION%20IN%20OCCUPATIONAL%20PENSION%20SCHEMES.PDF.

Chia, Bgee-Choon, Yukinobu Kitamura, and Albert K. C. Tsui. (2005). The Pension System in Japan and Retirement Needs of the Japanese Elderly.

Deutsche Bundesbank. (2001). Company Pension Schemes in Germany. Deutche Bundesbank Monthly Report. Reterieved on Jan 25 from http://www.bundesbank.de/Redaktion/EN/Downloads/Publications/Monthly_Report_Articles/2001/2001_03_company_pension.pdf?__blob=publicationFile.

Dorfman, Mark C., Robert Holzmann, Phillip O'Keefe, Dewen Wang, Yvonne Sin, and Richard Hinz. (2013). China's Pension System: A Vision. Washington, D.C.: World Bank.

Ebbers, Haico, Rudolf Hagendijk, and Harry Smorenberg. (2009). Positioning Paper: China's Pension System. Nyenrode Business Universiteit. http://www.mn.nl/pls/portal/docs/PAGE/MN_CORPORATE_2011/CONTENT_MN/PDF_BIJLAGEN/PAPERS_EN_RAPPORTEN/POSITION%20PAPER%20CHINA'S%20PENSION%20SYSTEM.PDF.

Eche, Philip. (2011). An Overview of the Various Pension Schemes in Nigeria and the Social Impacts on the Beneficiaries. http://www.authorstream.com/Presentation/pseche-784875-overview-of-various-pension-plan-in-nigeria/.

Estrada, Gemma. (2012). The Philippine Pension System: Promoting Fairness and Sustainability. Presented in the International Conference on Population Ageing: Issues and Challenges, University of Malaya, Kuala Lumpur, Malaysia, July 11, 2012.

EU. (2012). Social Protection Committee's Pension Adequacy Report 2012: Report on pension adequacy 2010-2050: Country Profiles. Brussels: Council of the European Union.

Fredriksen, Dennis, and Nils Martin Stølen. (2011). Norwegian Pension Reform: Defined Benefit versus Defined Contribution. Discussion Paper No. 669. Statistics Norway.

Guardiancich, Igor. (2010). Germany: Current Pension System: First Assessment of Reform Outcomes and Output. Belgian Federal Public Service Social Security.

Guest, Ross. (2013). Comparison of the New Zealand and Australian Retirement Income Systems. Background paper prepared for the 2013 review of retirement income policy by the Commission for Financial Literacy and Retirement Income. http://www.cflri.org.nz/sites/default/files/docs/RI-Review-2013-Comparison%20NZ%20&%20Aus%20Retirement%20Income%20Systems.pdf.

Guardiancich, Igor. (2010). United Kingdom: Current Pension System: First Assessment of Reform Outcomes and Output. European Social Observatory. http://www.ose.be/files/publication/2010/country_reports_pension/OSE_2010_CRpension_UK.pdf.

Jonasdottir, Marianna. (2007). The Icelandic Pension System. Icelandic Ministry of Finance. Retrieved on February 6, 2014 from http://eng.fjarmalaraduneyti.is/media/Lifeyrismal/The_Icelandic_Pension_System_032007.pdf.

Kritzer, Barbara E. (2001/2002). Argentina's Pension Sysem. Social Security Bulletin, 64(1), 115-117.

Lungu, Fadah. (2009). An Assessment of the Viability of Occupational Pension Schemes in Zambia. Master's thesis, Cooperbelt University's School of Business.

Mensha, Daniel Aidoo. (2014). The New Three-Tier Pension Scheme: Management of the Scheme and Other Matters. National Pensions Regulatory Authority(NPRA). Retrieved on January 30, 2014 from http://npra.gov.gh/site/index.php?option=com_content&view=category&id=37&Itemid=30

Ministerie van Sociale en Werkgelegenheid. (2008). The Old Age Pension System in Netherlands. Netherlands: Rijksoverheid.

National Economic Advisory Council. (2013). Review of Social Security Systems in Zambia. http://www.zipar.org.zm/documents/REVIEW%20OF%20SOCIAL%20SECURITY%20SYSTEMS%20IN%20ZAMBIA.pdf.

Obben, James, and Minique Wasyer. (2009). The Dynamic Relationship between the State Pension Scheme and Housshold saving in New Zealand. http://sta.uwi.edu/conferences/09/salises/documents/J%20Obben.pdf.

OECD. (2008). Pension Country Profile: Finalnd. In OECD Private Pensions Outlook 2008. Paris: OECD. www.oecd.org/daf/pensions/outlook.

OECD. (2008). Pension Country Profile: Iceland. In OECD Private Pensions Outlook 2008. Paris: OECD. www.oecd.org/daf/pensions/outlook.

OECD. (2008). Pension Country Profile: Spain. In OECD Private Pensions Outlook 2008. Paris: OECD. www.oecd.org/daf/pensions/outlook.

OECD. (2009). Namibia: Country Pension Design. http://www.oecd.org/site/iops/research/41536875.pdf.

OECD. (2011). Isreal: Review of the Private Pensions System. Paris: OECD. http://www.oecd.org/pensions/private-pensions/49498122.pdf.

OECD. (2013). Review of Irish Pension System. OECD.

Oksanen, Heikki. (2010). The Chinese Pension System: First Results on Assessing the Reform Options. Retrieved from http://ec.europa.eu/economy_finance/publications/economic_paper/2010/pdf/ecp412_en.pdf.

Pedersen, Axel West. (2010). Annual National Report 2010: Pension, Health and Long-term Care. Norway: Analytical Support on the Socio-Economic Impact of Social Protection Reform.

Poteraj, Jaroslaw. (2008). Pension Systems in 27 EU Countries. The Association of Polish Scientists of Lithuania, Vilnius, 2008. http://mpra.ub.uni-muenchen.de/31053/1/text_final.pdf.

Poteraj, Jaroslaw. (2011). Pension System in Argentina. Review of Economics & Finance, 81-95.

Raichura, Sundeep K. (2008). Analytical Review of the Pension System in Kenya. http://www.oecd.org/finance/private-pensions/41564693.pdf.

Thompson, Lorence. H. (2006). US retirement income system. Oxford Review of Economic Policy, 22(1).

Williamson, John B. and Catherine Deitelbaum. (2005). Social security reform: Does partial privatization make sense for China? Journal of Aging Studies, 19, 257-271.

Wilmington Company. (2014). Pension Fund Online: Taiwan. http://www.pensionfundsonline.co.uk/content/country-profiles/taiwan/100.

World Bank. (2007). Brunei Pension Report. Washington, D.C.: World Bank. http://www.csps.org.bn/publications/CSPS_Report_4_-_Brunei_Pension_Report_-_WorldBank_-_Nov2007.PDF.

Wuyts, Gunther, Pierrick Stinglhamber, Christian Valenduc, and Marie-

Denise Zachary. (2007). Saving for Retirement in the Third Pillar of the Belgian Pension System. Forum Financier/Revue Blancaire et Financiere, 2, 55-62.

제7장 참고문헌

Bitinas, Audrius. (2011). Modern Pension System Reforms in Lithuania: Impact of Crisis and Ageing. Jurisprudence, 18(3), 1055-1080.

Bodiroga-Vukobrat, Nada. (2012). Pension, Health and Long-term Care: Croatia. Annual National Report 2012. ASISP (Analytic Support on the Socio-Economic Impact of Social Protection Reforms).

Bonturi, Marcos. (2002). The Brazilian Pension System: Recent Reforms and Challenges Ahead. OECD Economics Department Working Papers No. 340. OECD Publishing. http://dx.doi.org/10.1787/251552114651.

Brooks, Sara and R. Kent Weaver. (2005). Lashed to the Mast?: The POlitics of Notional Defined Contribution Pension Reforms. http://www.hks.harvard.edu/inequality/Summer/Summer04/papers/Weaver.pdf.

CEF (Center of Excellence in Finance). (2007). The Pension System in Romania. International Forum on Pension Reform: Exploring the Link to Labor and Financial Market Reforms. June 7-9. Bled, Slovenia.

Cichon, Michael. (1999). Notional Defined-Contribution Schemes: Old Wine in New Bottles? International Social Security Review, 52(4), 87-105.

CISS. (2005). An Overview of Notional Defined Pensions Plans Working paper CISS/WP/05112. Inter-American Conference on Social Security. Retrieved on January 24, 2014 from http://www.ciss.org.mx/pdf/en/studies/CISS-WP-05112.pdf.

de Menil Georges, and Eytan Sheshinski. (2001). Romania's Pension System: From Crisis to Reform. In Martin Feldstein and Horst Siebert. Social Security Pension Reform in Europe, (ed). University of Chicago Press.

de Holanda Barbosa, Fernando. (2003). The Brazilian Pension System: Issues and Proposals for Reform. http://www.fgv.br/professor/fholanda/Arquivo/Pension.pdf.

Donorov, Gantulga. (2013). Demographic Dynamics and Social Insurance System in Mongolia: The Notioinal Defined Contribution Scheme. ERI Discussion Paper Series No. 2. http://eri.mn/Discussion-Paper/DPS_gt.pdf.

EU. (2012). Social Protection Committee's Pension Adequacy Report 2012: Report on pension adequacy 2010-2050: Country Profiles. Brussels: Council of the European Union.

European Actuarial Consultative Group. (2012). Sustainability of Pension Systems in Europe: The Demographic Challenge. Brussels: European Actuarial Consultative Group.

Falkingham, Jane and Athina Vlachantoni. (2010). Pensions and Social Protection in Central Asia and South Caucasus: Developments in the Posts-Soviet Era. CRA Discussion Paper No. 1002. Center for Research on Aging, University of Southampton, UK.

Federal Ministry of Finance. (2012). Country Fiche on Pensions－Austria: For the Attenhtion of the Economic Policy Commettee's Aging Working Group. Retrieved from https://www.bmf.gv.at/wirtschaftspolitik/in-oesterreich/Austrian_Country_Fiche_Pens

ion_Projections_2012.pdf?4o7xww.

Felderer, Bernhard, Reinhard Koman, and Ulrich Schuh. (2006). Investing the Introduction of NDCs in Austria. In Holzmann, Robert, and Edward Palmer. Pension Reform: Issues and Prospects for Non-Financial Defined Contribution (NDC) Schemes, (eds). Washingron, D.C: the World Bank.

Guardiancich, Igor. (2010a). Hungary: Current Pension System: First Assessment of Reform Outcomes and Output. European Social Observatory.

Guardiancich, Igor. (2010b). Poland: Current Pension System: First Assessment of Reform Outcomes and Output. European Social Observatory.

Holub, Martin, and Peter Havá. (2012). Pension, Health and Long-term Care: Czech Republic. Annual National Report 2012. ASISP (Analytic Support on the Socio-Economic Impact of Social Protection Reforms).

IGP. (2012). Summary of Social Social Security and Private Employee Benefits: Hungary. International Group Program.

ILO. (2010). SSPTW: Asia and the Pacific 2010: Kyrgyzstan.

IOM. (2014). Country Fact Sheet: Azerbaijan. Retrieved on January 31, 2014 from http://www.iom.ee/varre/azerbaijan.

IOPS. (2011). IOPS Country Profile: Croatia. Retrieved on January 24 2014 from http://www.oecd.org/site/iops/research/39487277.pdf.

Knell, Markus. (2005). Demographic Fluctuations, Sustainability Factors and Intergenerational Fairness – An Assessment of Austria's New Pension System. Monitary Policy & The Economy, Q1/05, 23-42.

Knell, Markus. (2013). The Austrian System of Individual Pension Accounts: An Unfinished Symphony. Monitary Policy & The

Economy, Q4/13, 47-62.

Legros, Florence. (2003). Notional Defined Contribution: A Comparison of the French and German Point System. CEPII, Working Paper No 2003 14.

Lu, Bei, Mitchell, Olivia S., and Piggott, John. (2008). National Defined Contribution Pensions with Publid Reserve Fund in Aging Economied: An Application to Japan. International Social Security Review, 61(4), 1-23.

Maait, Mohamed, and Gustavo Demarco. (2012). Egypt's New Social Insurance System: An NDC Reform in an Emerging Economy. In Robert Holzmann, Edward Palmer, and David Robalino, (eds). Nonfinancial Defined Contribution Pension Schemes in a Changing Pension World. Washington, E.D.: World Bank.

Mladen, Luise. (2012) A Comparative Review over the Pension Systems' Performance in Central and Eastern European Countries. Journal of Knowledge Management, Economics and Information Technology, 5, 1-11.

National Actuarial Authroity. (2012). Greek Pension System Fiche. Ageing Projections Exercise 2012. http://www.eaa.gr/LinkClick.aspx?fileticket=cGnwVw7zUkk%3D&tabid=92&mid=422&language=el-GR.

OECD. (2011). Estonia: Review of the Private Pensions Systems. Paris: OECD.

OECD. (2013a). Pension at Glance 2013: Country Profile—Portugal. Retrieved from http://www.oecd.org/els/public-pensions/PAG2013-profile-Portugal.pdf.

OECD. (2013b). Pension at Glance 2013: Country Profile—Finland. Retrieved from http://www.oecd.org/els/public-pensions/PAG2013-profile-Finland.pdf.

OECD. (2013c). Pension at Glance 2013: Country Profile−Russian Federation. Retrieved fromhttp://www.oecd.org/els/public-pensions/PAG2013-profile-Russian-Federation.pdf.

OECD. (2013d). Pension at a Glance 2013: OECD and G20 Indicators. OECD Publishing. http://dx.doi.org/10.1787/pension_glance-2013-en.

Pinheiro, Vinicius. (2004). The Politics of Social Security Reform in Brazil. pp. 110-138 in Kurt Weyland, ed. Learning from Foreign Models in Latin American Policy Reform. Washington, DC: Woodrow Wilson Center Press, and Johns Hopkins University Press.

Poteraj, Jarosław. (2008). Pension Systems in 27 EU Countries. Vilnius, Lithuania: The Association of Polish Scientists of Lithuania.

Queisser, Monika. (1998). The Second-Generation Pension Reforms in Latin America. Paris: OECD.

San Martino, Jorge. (2007). Pension Reform and the Development of Pension Systems: An Evaluation of World Bank Assistance. World Bank.

SSA. (2011). Social Security Programs Throughout Americas. Washington, D.C.: SSA.

Stanovnik, Tine, Eva Turk and Valentina Prevolnik Rupel. (2012). Pension, Health and Long-term Care: Slovakia. Annual National Report 2012. ASISP (Analytic Support on the Socio-Economic Impact of Social Protection Reforms).

SwissLife. (2013). Employee Benefits Reference Manual 2013. Swiss Life Network. http://www.swisslife.com/content/dam/id_corporate clients/downloads/ebrm/Austria.pdf.

SwissLife. (2013). Employee Benefits Reference Manual 2013. Swiss

Life Network. http://www.swisslife.com/content/dam/id_corporate clients/downloads/ebrm/Slovakia.pdf.

Turner, John. (2009). Social Security Financing: Automatic Adjustments to Restore Solvency. AARP Public Policy Institute Research Report, February.

Vagac, Lubos and Lucia Vagacova. (2010). Pension, Health and Long-term Care: Slovakia. Annual National Report 2010. ASISP (Analytic Support on the Socio-Economic Impact of Social Protection Reforms).

van der Vlist, Flint. (2014). The Effect of Increasing the Retirement AGe on the Sustainability of the Pension Systems. Retrieved on January 30 from http://www.uu.nl/faculty/leg/EN/organisation/schools/schoolofeconomicsuse/Academicprogrammes/yesuse/Documents/The%20effect%20of%20increasing%20the%20retirement%20age%20on%20the%20sustainability%20of%20the%20pension%20systems.pdf.

Vuković, Drenka and Natalija Perišić. (2012). Pension, Health and Long-term Care: Republic of Serbia. Annual National Report 2010. ASISP (Analytic Support on the Socio-Economic Impact of Social Protection Reforms).

Wike, Christina Benita. (2008). On the Feasibility of Notional Defined Contribution Systems: The German Case. Mannheim Research Institute for the Economics of Aging.

Williamson, John B., and Bingwen, Zheng. (2003). The Applicability of the Notional Defined Contribution Model for China. China and World Economy, 3, 8-13.

Williamson, John B., and Williams Matthew. (2003). The Notional Defined Contribution Model: An Assessment of the Strengthens and Limitations of a New Approach to the Privision of Old Age Security. Center for Retirement Research at Boston College

Working Paper 2003-18. Retrieved from http://crr.bc.edu/wp-content/uploads/2003/10/wp_2003-181.pdf.

Wilmington Company. (2013b). Pension Funds Online: Slovenia. Retrieved on January 30 from http://www.pensionfundsonline.co.uk/content/country-profiles/latvia/94.

World Bank. (2011). Croatia: Policy Options for Further Pension System Reform. Washington D. C.: World Bank.

World Finance. (2011). Private Pensions in Russia. World Finance, February 22.

제8장 참고문헌

Botswana Public Officers Pension Fund. (2006). Botswana Public Officers Pension Fund: 2005/2006 Trustee Report. http://www.bpopf.co.bw/sites/default/files/2005_06_trustee_report.pdf.

Dei H. (1997). Meeting the Challenges of Conversion: Ghana's Provident Funds Becomes A Pension Scheme. International Social Security Review, 50(2), 63-71.

Dixon, John. (1989). A comparative Perspective on Provident Funds: Their Present and Future Explored. Journal of International and Comparative Social Welfare, 5(2), 1-28.

Durand, Olivier and Severine Gaille. (2013). Switzerland: Current Retirement System and Future Prospects. The Geneva Association's Life and Pension Newsletter, March 2013.

Gerdes, Victor. (1971). African Provident Funds. Industrial and Labor Relations Review, 24(4), 572-587.

IOPS. (2011). OECD/IOPS Global Forum on Private Pensions: How to build adequate, long-term pension savings: lessons for and from developing pension systems. IOPS Conference Proceedings. 25-26 October 2011: Cape Town, South Africa.

Kanjanaphoomin, Niwat. (2004). Pension Fund, Provident Fund and Social Security System in Thailand. This paper was presented in the International Conference on Pensions in Asia: Incentives, Compliance and Their Role in Retirement, held by PIE and COE/RES, Hitotsubashi University Hitotsubashi Collaboration Center, Tokyo, Japan, 23-24 February 2004.

Kpessa, Michael W. (2011). The politics of retirement income security policy in Ghana: Historical trajectories and transformative capabilities. African Journal of Political Science and International Relations, 5(2), 92-102.

Mywage.org. (2014). Social Security. Retrieved on January 29. http://www.mywage.org/zimbabwe/main/decent-work-check/social-security/benefits.

Observer Reporter. (2012). Finally - SNPF Becomes a Pension Scheme. The Swazi Obeserver. February 18.

OECD. (2011). South Africa. In Pensions at a Glance 2011: Retirement-income Systems in OECD and G20 Countries, OECD Publishing. http://dx.doi.org/10.1787/pension_glance-2011-87-en.

Palacios, Robert. (2010). Pensions in South Asia. Retrieved from http://siteresources.worldbank.org/INTPENSIONS/Resources/395443-1279057176326/9Session29_Robeert-Palacios.pdf.

SSA. (2010a). Indonesia. In Social Security Programs Throughout the World: Asia and the Pacific, 2010. Social Security Administration. http://www.ssa.gov/policy/docs/progdesc/ssptw/2010-2011/Asia/indodesia.pdf.

SSA. (2010b). Swaziland. In Social Security Programs Throughout the World: Asia and the Pacific, 2010. Social Security Administration. http://www.ssa.gov/policy/docs/progdesc/ssptw/2010-2011/Asia/indodesia.pdf.

SSA. (2010c). Zimbabwe. In Social Security Programs Throughout the World: Asia and the Pacific, 2010. Social Security Administration. http://www.ssa.gov/policy/docs/progdesc/ssptw/2010-2011/Asia/indodesia.pdf.

Stewart, Fiona and Yermo, Juan. (2009). Pension in Africa. OECD Working Papers on Instuance and Private Pensions, No 40. OECD Publishing.

제9장 참고문헌

McGill, Dan M., Brown, Kyle N., Haley, John J., Schieber, Sylvester J., and Warshawsky, Mark J. (2010). Fundmentals of Private Pensions, (9th ed.). New York: Oxford University Press.

Quadagno, Jill. (1988). The Transformation of Old Age Security: Class and Politics in the American Welfare State. The University of Chicago Press.

World Bank. (2013). Population 2013. Washington, D.C.: World Bank Publication.

제10장 참고문헌

Hinrichs, Karl. (2010). A Social Insurance State Withers Away. Welfare State Reforms in Germany—Or: Attempts to Turn Around in a Cul-de-Sac In Bruno Pilier. A Long Goodbye to Bismarck? The Politics of Welfare Reforms in Continental Europe. 45-72.

| 찾아보기 |

저자 소개

허만형(許萬亨) 건국대학교 행정학과 졸업

미국 Univ. of Colorado; Denver, Graduate School of Public Affairs (행정학 석사)

미국 Univ. of Colorado; Denver, Graduate School of Public Affairs (행정학 박사)

현재 중앙대학교 공공인재학부 교수

아산재단 연구총서 제382집

세계의 연금, 한국의 연금

연금을 모르면 미래가 없다 값 13,500원

2015년 6월 30일 1판 1쇄

저 자 허 만 형
발 행 인 임 동 규
발 행 처 **집 문 당**
등 록 1971. 3. 23. 제300-2012-69호
영 업 부 413-120 경기도 파주시 광인사길 85
(02)743-3192~3 팩스(02)742-4657
전자우편 sale@jipmoon.co.kr
편 집 부 110-360 서울특별시 종로구 돈화문로 82
(02)743-3096~7 팩스(02)743-0227
전자우편 edit@jipmoon.co.kr
홈페이지 www.jipmoon.co.kr

ISBN 978-89-303-1682-8
978-89-303-1500-5(세트)

이 도서의 국립중앙도서관 출판예정도서목록(CIP)은 서지정보유통지원시스템 홈페이지(http://seoji.nl.go.kr)와 국가자료공동목록시스템(http://www.nl.go.kr/kolisnet)에서 이용하실 수 있습니다.(CIP제어번호: CIP2015014406)」

아 | 산 | 재 | 단 | 연 | 구 | 총 | 서

1 전환기의 중국경제
김윤환 외 | 단국대 경제학과
2 폴란드 경제의 변천 개혁과 그 전망
김광수 | 숭실대 경제학과
3 재소한인
이광규 외 | 서울대 인류학과
4 소련산림과 임업
홍성천 외 | 경북대 임학과
5 아세안의 정치경제
김국진 외 | 외교안보연구원
6 태국의 사회변동과 경제발전
최석만 외 | 전남대 사회학과
7 중국의 사회경제 통계분석
신한풍 외 | 고려대 통계학과
8 중국의 정치와 경제
박두복 외 | 외교안보연구원
9 동유럽의 개혁과 시장경제의 도입
허만 외 | 부산대 사범대학
10 동유럽의 개혁운동
박영신 | 연세대 사회학과
11 현대 러시아 연구
기연수 외 | 한국외대 노어과
12 전략적 선택과 기업의 국제경쟁력
이장호 | 서강대 경영대학
13 협동사회의 정착과 정부의 역할
이종범 외 | 고려대 행정학과
14 한국 제조기업 생산성의 동적 분석
노부호 외 | 중앙대 경영대학
15 분배의 정의
변형윤 외 | 서울대 경제학과
16 도덕적 행동의 강화
이훈구 외 | 연세대 심리학과
17 관료부패와 통제
김해동 외 | 서울대 행정대학원
18 한국경제의 내실 있는 성장
정창영 외 | 연세대 경제학과
19 한국국민정신운동의 역사와 발전방향
박수명 외 | 부산대 사범대학
20 한국대학생의 가치성향과 상담효과
이영희 외 | 숙명여대 교육학과
21 가출청소년과 학교관리체제
안창규 외 | 부산대 교육학과
22 동북아 정세변화와 한 · 일관계
한승조 외 | 고려대 정치외교학과
23 언론과 부정부패
정대철 외 | 한양대 신문방송학과
24 한국의 고등학교 교육
이원호 외 | 부산대 교육학과
25 가족과 방송
김학수 외 | 서강대 신문방송학과
26 재정개혁의 전망과 재산세제의 개편과제
오연천 | 서울대 행정대학원
27 청소년을 위한 전자게임 프로그램의 규제 및 평가체계 개발
박혜원 외 | 울산대 가정관리학과
28 정신장애자 가족의 사회심리적 특성
이근후 외 | 이화여대 의과대학
29 가족의 관계역동성과 문제인식
이광규 외 | 서울대 인류학과
30 현대인과 한국전통음식
승정자 | 숙명여대 식품영양학과
31 기업의 초고속정보통신망활용
안중호 | 서울대 경영학과
32 지역발전을 위한 교육자치제의 개선방안
김남순 | 조선대 사범대학
33 전환기의 공무원 가치관
조경호 | 울산대 행정학과
34 지방자치와 사회복지의 과제
김영모 | 중앙대 사회복지학과
35 WTO체제하의 지방중소기업 지원정책
최명주 외 | 계명대 통상학부
36 현대한국의 시민운동
이효선 | 중앙대 사회학과
37 기업 세계화의 단계 및 정도의 측정
허영도 외 | 울산대 경영학과
38 가족복지를 위한 가족주치의 시범사업의 효과
이혜리 외 | 연세대 가정의학교실
39 한국대학생의 삶의 만족도
김재은 외 | 이화여대 교육심리학과
40 지역경제와 지역산업구조의 개편방향
정기화 외 | 전남대 경제학부
41 중국기업의 소유형태별 경영특성
노철화 외 | 부산대 무역학과
42 남북한의 인성 · 사상교육
한승조 외 | 고려대 정치외교학과

43 연계적 뇌기능 조언을 위한 의료용 멀티미디어 시스템의 설계
유선국 | 연세대 의용공학교실

44 다민족국가의 민족문제와 한인사회
최협 외 | 전남대 인류학과

45 저소득층지역 청소년 여가문화와 소집단 활성화
박문수 외 | 서강대 사회학과

46 삶의 질의 국제비교와 지역간 비교분석
이재기 외 | 울산대 경제학과

47 21세기 지역주민의 삶의 질
양종회 외 | 성균관대 사회학과

48 삶의 질에 대한 국가간 비교
조명한 외 | 서울대 심리학과

49 외국인 노동자의 노사관계와 사회적 적응
석현호 외 | 성균관대 사회학과

50 한국의 사법제도와 발전 모델
정종섭 | 건국대 법학과

51 고령화사회와 중상층 노인의 사회활동
조성남 외 | 이화여대 사회학과

52 한국의 서비스 시장 개방정책
한홍렬 | 한양대 경제학부

53 한국과 AFTA간의 교역증진 및 경제 협력방안
손일태 외 | 경희대 경제통상학부

54 물류비 절감을 위한 무역업체의 정보화전략
이영수 외 | 경북대 경제통상학부

55 사회주의 체제전환과 사회정책
오정수 외 | 충남대 사회복지학과

56 남북통일 이후 농업생산체계 개편
홍성규 외 | 건국대 농업경제학과

57 국제화와 세계화
하영선 외 | 서울대 외교학과

58 IMF 개혁정책의 평가와 한국경제의 신(新) 패러다임
조동근 | 명지대 경제학과

59 구조개혁과 실업대책
박동운 | 단국대 경제무역학부

60 21세기 신노사관계
심윤종 외 | 성균관대 사회학과

61 학교에서의 집단 따돌림
이춘재 외 | 가톨릭대 심리학과

62 한국노인의 정신건강실태와 건강증진
조맹제 외 | 서울대 의과대학

63 혁명과 개혁 속의 중국 농민
김광억 | 서울대 인류학과

64 중국의 경제환경과 한국기업의 진출 전략
지용희 외 | 서강대 경영학과

65 김대중 대통령의 시스템 사고
김동환 | 중앙대 공공정책학부

66 실업과 가족해체
최일섭 외 | 서울대 사회복지학과

67 합리적 부채비율 조정방안
오상근 | 동아대 경제학과

68 한국 중산층의 생활문화
문숙재 외 | 이화여대 소비자 · 인간발달학과

69 계층간 갈등상태에서 최적소득세
김진욱 | 건국대 경상학부

70 글로벌 경쟁력 제고를 위한 기업전략과 조직구축
이만우 외 | 고려대 경영학과

71 의료보험과 국민연금의 관리효율화를 위한 통합방안
사공진 외 | 한양대 경제학부

72 정부개혁의 과제와 전략
박우서 외 | 연세대 행정학과

73 책임운영기관 제도에 관한 비교분석
김근세 | 가톨릭대 행정학과

74 새로운 패러다임하에서의 한국기업의 바람직한 지배구조
최운열 외 | 서강대 경영학과

75 현대 한국사회의 계층구조
양춘 외 | 고려대 사회학과

76 한국의 산업정책과 산업구조조정
강인수 | 숙명여대 경제학부

77 기업구조조정
김석진 | 경북대 경영학부

78 지식경영을 위한 인적자원 개발 및 관리체계
장영철 | 경희대 경영학부

79 뉴 비즈니스 모델
전성현 | 국민대 정보관리학부

80 중산층의 정체성과 소비문화
함인희 외 | 이화여대 사회학과

81 외국관광객 유치를 위한 마케팅 전략
박상규 | 강원대 경영학과

82 한국인의 세대별 문학의식
이동순 | 영남대 국문과

83 공공부문의 효율성 평가와 측정
김재홍 외 | 울산대 사회과학부

84 한국 청소년의 정치의식과 형성요인
김광웅 외 | 숙명여대 아동복지학과

85 한국 대학생의 정치의식
배한동 | 경북대 윤리교육과

86 산업의 정보화와 산업발전
이기동 | 계명대 통상학부

87 한국 제조업의 고용조정 분석
이종원 외 | 성균관대 경제학부

88 지식자산에 대한 경영전략적 평가모형 개발
배재학 외 | 울산대 컴퓨터 · 정보통신공학부

89 관광사업을 위한 한국적 이미지의 휴식복 개발
채금석 | 숙명여대 의류학과

90 한국 정치제도의 개혁
신정현 | 경희대 사회과학부

91 e비즈니스와 아웃소싱 전략
정승화 외 | 연세대 경영학과

92 집단 따돌림의 진단 및 치료방안
홍준표 | 중앙대 인간생활환경학과

93 16대 총선과 낙선운동
조기숙 | 이화여대 국제대학원

94 부동층 유권자 행태 분석
진영재 | 연세대 정치외교학과

95 사이버 공동체의 성공요인
이재관 | 숭실대 경영학부

96 온라인 소비자 행동의 이론과 실증
윤성준 | 경기대 경영학부

97 글로벌 시대 정약용 세계관의 가능성과 한계
차성환 | 한일장신대 역사사회학과

98 러시아의 체제전환 과정에서 나타난 국가의 역할과 그 전망
이상민 외 | 부산대 정치외교학과

99 남북한의 경제발전 수준과 산업구조 비교, 그리고 경제교류 협력방향
주성환 | 건국대 경제학과

100 집단따돌림과 교육해체
한준상 | 연세대 교육학과

101 공적연금제도의 효율성과 개선방안
유금록 | 군산대 행정복지학부

102 벤처기업-대기업의 성공적인 협력 모델
나중덕 | 경산대 경영학과

103 북한의 재외동포정책
조정남 외 | 고려대 정치외교학과

104 사이버 공동체 형성의 역동적 모형
장용호 | 서강대 신문방송학과

105 기업이론과 기업의 소유지배구조
김일태 외 | 전남대 경제학부

106 가축분뇨 자원화를 위한 공동이용조직에 대한 농가선호도 분석
유덕기 | 동국대 생명자원경제학과

107 개혁정책과 전문가 집단
이경원 외 | 제주대 행정학과

108 현대 한국사회의 이중가치체계
신수진 외 | 이화여대 가정관리학과

109 한국의 산업구조 변화와 기업집단 다각화 전략
김용학 외 | 연세대 사회학과

110 지식정보사회의 경제적 모형 설정 및 사례 연구
김범환 | 배제대 경영정보학부

111 변호사징계제도
오종근 | 한림대 법학부

112 인터넷 특허법
김순석 | 광주대 법학과

113 e-비즈니스 시대의 금융 및 재정정책의 새로운 패러다임
이종욱 | 서울여대 경제학과

114 청소년의 하위문화와 정체성
조성남 | 이화여대 사회학과

115 디지털금융시대의 금융구조변화와 정부규제 및 정책
이충열 | 고려대 경제학부

116 지식경영을 위한 기업의 조직설계방안
김경수 외 | 전남대 경영학과

117 전자금융의 발달과 경제정책의 새로운 패러다임
이명훈 | 명지대 경제학과

118 동아시아의 안보와 유엔체제
강성학 편저 | 고려대 정치외교학과

119 유료 치매노인 그룹홈의 개발과 관련 정책
최정신 외 | 가톨릭대 소비자 · 주거학과

120 소비자 지향적 문화산업 정책
홍영준 | 호남대 광고홍보학과

121 국제 · 국가 · 지방 환경규제의 연계
정준금 외 | 울산대 행정학과

122 현행 회사 합병 · 분할제도의 평가와 개선방안
옥무석 외 | 이화여대 법학과

123 배려지향적 도덕성과 정의지향적 도덕성
정옥분 외 | 고려대 사범대학

124 기업구조조정에 대한 채권금융기관 및 금융감독기관의 역할과 책임
이중기 | 한림대 법학과

125 실업대책으로서 한국의 법정기준근로 시간 단축
박영범 | 한성대 경제학과

126 프랑스어의 비분리성 소유개념 표현
노윤채 | 연세대 언어정보연구원

127 지방채의 효율적 관리방안
강태구 | 호원대 법행정학부

128 21세기 산업구조 변화와 과학기술정책
임채성 외 | 그리스도신학대 경영정보학부

129 인터넷 쇼핑몰 이용자의 불평행동
예종석 | 한양대 경영학부

130 한국기업의 성과급제도 현황, 효과 및 개선방안
김성수 | 서울대 경영학과

131 전자상거래와 소비자보호
서민교 외 | 경일대 인터넷국제통상학과

132 평생학습 사회에서의 인적자원개발을 위한 사회적 파트너십 구축
김영화 | 홍익대 교육학과

133 한국 공교육의 새로운 구상과 전략
권대봉 외 | 고려대 교육학과

134 한국의 정부개혁
김태룡 | 상지대 행정학과

135 지방정부 생산성 측정의 이론과 실제
이은국 외 | 연세대 행정학과

136 불가 시문학론
배규범 | 경희대 학술연구 교수

137 남북경제교류의 법적 문제
제성호 | 중앙대 법학과

138 경제위기와 청소년 발달
구인회 | 서울대 사회복지학과

139 생명과학기술의 응용과 기본권보호적 한계
정상기 외 | 한남대 법학과

140 경제발전과 정치환경의 한·일 비교분석
정갑영 외 | 연세대 동서문제연구원

141 한국 공교육의 진단
윤정일 외 | 서울대 교육학과

142 우리나라 지방자치 발전을 위한 자치단체장의 역할
정성호 외 | 경기대 사회과학부

143 의료보험제도의 개혁방안
권순원 | 덕성여대 경제학과

144 중등 도덕교육의 현실과 문제
손동현 외 | 성균관대 철학과

145 사이버공동체 발전론
이명식 | 상명대 경영학과

146 남북경협 확대에 대비한 북한 담보제도의 정비방안
박훤일 | 경희대 법과대학

147 한국 공무원 인사제도 개혁
김판석 | 연세대 행정학과

148 교사화법 교육
임칠성 외 | 전남대 국어교육과

149 세계화의 문화정치학
임혁백 외 | 고려대 정치외교학과

150 효과적인 e-SCM을 위한 의사결정 조정 시스템 모형
이원준 | 성균관대 경영학부

151 환경거버넌스
김종순 외 | 건국대 행정학과

152 자동차산업의 인적자원관리
이덕로 | 서원대 경영학부

153 한국과 영국 간 지식기반산업 비교
이명호 | 한국외대 경영학과

154 한국 벤처기업의 기술네트워킹 및 기술마케팅 전략
장영일 | 인제대 경영학부

155 회사변호사의 윤리
오승종 | 성균관대 법과대학

156 미디어교육론
이정춘 | 중앙대 신문방송학과

157 조선시대 서원과 양반
윤희면 | 전남대 역사교육과

158 환경문제와 철학
박찬국 | 서울대 철학과

159 노인보건복지 이론과 실제
김명 외 | 이화여대 보건교육학과

160 북한의 법체계
권재열 외 | 숭실대 법학과

161 생명공학기술의 안전성 확보에 관한 법적 고찰
이재협 | 경희대 법학부

162 청소년복지학
김성이 외 | 이화여대 사회복지학과

163 변화하는 세계, 변화하는 복지국가
조영훈 | 동의대 사회복지학과

164 의리의 윤리와 한국의 유교문화
김낙진 | 진주교대 도덕교육과

165 미국의 통상정책과 통상법
윤충원 | 전북대 무역학과

166 사회복지 프로그램 평가
김학주 | 경상대 사회복지학과

167 환경주의와 지속가능한 발전
정대연 | 제주대 사회학과

168 무역과 환경
김기홍 외 | 경기대 경제학부

169 산업계 유해폐기물의 위험과 관리
김금수 | 호서대 경상학부

170 백범 김구의 지적 계발과정 탐색
문용린 | 서울대 교육학과

171 태평양전쟁 발발 이후 일제의 인적 지배와 그리스도교계의 대응
윤선자 | 전남대 사학과

172 거버넌스 상황에서 갈등관리를 위한 대체적 분쟁해결제도
서순복 | 광주대 법정학부

173 시장경제의 유형과 민주주의
최배근 | 건국대 경상학부

174 일본고전소설 총론
김현정 | 국립한국전통문화학교

175 국어 교육을 위한 국어 문법론
이관규 | 홍익대 국어교육과

176 율곡의 군주론
전세영 | 부산교대 윤리교육과

177 동북아시아 환경협력
정서용 | 명지대 법학과

178 기후변화협약과 기후정책
신의순 외 | 연세대 경제학과

179 인터넷과 국제 학술정보 네트워크-하이퍼링크 분석
박한우 | 영남대 언론정보학과

180 국내 기업복지의 활성화 방안
최수찬 | 연세대 사회복지대학원

181 세계화와 인간안보
김우상 외 | 연세대 정치외교학과

182 세계문화유산 종묘 이야기
지두환 | 국민대 국사학과

183 한국 평생교육의 사회철학적 과제
곽삼근 | 이화여대 교육학과

184 강점모델
정순둘 | 이화여대 사회복지학과

185 글로벌시대의 계약법
박영복 | 한국외대 법과대학

186 배심제와 시민의 사법참여
안경환 | 서울대 법학과

187 동북아공동체
김재한 | 한림대 정치외교학과

188 정치 참여와 탈물질주의
김욱 | 배재대 정치외교학과

189 퍼지전문가회로망을 이용한 금융기관의 사이버 기업여신결정 지원시스템의 개발
권혁대 | 목원대 경영학과

190 환경정책과 환경법
송인성 | 전남대 지역개발학과

191 포스트모던 시대의 평생교육학
한숭희 | 서울대 교육학과

192 현대 한국인의 세대경험과 문화
박길성 외 | 고려대 사회학과

193 서구의 근로연계복지
김종일 | 건국대 사회복지학과

194 사회복지운동론
현외성 | 경남대 사회복지학과

195 외국의 역모기지 사례
유선종 | 건국대 부동산학과

196 옛이야기와 어린이문학
이지호 | 진주교대 국어교육학과

197 노인사회복지관광의 정책과제와 방안
김창수 | 경기대 관광학부

198 복지서비스의 민간위탁 시스템 분석
김순양 | 영남대 행정학부

199 새로운 빈곤층의 대두와 정부의 정책과제
김진욱 | 건국대 경제학과

200 문화행정론
김정수 | 한양대 행정학과

201 스칸디나비아 노인용 코하우징의 계획과 적용
최정신 외 | 가톨릭대 생활과학부

202 북한의 자연생태계
공우석 | 경희대 지리학과

203 통계로 이해하는 러시아
전홍찬 | 부산대 정치외교학과

204 사회복지법인의 경영과 회계
이동규 | 충남대 회계학과

205 의약분업 정책과정
차흥봉 | 한림대 사회복지학과

206 지역공동체와 평생교육
오혁진 | 동의대 평생교육학부

207 아동보호서비스의 실제
한미현 | 백석대 사회복지학부

208 그린마케팅
박재기 | 충남대 경영학부

209 아동권리와 아동복지
이혜원 | 성공회대 사회복지학과

210 국제 이주와 인도인 디아스포라
김경학 | 전남대 인류학과

211 질병과 의료의 사회학
조병희 | 서울대 보건대학원

212 북한이탈주민의 사회통합을 위한 지역복지실천의 모색
이기영 | 부산대 사회복지학과

213 치매노인케어론
조유향 | 초당대 간호학과

214 노인상담입문
서혜경 외 | 한림대 대학원 사회복지학과

215 '통일 이후 통일과정'으로서의 독일 통일영화
이준서 | 이화여대 독어독문학과

216 중국의 사회보장
오정수 | 충남대 사회복지학과

217 환경자원의 경제적 가치와 환경오염의 사회적 비용
김재홍 | 울산대 사회과학부

218 사회복지프로그램의 경제적 평가방법
박창제 외 | 상주대 사회복지학과

219 자유의지와 결정론
안건훈 | 강원대 철학과

220 심리학자들이 쓴 행복한 결혼의 심리학
채규만 외 | 성신여대 심리학과

221 현대 해석학 강의
양해림 | 충남대 철학과

222 한국인의 주거 빈곤과 공공주택
하성규 | 중앙대 도시 및 지역계획학과

223 IMF 경제위기와 한국 출산력의 변화
김두섭 | 한양대 사회학과

224 동아시아의 영토분쟁과 국제법
이석우 | 인하대 법학부

225 독일 복지국가와 사회복지서비스
정재훈 | 서울여대 사회사업학과

226 사회복지사를 위한 실용 비모수통계
엄명용 | 성균관대 사회복지학과

227 피해자학 연구
이윤호 | 동국대 경찰행정학과

228 광고언어창작론
박영준 외 | 부경대 국어국문학과

229 환경규제 패러다임의 전환
한철 | 한남대 법학과

230 고령사회의 노동환경변화와 고용 시스템의 문제점 및 법적 대응
고준기 | 국립군산대 법학과

231 세계화와 소득불평등
이성균 외 | 울산대 사회과학부

232 유비쿼터스 사회의 이해
안중호 외 | 서울대 경영학과

233 국제환경책임법론
박병도 | 건국대 법학과

234 한국의 선거와 민주주의
윤종빈 | 명지대 정치외교학과

235 한국 시민운동의 구조와 동학
조대엽 외 | 고려대 사회학과

236 또래관계
송영혜 | 대구대 재활심리학과

237 해외 한국기업과 현지인 노동자
석현호 외 | 에스콰이아학술문화재단

238 독일 국가복지에서 민간복지단체의 역할과 의미
차성환 외 | 한일장신대 사회복지학부

239 청정공학
조정호 | 동양대 생명화학공학과

240 한국전통연희론
심상교 | 부산교육대 국어교육학과

241 정신장애와 가족
서미경 | 경상대 사회복지학부

242 빈곤통계의 작성과 활용
김주환 | 동국대 정보통계학과

243 인터넷과 한국정치
강원택 | 숭실대 정치외교학과

244 북한의 시장경제이행
정영화 외 | 서경대 법학과

245 시스템사고로 본 지속가능한 도시
문태훈 | 중앙대 도시및지역계획학과

246 실버산업과 유비쿼터스 컴퓨팅
고일상 | 전남대 경영학부

247 재활상담과 사례관리
나운환 | 대구대 직업재활학과

248 영유아교육기관에서의 장애 이해 교육
유수옥 | 우석대 유아특수교육과

249 장애의 사회적 의미와 사회통합
박수경 | 대진대 사회복지학과

250 경제분석의 수리적 기초
조인성 | 공주대 경제통상학부

251 비영리부문의 비교연구
김승현 | 서울산업대 행정학과

252 고등교육경제학
반상진 | 전북대 교육학과

253 과학윤리교육의 이론과 방법
조희형 | 강원대 과학교육학부

254 결혼이민자가족의 이해
김오남 | 대불대 사회복지학과

255 동아시아 국가의 공공부조
신동면 | 경희대 사회과학부

256 특수아동 진단 및 평가
이나미 | 대불대 특수교육과

257 계약형 사회복지와 권리옹호시스템
이명현 | 경북대 상주캠퍼스 사회복지학과

258 실내공기질 및 위해성 관리
양원호 | 대구가톨릭대 산업보건학과

259 충남 방언 문법
한영목 | 충남대 국어국문학과

260 교육권론
노기호 | 군산대 법학과

261 도시경관계획론
임승빈 | 서울대 조경·지역시스템공학부

262 교통의 새로운 패러다임
김형철 | 경원대 도시계획·조경학부

263 노인의 삶의 질 향상을 위한 주거환경 디자인
천진희 | 상명대 디자인대학 실내디자인전공

264 사회복지와 문화
박병현 | 부산대 사회복지학과

265 장애인복지의 이론과 실제
이선우 | 인제대 사회복지학과

266 창의성 개발을 위한 디자인교육 콘텐츠
김선영 | 인천가톨릭대 조형예술대학 환경디자인학과

267 구성주의 사회복지 실천 기술론
고미영 | 서울신학대 사회복지학과

268 장애아교육학
김기흥 | 부산교육대 유아교육과

269 지역사회복지와 자원부문
한상진 외 | 울산대 사회학과

270 환경관리회계
육근효 | 부산외국어대 회계학부

271 인권 관점에서 보는 장애인복지
유동철 | 동의대 사회복지학과

272 정신증상
송지영 | 경희대 의과대학병원 신경정신과

273 사이버공간의 사회심리학
이성식 외 | 숭실대 정보사회학과

274 노인에 대한 사회적 돌봄과 돌봄 서비스의 질 보장
최희경 | 신라대 가족노인복지학과

275 아동 심리치료의 실제
신현균 | 전남대 심리학과

276 사회복지와 위험관리
노충래 | 이화여대 사회복지전문대학원

277 국제 탄소시장의 이해
양승룡 | 고려대 식품자원경제학과

278 타자의 초상
신문수 | 서울대 영어교육과

279 한국정치와 환경정치
나정원 | 강원대 정치외교학과

280 북한이주민
윤인진 | 고려대 사회학과

281 음주의 사회경제적 비용
정우진 외 | 연세대 보건대학원

282 지방정치와 동북아 도시거버넌스
박재욱 | 신라대 행정학과

283 노숙인 복지론
남기철 | 동덕여대 사회복지학과

284 유럽통합과정과 지역협력
이규영 | 서강대 국제대학원

285 사회복지재정 연구
지은구 | 계명대 사회과학대학 사회복지학과

286 지역사회 교육개혁을 위한 시민사회 조직의 참여
김영화 | 홍익대 교육학과

287 복지사회를 대비한 국민연금의 구조개혁
박영석 외 | 서강대 경영학부

288 한미 FTA 지재권 협상에 따른 의약품 분야 사회후생 변화
오근엽 | 충남대 무역학과

289 산업입지, 환경 그리고 지역경제
이기동 외 | 계명대 국제통상학과

290 감성지능 개발을 통한 삶의 질 향상
김경수 외 | 전남대 경영학부

291 교육복지론
이용교 외 | 광주대 사회복지학부

292 인간과 행복에 대한 철학적 성찰
박찬국 | 서울대 철학과

293 유럽연합의 사회통합 사례와 교훈
이무성 | 명지대 정치외교학과

294 민영화와 사회후생
이상호 | 전남대 경제학부

295 북한의 교육학 체계 연구
최영표 외 | 동신대 교육대학원

296 한국 지속가능발전의 구조와 변동
정대연 | 제주대 사회학과

297 우리나라의 공익 연계 마케팅에 관한 연구
임승희 | 전주대 경영학부

298 시각장애인복지론
김영일 | 조선대 특수교육과

299 그린에너지와 환경촉매
정석진 | 경희대 화학공학과

300 취약학교 초등학생을 위한 온라인 보건 교육 프로그램
박경옥 | 이화여대 보건관리학과

301 신탁제도를 통한 고령자의 보호와 지원
최수정 | 서강대 법학전문대학원

302 사회적 약자계층에 대한 실태분석 및 정책방안
이은우 외 | 울산대 경제학과

303 한류 문화와 동북아 공동체
최혜실 | 경희대 국어국문학과

304 노동유연화와 해고보호법
권혁 | 부산대 법학전문대학원

305 사회복지 위험관리의 이해
박미은 | 한남대 사회복지학과

306 의료기관의 회계와 세무
노준화 | 충남대 경영학부

307 여성인적자원의 전문성 확보를 위한 경력개발
백지연 | 이화여대 국제사무학과

308 정신병리
강선경 | 서강대 신학대학원

309 바다의 반란 적조
윤양호 | 전남대 해양기술학부

310 한국 장애인 복지 발달사
이성규 | 서울시립대 사회복지학과

311 서양예술 속의 동양 탐색
진상범 | 전북대 독어독문학과

312 한국인의 도덕성 발달 진단
문용린 | 서울대 교육학과

313 영국정치와 국가복지
고세훈 | 고려대 공공행정학부

314 인간학적 사유를 여는 중도 · 중복장애 교육학
이숙정 | 단국대 특수교육과

315 개별화 교육과정
이소현 | 이화여대 특수교육과

316 인간의 긍정적 성품
권석만 | 서울대 심리학과

317 지방자치와 지역여성의 전망
이혜숙 | 경상대 사회학과

318 한국 현대 노년소설 연구
전흥남 | 한려대 교양학부

319 정보격차 해소를 위한 창의적 정보교육 프로그램
이영준 외 | 한국교원대 컴퓨터교육과

320 한국 가족과 젠더
손승영 | 동덕여대 교양학부

321 한국의 복지혼합
김진욱 | 서강대 신학대학원

322 사회자본과 자원봉사
김태룡 외 | 상지대 행정학과

323 농촌교육복지연구
박삼철 | 단국대 교양학부

324 사회정체성 평가 차원에 대한 국제 비교조사
이명진 | 고려대 사회학과

325 캐나다 복지국가 연구
조영훈 | 동의대 사회복지학과

326 한국의 소수자운동과 인권정책
전영평 외 | 서울대 행정대학원

327 한국과 미국의 보육서비스 전달체계와 품질 비교분석
김근세 외 | 성균관대 국정관리대학원

328 한국사회의 소득불평등과 국민 의료이용
이용재 | 호서대 사회복지학과

329 정보시대의 인간안보
조화순 | 연세대 정치외교학과

330 가족의 사회경제적 특성과 아동발달
김광혁 | 전주대 사회복지학과

331 초 · 중 · 고등학생의 학업소진 진행과정 및 경로분석
이상민 | 고려대 교육학과

332 다문화사회의 사법통역
이지은 | 이화여대 통역번역대학원

333 동아시아 지역주의
유현석 | 경희대 정치외교학과

334 환경친화적 공공시설관리와 지역공동체의 삶의 질
이소영 | 중앙대 실내디자인 · 주거환경학과

335 의료보험의 법정책
김나경 | 성신여대 법과대학

336 양극화 시대 가족해체와 청소년의 적응에 관한 한국과 미국의 비교 연구
오승환 외 | 울산대 사회복지학과

337 기업의 사회적 책임과 지역경제사회발전 연구
허영도 외 | 울산대 경영학부

338 노인의 삶의 질 향상을 위한 온라인 소셜 네트워크 구축 방안
김진우 | 연세대 경영학과

339 청소년 생활역량
윤명희 외 | 동의대 평생교육학과

340 외국인 배우자의 다양성과 국제결혼의 안정성
김두섭 | 한양대 사회학과

341 정보인권의 규범구체화
이민영 | 가톨릭대 법학과

342 한국 사회복지실천의 고유성
최성재 외 | 서울대 사회복지학과

343 스웨덴의 환경책임 실천모형
최희경 | 경북대 행정학부

344 자율운동과 주거공동체
윤수종 | 전남대 사회학과

345 한국인의 공공봉사동기
김상묵 | 서울과학기술대 행정학과

346 한국 이혼가정 아동의 성장
김혜숙 | 경인교육대 교육학과

347 동양 사상과 노인 복지
홍승표 외 | 계명대 사회학과

348 노동과 사회보장의 연계
오문완 | 울산대 법학과

349 학습장애 위험군 아동의 조기선별을 위한 읽기검사 표준화 연구
김애화 외 | 단국대 특수교육학과

350 신 · 재생에너지에 기초한 녹색성장과 사회통합
김인호 | 이화여대 법학전문대학원

351 문화교류역량과 다문화 경영이 기업 경영성과에 미치는 영향
임병학 외 | 부산외대 경영학부

352 빈곤영유아의 발달과 적응
정익중 외 | 이화여대 사회복지학과

353 민사법질서와 인권
양천수 | 영남대 법학전문대학원

354 성년후견제도와 사회복지제도의 연계
신권철 | 서울시립대 법학전문대학원

355 한국 다문화사회의 이방인
김순양 | 영남대 행정학과

356 현대 시민사회와 소비자계약법
이병준 | 한국외대 법학전문대학원

357 개인의 사회적 정보보호를 위한 공공정보서비스 개선 연구
장항배 | 상명대 경영학과

358 여성교육투자에 대한 교육경제학적 탐색
백일우 외 | 연세대 교육학부

359 사회적 기업과 지속가능한 지역발전
임업 외 | 연세대 도시공학과

360 다문화가정 구성원에 대한 투트랙 한국어 교육방안 연구
박시균 | 군산대 국어국문학과

361 아시아의 빈곤과 한국기업의 역할
한인수 | 충남대 경영학부

362 유치원 · 초등학교 연계 환경교육
박희숙 | 공주대 유아교육학과

363 비정규 고용과 사회정책
구인회 외 | 서울대학교 사회복지학과

364 사생활의 자유에 관한 비교법적 연구
이창현 | 서강대 법학전문대학원

365 다중융합 환경 기반의 미디어스킨을 활용한 문화콘텐츠 디자인 적용방안에 관한 연구
오문석 외 | 광운대 미디어영상학부

366 북한이탈주민 여성의 성인식 관련 기초조사
한인영 외 | 이화여대 사회복지학과

367 노인주택 파노라마
유선종 | 건국대 부동산학과

368 시설보호 청년의 적응
정선욱 | 덕성여대 사회복지학과

369 다수 집단과 소수 집단의 심리
김혜숙 | 아주대 심리학과

370 바이오 휴머니티
권택영 | 경희대 영어학부

371 프랑스 다문화교육의 이해
이경수 | 상명대 불어교육과

372 한 · 중 서비스산업의 비교분석과 교역 확대 방안
김상호 | 리츠메이칸 아시아태평양대 국제경영학부

373 현대의학에 있어서 생명의 시간과 인간의 존엄
김학태 | 한국외대 법학전문대학원

374 0~3세 영유아의 영상물 과몰입 실태조사 및 정신건강증진 프로그램 개발과 적용
이경숙 | 한신대 재활학과

375 복지국가의 조세와 정치
양재진 외 | 연세대 행정학과

376 청소년기 자살행위 실태와 관련 요인
박선희 | 경희대 간호과학대학

377 기술혁신에 따른 지역 간 정보격차
최정혜 외 | 연세대 경영대학

378 한국 사회의 이중구조와 생애주기적 불평등
안상훈 편 | 서울대 사회복지학과

379 소비자의 친환경행동에 영향을 미치는 사회적 · 경제적 가치에 대한 고찰
송재기 | 텍사스테크대 경영학과

380 어머니 양육행동 관련 변인들과 유아 사회정서행동 간의 구조모형 분석
심숙영 | 숙명여대 원격대학원

381 조선족 여성, 동남아시아 여성 그리고 새터민의 적응 유형 분석 및 삶의 질 향상 방안 모색
정태연 | 중앙대 심리학과

382 세계의 연금, 한국의 연금: 연금을 모르면 미래가 없다
허만형 | 중앙대 공공인재학부

아 | 산 | 재 | 단 | 연 | 구 | 보 | 고 | 서

1 한국인의 도덕성 연구
배해수 | 고려대 국문학과

2 산업화와 청소년 진로
이원호 | 울산대 교육학과

3 공동체의식과 시민운동
김영섭 | 한양대 행정학과

4 한국청년의 삶의 의미 충족도와 만족적 태도
안정수 | 경희대 철학과

5 중국조선족의 사회발전과 한·중관계의 위상
손장권 | 고려대 사회학과

6 해송림 "솔껍질깍지벌레"의 천적 및 주요 종의 생태
김규진 | 전남대 농생물학과

7 사회정의와 실천윤리
박종대 | 서강대 철학과

8 동구개혁의 영향
김달중 | 연세대 정치외교학과

9 한국청소년의 의식세계
김문조 | 고려대 사회학과

10 고강도 철근 콘크리트 구조의 실용화
정헌수 | 중앙대 건축학과

11 신기술의 연관형태 및 출현예측의 구조모형
권철신 | 성균관대 산업공학과

12 민간기업의 연구개발을 위한 조세정책
권영훈 | 한양대 경제학부

13 기술개발 활성화방안
송승구 | 울산대 화학공학부

14 부패의 현상과 진단
이문조 | 영남대 정치외교학부

15 연구투자의 지역적 편중화와 부산지역의 기초과학연구 활성화방안
윤웅찬 | 부산대 화학과

16 GATT의 신구 덤핑방지협정과 그 대응방안
전창원 | 동국대 무역학과

17 한국사회의 도덕성 제고를 위한 진단과 처방
황경식 | 서울대 철학과

18 새로운 노사관계 방향
이진규 외 | 고려대 경영학과

19 21세기 동북아 정세예측과 한국의 전략적 대응방안
최평길 외 | 연세대 행정학과

20 소련의 한국에 대한 정책목표분석
신승권 | 한양대 정치외교학과

21 메모리 커패시터용 $Pb(Zr_xTi_{1-x})O_3$ 강유전체 박막의 제작과 특성
장지근 외 | 단국대 전자공학과

22 러시아 국제법학의 전통
김용구 | 서울대 외교학과

23 유럽연합의 현황과 전망
김동현 외 | 성균관대 행정학과

24 중국의 정치동원
송영우 외 | 건국대 정치외교학과

25 산업적 활용을 위한 이동로보트 시스템의 개발
박민용 외 | 연세대 전자공학과

26 중국조선족의 정치사회화과정과 동화적 국민통합의 방향
전인영 외 | 이화여대 사회생활학과

27 공적부조의 이론과 실제
최일섭 외 | 서울대 사회복지학과

28 대외통상환경의 변화와 법제개편
서헌제 | 중앙대 법학과

29 기업금융의 국제화
최생림 | 한양대 경영학부

30 자동차부품공업의 노사관계
김호진 외 | 고려대 행정학과

31 산업화 과정에서의 한국가족의 실태와 전망
정창수 외 | 성균관대 사회학과

32 공무원 가치관 실태와 정립방안
배병룡 외 | 경상대 행정학과

33 해외귀국청소년의 국내적응연구
이장영 | 국민대 사회학과

34 초고속정보통신망에서 LAN서비스 제공방안
이재용 | 연세대 전자공학과

35 WTO체제의 정책적 대응
김병진 외 | 경희대 행정학과

36 유럽의 통합정치
최수경 외 | 충남대 정치외교학과

37 유기질폐기물을 이용한 고단백사료원인 조류의 생산공정
최정우 외 | 서강대 화학공학과

38 초고속정보통신망의 수용성과 정책방향
박영상 외 | 한양대 신문방송학과

39 중국의 강남사회와 한중교섭
조영록 외 | 동국대 사학과

40 세계화시대의 사회·문화의식
신행철 외 | 제주대 사회학과

41 국내 외국인 노동자의 문제와 대책
성규탁 외 | 연세대 사회복지학과

42 노인인력 활용정책과 프로그램
김정후 외 | 강원대 법과대학

43 한일간 학술교류 현황과 활성화방안
정홍익 외 | 서울대 행정대학원

44 계량모형에 의한 한일 경제관계의 이해
김명직 외 | 한양대 경제학부

45 직장인의 음주행태와 삶의 질
진기남 외 | 연세대 보건행정학과

46 유통정보 시스템의 구조와 설계
정용길 | 충남대 경영학과

47 남북통일 이후 사회통합을 위한 교육의 역할
안기성 외 | 고려대 교육학과

48 대중음악에 심취한 청소년들의 심리적 특성
김인경 외 | 연세대 인간행동연구소

49 멀티미디어 시스템을 활용한 교육환경의 개선방안
김한일 | 제주대 컴퓨터교육학과

50 탈냉전기 한일관계의 쟁점
최상룡 | 고려대 정치외교학과

51 자치시대 새로운 '삶의 질' 지표의 모색
김형기 외 | 경북대 경제통상학부

52 유럽통합의 역내외 협력과 갈등
이호재 외 | 고려대 정치외교학과

53 21세기를 대비한 신노사관계
김재원 | 한양대 경제학부

54 대학의 시간제학생 등록제
안규철 외 | 전남대 교육학과

55 21세기에 대비한 방송통신정책
한진만 외 | 강원대 신문방송학과

56 주민참여를 통한 혐오시설 관리운영방안
박균성 외 | 경희대 법학부

57 여성의 정치적 권리인식과 정치참여
전경옥 외 | 숙명여대 정치외교학과

58 한국인 위장질환과 식생활·환경요인 및 *H. pylori* 감염과의 관계
이양자 외 | 연세대 식품영양학과

59 학생과 시민의 자원봉사활동
윤정일 외 | 서울대 교육학과

60 동북아 환경문제와 지역환경협력의 모색
신연재 외 | 울산대 정치외교학과

61 노인 자원봉사활동을 통한 사회통합 프로그램 개발
김동배 | 연세대 사회복지학과

62 물류정보 시스템
김태현 | 연세대 경영학과

63 전자식 문서교환을 이용한 항공화물 운송체계
민재형 | 서강대 경영학과

64 청소년과 성
이근후 | 이화여대 의과대학

65 민족통합과 무궁화호 위성의 남북한 공동활용방안
방정배 | 성균관대 신문방송학과

66 채식주의가 20대 여성의 영양상태와 에스트로겐 대사에 미치는 영향
성미경 | 숙명여대 식품영양학과

67 가상정보공간을 통한 지역개발 활성화 전략
유재천 외 | 한림대 언론정보학부

68 조산아 관리현황 및 정책수립 방안
박상기 외 | 조선대 의과대학

69 남북한관의 의식조사와 통일교육 개선방안
김동규 외 | 고려대 북한학과

70 동양 전통 자연사상 탐구
장동순 | 충남대 환경공학과

71 초고속정보망의 시뮬레이터 구현
한기준 | 경북대 컴퓨터공학과

72 유통원가 시스템의 유효성
정다미 | 명지대 경영학과

73 국악과 문화관광의 만남
정익준 외 | 동아대 국제관광통상학부

74 기업의 지식경영 활용사례
김창은 | 명지대 산업공학과

75 선진국과 한국의 직업교육·훈련제도의 특성과 한계
정주연 | 고려대 경제학과

76 제주지역 성인 여성의 자원봉사활동
이상철 외 | 제주대 사회학과

77 M&A와 문화충돌 관리
박원우 | 서울대 경영학과

78 폐금속광산 인근 주민들의 중금속 오염실태
정종학 외 | 영남대 의학과

79 북한 농촌·농업실태와 인력자원개발 시스템을 통한 북한 농민의 구호방안
박성열 | 건국대 교육공학과

80 중소 소매점의 경쟁력과 소매성과
채명수 외 | 한국외대 무역학과

81 고령자를 위한 쾌적한 실내온도와 착의량의 설정
정운선 | 안동대 의류학과

82 지역문화 이벤트 PR
박종민 | 경희대 언론정보학부

83 인터넷 지역정보화의 실태와 전략
유평준 외 | 연세대 행정학과

84 여성 삶의 질 향상을 위한 사회교육 활성화 방안
김양희 | 중앙대 가족복지학과

85 벤처기업과 벤처금융
강대석 외 | 충남대 무역학과

86 구조조정기에 있어서 실업대책과 사회안전망 구축
박천익 | 대구대 경제학과

87 한국 유아의 조기교육
이명조 외 | 한국외대 교육대학원

88 남북한 경제공동체 형성전략
이상만 | 중앙대 경제학과

89 지방자치회계의 투명성과 주민의 알 권리
권찬태 외 | 경북대 경영학부

90 정치지도자의 정책리더십
이해영 | 경일대 행정학과

91 경제위기와 한국인의 복지의식
신광영 외 | 중앙대 사회학과

92 북한의 노동
김강식 | 한국항공대 경영학과

93 우리나라 중소기업의 정보기술 활용 현황과 경쟁력 강화를 위한 제안
정승호 | 부산외대 정보시스템학과

94 인간배아복제의 법적 · 윤리적 문제점과 그 해결방안
최병규 | 한경대 법학부

95 가치변화에 따른 투표행태
조찬래 외 | 충남대 정치외교학과

96 인터넷 경매에서의 계약체결과 소비자 보호
이기수 외 | 고려대 법과대학

97 세계화시대 남북한 통합의 방향과 과제
윤민재 | 서울대 사회발전연구소

98 글로벌 시대 지방정부의 문화마케팅 전략
박흥식 | 중앙대 행정학과

99 대졸여성실업의 실태분석 및 대학-노동 시장 간 효율적 연계방안
이은우 외 | 울산대 사회과학부

100 그린 투어리즘의 분석
이응진 | 대구대 관광학부

101 지방자치단체장의 부정부패
오일환 | 한양대 아태지역연구센터

102 산업화가 유교체제하 중국여성의 지위에 미친 영향
천성림 | 배재대 사회과학연구소

103 움직이는 말하기
유혜숙 외 | 나사렛대 교양학부

104 장애학생을 위한 특수교육공학의 활용
김용욱 | 대구대 중등특수교육과

105 지식기반사회의 평생교육 이해와 평생교육 프로그램 개발
박성열 | 건국대 교육공학과

106 N세대의 미술교육
김동철 | 대구교육대 미술교육학과

107 노후계획과 투자
권택호 | 여수대 국제통상학과

108 영화산업
양영철 | 경성대 연극영화학부

109 동유럽의 변혁과 언론의 역활
정대수 | 경남대 정치언론학부

110 환율, 임금, 물가가 국제경쟁력 및 수출입산업에 미치는 영향
하인봉 | 경북대 경제통상학부

111 일본기업의 기술혁신 전략
위정현 | 중앙대 상경학부

112 노후보장정책과 역저당연금제도
조덕호 외 | 대구대 행정학과

113 유비쿼터스 라이프와 미래 사회
김석수 | 한남대 멀티미디어공학과

114 죽음과 관련된 생명윤리적 문제들
구인회 | 가톨릭의과대 인문사회과학교실

115 경제적 세계화와 빈곤문제, 그리고 국가
김준현 | 한일장신대 인문사회과학부

116 한국의 세계불교유산
김종명 | 한국학중앙연구원 한국학대학원

117 복지레저서비스론
고태규 | 한림대 국제학부

118 자생적 철학체계로서 인간중심철학
선우현 | 청주교대 윤리교육과

119 전략적 통합과 한반도 평화체제
김승채 | 고려대 정책대학원

120 환경사법론
전경운 | 경희대 법학부

121 인터넷 자료를 통해 본 한국의 이혼 문화와 사회복지
성정현 외 | 협성대 사회복지학과

122 유럽연합의 사회정책에 관한 연구
문진영 | 서강대 신학대학원 사회복지학과

123 여성건강의 통합적 관점
김혜원 | 관동대 간호학과

124 복잡계 네트워크 과학
강병남 | 서울대 물리천문학부

125 경제적인 3세대 전원주택 개발
박근준 | 호서대 건축공학과

126 사회복지와 인적자원개발
이상일 | 인제대 국제경상학부